静水桨板培训教程

JINGSHUI JIANGBAN PEIXUN JIAOCHENG

主　审　尹进波
主　编　徐水强　史正祥
副主编　吴　迪　李彦新　关　伟　曹　洁
编　写　陈德全　许　锋　余　银　王　梅
　　　　马　力　谭明华　贾传涛　肖晓勤
　　　　田一平

中国地质大学出版社
ZHONGGUO DIZHI DAXUE CHUBANSHE

内容提要

静水桨板运动凭借其简单易学、操控安全、竞技休闲娱乐功能兼备、极具挑战性和观赏性等特点，深受众多水上运动爱好者的青睐，目前正在世界范围内迅猛发展。本书为作者结合近年来静水桨板教学、训练和比赛的实践，针对静水桨板运动者群体的特点和水上运动体育人才培训的要求，以提高静水桨板运动者综合运动能力为目的而编写的。全书共分十章，较全面系统地介绍了桨板运动的起源、发展历史、社会价值以及桨板运动国际和国内组织及主要赛事，以文字和插图相结合的形式，创造性地描述了静水桨板基本技术动作、划桨中常见的错误和纠正方法，以及静水桨板运动装备与器材；把教育学、训练学和心理学等方面的理论研究成果与静水桨板运动实践相结合，提出了静水桨板身体能力训练、技术能力训练、战术能力训练、桨板运动损伤与防治和静水桨板运动安全管理的方法；详细阐述了静水桨板技术培训课程的具体内容、赛事的组织与管理以及静水桨板竞赛裁判工作的程序和方法。

本书针对性强，内容全面，结构严谨，图文并茂，通俗易懂，操作简便，是集运动普及与专业指导为一体的桨板教程，为广大桨板运动爱好者、运动员和桨板运动从业人员组织桨板活动提供理论依据和操作方法。本书也是国内第一本系统研究静水桨板运动的理论书籍，对推动我国桨板运动人才的培训和桨板健身运动具有积极意义，因此，可作为高等院校、企事业单位、社会团体和水上运动俱乐部学习和培训的教材，也可作为桨板运动爱好者从事静水桨板教学、训练、竞赛和管理的参考性书籍。

图书在版编目(CIP)数据

静水桨板培训教程/徐水强,史正祥主编. —武汉:中国地质大学出版社,2020.9(2025.7重印)

ISBN 978-7-5625-4860-7

Ⅰ.①静…

Ⅱ.①徐… ②史…

Ⅲ.①水上运动-教材

Ⅳ.①G861.9

中国版本图书馆 CIP 数据核字(2020)第 165862 号

静水桨板培训教程	徐水强 史正祥 主编
责任编辑:王凤林	责任校对:徐蕾蕾

出版发行:中国地质大学出版社(武汉市洪山区鲁磨路388号)　　邮政编码:430074

电　　话:(027)67883511　　传　真:(027)67883580　　E-mail:cbb@cug.edu.cn

经　　销:全国新华书店　　　　　　　　　　　　　　　　　http://cugp.cug.edu.cn

开本:787毫米×1092毫米 1/16	字数:390千字	印张:15.25
版次:2020年9月第1版	印次:2025年7月第3次印刷	
印刷:武汉市籍缘印刷厂	印数:2601—3800册	
ISBN 978-7-5625-4860-7		定价:58.00元

如有印装质量问题请与印刷厂联系调换

作者简介

主编

徐水强,武汉体育学院皮划艇专业毕业,杭州水尚皮划艇运动俱乐部总经理。桨板国家级教练员,曾担任中国皮划艇协会俱乐部委员会副主任,2017年、2018年香港亚洲杯皮划艇马拉松赛中国队教练,中国皮划艇巡回赛赛事运营总监,中国公开水域皮划艇教练员培训讲师,2019第二届中国桨板公开赛(汉中)大师组冠军。

史正祥,副教授,湖北省桨板联盟和武汉飞鱼桨板俱乐部创始人,桨板国家级教练员,国家龙舟一级裁判,桨板国家二级社会体育指导员,美国心脏协会(AHA)急救员,国家体育总局首批桨板裁判员培训班和国际冲浪协会(ISA)桨板教练班结业,亚洲桨板联盟(AST)桨板教练,国家第二届青年运动会桨板裁判,2018中国桨板公开赛副总裁判长,2019成都国际桨板公开赛、2019中南地区青少年桨板赛技术代表,2019武汉全民健身运动会"金龙泉杯"首届桨板公开赛及2020年湖北省桨板锦标赛总裁判长。

副主编

吴迪,国际冲浪协会ISA认证教练,中国冲浪教练员培训班首期认证教练,福建FZSUP创始人,万科梅沙教育桨板冲浪主教练,碧桂园博实乐教育户外十项全能桨板签约教练,WPA-CHINA钱塘江桨板精英赛赛事裁判长,2019千岛湖国际桨板赛裁判长,英邦体育桨板资讯主编。

李彦新,武汉体育学院竞技学院划船教研室教练,市场开发部部长,亚运会和全运会皮划艇冠军,亚洲和全国激流锦标赛冠军,曾入选奥运会参赛,承担武汉体育学院龙舟和桨板项目教练工作。

关伟,2019年国家桨板集训队主教练,江西省桨板队主教练,南昌市第二体育学校皮划艇教练。带领队员在国家第二届青年运动会桨板赛上取得辉煌成绩,金牌总数名列第一。

曹洁,副研究员,湖北省体育科学研究所体能训练中心主任,国家体育总局"优秀中青年专业技术人才百人计划"培养对象,2017年赴美留学。主要研究方向:优秀运动员机能评估、训练监控及体能训练研究。拥有10多年湖北省水上项目科研保障随队工作经验,有较强体育科研研究能力和多项国家和省(市)科研成果。

编委

陈德全,浙江宁波宇一体育文化发展有限公司董事长兼总经理,美国皮划艇协会ACA二级皮划艇教练员,定向运动国家一级裁判,宁波市户外运动协会副秘书长,浙江省航空运动协会理事。

许锋,MOLOKAI桨板品牌生产厂家设计技术总监,加拿大独木舟协会独木舟教练,美国ACA皮划艇二级教练。

余银,博士、副教授,武汉体育学院运动训练学教研室主任,国家健将级运动员,国家第二届青年运动会桨板项目裁判员,国家队奥运备战科技服务项目负责人,国家皮划艇队副领队、体能教练,国家冲浪集训队体能教练,主编和参编多部运动训练、运动竞赛专著。

王梅,运动医学博士,博士后、硕士生导师,武汉体育学院运动康复教研室副教授,长期从事运动损伤防治的教学科研工作。2011年在丹麦葛莱体育运动学院做访问学者,2013年在美国特拉华大学物理治疗学院做访问学者,2015年在澳大利亚格里菲斯大学做访问学者,2019年在新西兰奥塔大学医学院做访问学者。两次参与奥运科技攻关课题研究,发表专业论文15篇,编译著作6本。

马力,武汉飞鱼缘体育总经理,武汉飞鱼桨板俱乐部副主席,国际冲浪协会ISA桨板教练,桨板国家级教练员,国家桨板二级社会指导员,国家游泳教练,国家级救生员。

谭明华,重庆艋拓桨板创始人,万州区桨板运动协会秘书长,北京中桨体育俱乐部总经理,桨板国家级教练员,原中国桨板冲浪队队员、中国国家救援队队员,四川省桨板队启蒙教练,重庆三峡学院桨板队教练,曾任2018中国桨板公开赛赛事总监及裁判长(开州站),2018年参加全国桨板赛事获多个全国冠军。2019年开始专注于桨板大型赛事组织和裁判工作,分别担任2019四川省青少年桨板锦标赛裁判长、2019浙江南浔国际桨板公开赛裁判长、2019浙江楠溪江国际桨板赛裁判长、2019首届横渡长江桨板挑战赛(重庆万州)赛事总监及裁判长,在全国大型桨板赛事2019全国桨板锦标赛(四川西昌)、2019中国桨板公开赛(陕西汉中)担任赛事总监及裁判长,2019国家第二届青年运动会桨板项目竞委会成员。

贾传涛,2019年国家桨板集训队教练,美国皮划艇协会ACA二级桨板教练员,桨板国家级教练员,中国皮划艇协会初级皮划艇教练员。2018中国立式划艇联赛多伦站第二名,2018莱西国际桨板公开赛200m第二名,2019楠溪江国际桨板公开赛800m技术赛第二名。2019西昌全国桨板锦标赛裁判,2019鸡西全国桨板锦标赛裁判。

肖晓勤,BOGA全球桨板瑜伽大使,lululemon中国大使,AquaX桨板旅行和海洋环保行动倡导人,世界桨板协会WPA桨板二级培训师,桨板瑜伽培训导师,卓越博嘉(北京)体育文化公司总经理。2016年引进BOGA桨板品牌及培训体系,桨板瑜伽课程被新加坡航空公司推荐为"在亚洲旅行不可错过的团体课"。2017年曾获北京第三届桨板公开赛环岛赛女子亚军。2019年创建马尔代夫五星海岛海外旅修及培训基地,启动AquaX海洋热汗式项目。

田一平,武汉体育学院国家体育总局体育工程重点实验室硕士研究生,国家第二届青年运动会桨板项目比赛裁判员,中国桨板公开赛汉中站、全国桨板公开赛鸡西站、全国桨板锦标赛编排长,首届亚洲冲浪锦标赛桨板项目裁判员。

插图

李广宇,国家级专业手绘插图插画家,曾担任中国美术学院艺职学院动漫插图工作室主任,主职插图画家,长期与国内外各出版机构和诸多著名作家合作,作品曾荣获国家"五个一工程奖"。业余时间长期坚持皮划艇和桨板等水上运动,曾获得2017年中国皮划艇巡回赛(杭州站)桨板200m竞速赛冠军,2017年国际WPA中国千岛湖站桨板比赛银牌等奖项。

石晓玟,辅助插图绘制。

前　言

随着我国社会经济的快速发展和生活品质的不断提高,人们对健身活动的需要日益增长,参与多元化、多层次的体育运动已成为一种全新的生活方式。桨板(英文全称Stand Up Paddle,简称SUP,亦称站立式划桨、直立板或立式划艇)这项水上运动因其简单易学、操控安全、竞技休闲功能兼备、玩法多样、极具挑战性和观赏性,逐步受到众多水上运动爱好者的喜爱,目前正在世界范围内迅猛发展。

静水桨板运动,是相对于海洋桨板运动和白水(激流)桨板运动而言的,指在流速较缓、风浪较小的江、河、湖、海湾、水库、溪流和运河等相对平静水域,按照一定的规则和方法所开展的桨板竞赛、桨板健身和桨板休闲娱乐等活动。在我国的34个省级行政区域中,只有1/3的省份有海岸线,2/3以上的省份属于内陆地区,因此静水桨板运动在我国具有广阔的发展前景。以2016年国内第一场由政府部门组织的楠溪江国际桨板公开赛为起点,近三年来我国桨板运动,特别是静水桨板运动的民众参与度呈快速增长之势。从国际层面看,两大国际水上运动组织纷纷在中国举办桨板赛事。国际冲浪协会(ISA)和国际皮划艇联合会(ICF)分别于2018年、2019年在中国海南和青岛举办了首届世界桨板冲浪锦标赛和桨板世界锦标赛,赛事规格高,参赛高手多;从国内来看,2019全国第二届青年运动会冲浪(桨板)比赛在山西太原举办,标志着静水桨板运动正式进入国家级赛事。此外,近两年国家体育总局、中国皮划艇协会多次举办全国性桨板比赛,各省市的桨板赛事、桨板旅行、桨板表演嘉年华以及静水桨板项目国家社会体育指导员培训等活动更是层出不穷,国内静水桨板运动的春天已经来临。

然而,与静水桨板运动快速发展形成鲜明对比的是,目前国内关于静水桨板运动技能、静水桨板运动安全、静水桨板技术培训体系和课程、静水桨板赛事的组织与管理以及静水桨板竞赛裁判培训等方面的系统化理论研究成果还非常少,静水桨板培训和教学活动多数是以国外或境外的培训体系为参照,以国外或境外教练的言传身教为主要传授方式,无教材式培训现象相当普遍,静水桨板培训活动缺乏统一、规范的理论指导,静水桨板赛事活动的组织管理尚没有形成一套完整的组织管理机制,静水桨板竞赛的裁判工作也缺乏统一、规范的裁判工作流程和执裁标准。上述种种情况,制约了静水桨板运动的规范化发展。

为贯彻党中央关于健康中国、体育强国和全民健身的发展战略,推进静水桨板运动的健康、可持续发展,培训更多的桨板运动人才,助力中国群众性水上体育运动的发展,我们在湖北省水上运动管理中心、武汉体育学院的专家教授、湖北省龙舟协会、上海英邦体育、杭州水尚皮划艇运动俱乐部、江西省桨板队、MOLOKAI品牌桨板厂家、浙江宁波宇一体育文化发展有限公司、艋拓桨板运动促进中心等相关单位和水上运动专业团队的关心支持下,由湖北省桨板联盟牵头协调,于2019年10月成立了《静水桨板培训教程》编撰组。尽管2020年1月新冠疫情开始在国内蔓延,"宅"生活成为一段时间内人们的常态家居模式,但丝毫没有影响到我们这群对桨板运动饱含情怀的作者们的工作热情。部分作者白天做抗疫志愿者,晚上不间断地写作并利用网络会议系统进行交流讨论。全体撰写人员在认真研究总结近几年静水桨板培训和竞赛实践经验的基础上,对桨板运动的起源、桨板运动国际和国内的发展现状、静水桨板技术动作、静水桨板划行安全、静水桨板赛事的组织和裁判工作进行了逐一梳理,形成这本培训教程。我们相信《静水桨板培训教程》的出版,对于增强静水桨板人才培训的系统性和规范性,提升桨板人才的技术水平和专业技能,扩大桨板运动的参与人群乃至促进全民健身运动的发展都具有一定的现实意义。

本教程由浙江杭州水尚皮划艇运动俱乐部徐水强和湖北省桨板联盟史正祥担任主编,上海英邦体育吴迪、武汉体育学院李彦新、江西省桨板队关伟和湖北省体育科学研究所曹洁任副主编。具体编撰人员:第一章桨板运动概述,吴迪、关伟、史正祥;第二章静水桨板技术与教学,徐水强;第三章静水桨板训练方法与手段,余银;第四章桨板运动损伤与防治,王梅;第五章静水桨板运动装备与器材,许锋、贾传涛;第六章静水桨板运动安全,马力、徐水强;第七章静水桨板运动的相关活动,徐水强、肖晓勤、李彦新;第八章静水桨板技术培训课程,徐水强、史正祥、陈德全;第九章静水桨板赛事组织与管理,史正祥、田一平、曹洁;第十章静水桨板竞赛裁判工作指南,史正祥、谭明华、曹洁。武汉体育学院严天圆和杨财林两位同志参与了第二章部分内容的撰写。

本教程插图由曾担任中国美术学院艺职学院动漫插图工作室主任的李广宇主持绘制,石晓玟辅助。

教程编撰过程中邀请了湖北省体育局水上运动管理中心尹进波主任担任本教程主审;江西省桨板队关伟教练组织队员对本书中相关技术动作内容进行了实际操作验证,湖北省桨板联盟徐建、陶洁对本教程提出了修改建议。在编写本教程时,参考了国内外相关文献中的部分内容,在此一并表示衷心的感谢!

桨板这项新兴、时尚运动正在蓬勃发展之中,对桨板运动理论与实践的研究也在不断地发展和完善。由于我们理论水平和实践技能的局限性,教程中难免存在不足之处,诚恳希望广大水上运动爱好者们提出批评和修改意见。

编　者

2020 年 4 月 8 日

目 录

第一章　桨板运动概述 …………………………………………………………（1）
　第一节　桨板运动的起源 ……………………………………………………（1）
　第二节　桨板运动的发展 ……………………………………………………（7）
　第三节　桨板运动的社会价值 ………………………………………………（12）
　第四节　桨板运动国际和国内组织及主要赛事 ……………………………（14）

第二章　静水桨板技术与教学 …………………………………………………（21）
　第一节　静水桨板的基本技术动作解析 ……………………………………（22）
　第二节　桨板划桨中常见的错误动作及纠正方法 …………………………（42）

第三章　静水桨板训练方法与手段 ……………………………………………（45）
　第一节　静水桨板身体能力训练 ……………………………………………（45）
　第二节　静水桨板技术能力训练 ……………………………………………（65）
　第三节　静水桨板战术能力训练 ……………………………………………（74）

第四章　桨板运动损伤与防治 …………………………………………………（78）
　第一节　运动损伤概论 ………………………………………………………（78）
　第二节　常见的运动损伤 ……………………………………………………（80）
　第三节　运动损伤的预防方法 ………………………………………………（82）
　第四节　运动损伤的急救 ……………………………………………………（83）
　第五节　运动损伤的一般处理方法 …………………………………………（85）
　第六节　运动损伤的治疗 ……………………………………………………（90）

第五章　静水桨板运动装备与器材 ……………………………………………（92）
　第一节　桨板的分类 …………………………………………………………（92）
　第二节　桨板的结构、材质与性能 …………………………………………（98）
　第三节　桨板配件 ……………………………………………………………（107）
　第四节　桨板的存储、运输与维护保养 ……………………………………（114）

第六章　静水桨板运动安全 ……………………………………………………（117）
　第一节　静水桨板运动风险分析 ……………………………………………（117）
　第二节　静水桨板运动装备使用安全 ………………………………………（123）
　第三节　静水桨板运动安全管理 ……………………………………………（126）

第七章　静水桨板运动的相关活动 ……………………………………………… (132)
第一节　静水桨板旅行 ………………………………………………………… (132)
第二节　静水桨板瑜伽 ………………………………………………………… (137)
第三节　静水桨板救援 ………………………………………………………… (143)

第八章　静水桨板技术培训课程 …………………………………………… (157)
第一节　静水桨板技术培训概述 ……………………………………………… (157)
第二节　静水桨板技能培训课程 ……………………………………………… (162)
第三节　静水桨板社会体育指导员培训课程 ………………………………… (168)

第九章　静水桨板赛事组织与管理 ………………………………………… (179)
第一节　静水桨板赛事组织程序 ……………………………………………… (179)
第二节　静水桨板竞赛规程的制订 …………………………………………… (194)
第三节　静水桨板竞赛规程案例 ……………………………………………… (198)

第十章　静水桨板竞赛裁判工作指南 ……………………………………… (206)
第一节　静水桨板竞赛裁判工作概述 ………………………………………… (206)
第二节　静水桨板竞赛裁判体系与工作方法 ………………………………… (208)
第三节　静水桨板竞赛场地和裁判器材要求 ………………………………… (224)

主要参考文献 ………………………………………………………………… (234)

第一章 桨板运动概述

桨板,亦称站立式划桨或直立板,由英文 Stand Up Paddle(SUP)直译而来。目前多数观点认为,此项运动源于美国夏威夷的桨板冲浪,尔后逐步发展成为一项水上运动。最初,冲浪教练为了管理众多的学员,直立站在加长的冲浪板上,使用单支桨控制平衡并作为动力,便于水面瞭望与水域救援,或者是方便给学员们拍照。后来人们发现在湖泊、河流、海洋上都可以享受这项运动,因此这项运动开始受到众多名人和玩家的追捧,并逐步风靡全球。

2010年前后这项运动被引入中国内地,因其简单易学、操控安全、竞技休闲功能兼备、玩法多样、极具挑战性和观赏性,逐步受到众多水上运动爱好者的喜爱。以2016年国内第一场由政府部门组织的桨板赛事"2016楠溪江国际桨板公开赛"为标志,桨板运动在国内的全民参与度呈快速增长之势。

第一节 桨板运动的起源

桨板运动的历史起源,因时间、地区、方式等诸多因素的影响,目前在国际上还存在颇多争议。当我们探寻桨板运动的起源时,发现在世界各地的不同时代背景下都有它的雏形。通过查阅国外多方资料,我们认为,桨板运动的起源一直可以追溯到3000年以前,并且它的发源地遍布全球,不只限于一地。

国际上有观点认为,桨板是从冲浪中衍生而来的,因此存在这样的论点,即桨板与冲浪具有相同的根源。但实际上,站立并使用某种形式的棍棒或桨来推动前进的方式,在全球各地存在已久,形式多样,用途广泛,包括捕鱼、打仗、运输等。由此可见,桨板运动的起源形式是丰富多样的,并不只是与冲浪有关。

研究分析桨板运动的起源,是一项比较复杂的工作。为方便起见,我们从时间上将桨板运动划分为历史早期形式和当代形式这两个阶段来进行分析探讨。

一、桨板运动的历史早期形式

桨板运动的历史早期形式是从公元前1000年左右(距今大约3000年前)陆续开始出现的,之后逐步迭代发展。在全球各地区,如南美洲的秘鲁地区、非洲原始部落地区、欧洲的以色列和意大利地区、亚洲的中国地区等都有关于桨板运动雏形的记载。桨板运动的历史早期形式与早期的劳动生产活动以及早期的宗教、战争等都密不可分,从这里可以寻觅到早期桨板运动的踪影。

1. 圣经故事中的站立划桨

公元前1275年（即距今大约3295年前），埃及法老的女儿比西亚，在《圣经》与《米德拉什》里均记载了比西亚是摩西的养母，是她把摩西从尼罗河里救了出来并为他取了名字，记载中比西亚当时就是站立于水中的一只水艇上划行（图1-1），所以她才有更宽阔的视野发现篮子里的男婴摩西——这位犹太人未来的救世主。圣经中的这个故事说明，站立划桨的优势就是站立后视野更开阔，而这一优势也是未来此项运动能发展起来的重要原因。

图1-1　比西亚站立于水中的一只水艇上划行

2. 南美洲部落渔民的捕鱼苇筏

公元前1000年（即距今大约3000年前），南美洲的秘鲁属地部落渔民，通过将芦苇捆扎在一起编织成一个筏子进行捕鱼等生产活动。秘鲁渔夫用一只长竹子做成桨，先是跪立在苇筏上划水，待他们遇到一个浪之后，就顺势站立起来借浪而行（考古学家从陶瓷碎片上得到了佐证）。由于那时的筏子是用芦苇（REED）做成的（图1-2），所以也被称之为RUP（已经非常接近现在的SUP）。

与此同时，非洲的部落也有用桨划行的故事，非洲部落会雕刻简单的独木舟，勇士们使用长矛作为长桨上的桨叶沿着河流划行，悄悄潜入敌后向对手进行无声的隐形攻击。

图1-2　南美洲的秘鲁属地部落渔民在苇筏上单桨划行

3. 波利尼西亚人的长板冲浪

公元400年开始,陆续出现了波利尼西亚人站立冲浪的记载(图1-3)。史料记载,当时只有国王才有特权可以使用昂贵的长板,在这种长板上人是可以站立起来划行的,而普通人只能用相对廉价的短板,并且没有站立的资格。早期生活在太平洋岛屿中的族群能否站立,与他们的宗教和社会地位有关。

图1-3 波利尼西亚人的长板冲浪

4. 中国达摩祖师的一苇渡江

从公元500年前后达摩祖师的一苇渡江,到如今在中国已然成为一种文化体育运动的独竹漂流,其运动形式均为手握一根长4m左右的竹竿,站立在一根竹子上漂流划行。手里的竹竿一方面是为了保持平衡,另一方面也起着一定推动前进的作用(图1-4)。这项流传至今的水上运动,代表了人们对水上站立划行的渴望。

图1-4 一苇渡江与独竹漂

需要说明的是,不将竹排(图1-5)列入桨板运动起源的佐证中,主要原因在于竹排是使用撑篙借助于水底撑力作用前进。而桨板最显著的特征是单桨划水进行,与水深无关。

图1-5 竹排漂流

5. 中东地区用于捕鱼的 Hasake 船

公元800年开始,中东的以色列等地区出现 Hasake 船,当地渔民利用 Hasake 船在波斯湾、美索不达米亚、地中海、红海和加利利海水域捕鱼,这些船的尺寸和划行方法(图1-6)与我们现在玩的桨板几乎没什么差别了。

图1-6 中东的以色列等地区出现的 Hasake 船

6. 意大利威尼斯的贡多拉船

11世纪开始,意大利威尼斯的贡多拉船是当时重要的水上交通工具,它的操作方式是由一名船夫站在船尾用桨划行(图1-7)。时至今日,威尼斯水城依然保留着这样的传统,只不过现在的用途多是旅游观光。

图 1-7 意大利威尼斯的贡多拉船

7. 夏威夷冲浪板

公元 1778 年,詹姆斯·库克(James Cook)船长驶入夏威夷群岛,成为第一个目睹夏威夷人冲浪的欧洲人。夏威夷原住民称他们使用的冲浪板为 nalu,是在独木舟上或在科阿树上经过特殊雕刻而成的。酋长使用最大的木板,长达 5m,而其他的村民则使用 2m 或 3m 的木板。由于酋长使用的木板尺寸巨大,通常会使用桨增加划水效率。

可以想象,当时夏威夷人用木板冲浪一定与他们的生活有关,在艰苦恶劣的环境下与大海相处,更多的是为了生存,娱乐性质只是偶尔放松的调剂而已。

8. 英国早期劳动场景中的站立式划桨

公元 1886 年,彼得·亨利·爱默生(Peter Henry Emerson)拍摄了一张被称为 *Quanting the Marsh Hay*(沼泽中撑篙割干草)的照片。照片很可能是在英国东安格利亚人的土地上拍摄的,因为拍摄的大部分照片都在此地。照片展现了当时该地区利用站立式划桨的方式生产劳动的场景(图 1-8)。

图 1-8 英国东安格利亚人站立式划桨

二、桨板运动的当代形式

我们认为当代桨板运动的发展是从 20 世纪初开始的,地点位于美国的夏威夷地区和加利福尼亚州。历史学家及作家史蒂夫·韦斯特(Steve West)认为,桨板运动的当代概念或者说当代形式,应该归因于 20 世纪 60 年代夏威夷瓦胡岛的威基基海滩男孩。如果说桨板运动的早期形式主要与生产劳动活动有关,那么桨板运动的当代形式则主要与休闲、娱乐和健身相关。

1. 20 世纪桨板运动的基本形式

(1)20 世纪初,以色列特拉维夫的救生员站在宽阔的木板上,以确保能够清楚地看到可能遇险的游泳者。救生员使用双桨增加划水效率,便于更迅速地到达需要营救的游泳者身边。值得一提的是,这与古代以色列地区渔民利用 Hasake 船捕鱼有着密不可分的历史渊源。

(2)1912 年,桨板运动在澳大利亚取得了重大突破,第一块冲浪板 Surfski 在澳大利亚制造并投入使用,与传统皮划艇的敞开式结构相比,板身是封闭式的(图 1-9),这样整块板就不会蓄水,而且人可以站立在板上。

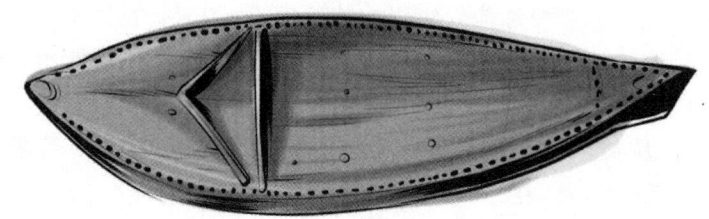

图 1-9 澳大利亚冲浪板 Surfski 的封闭式板身

(3)1939 年,Surfski 流传到了夏威夷,杜克·卡哈那莫库(Duke Kahanamoku)站在冲浪板上用双头桨在海里冲浪,随着这些冲浪镜头出现在电影《蓝色地平线》中,站立式冲浪广为人知,并被认为是一项新兴的冲浪运动。

(4)1945 年,约翰·扎波柯斯(John Zapozocky)在杜克的站立式冲浪的基础上加入了单叶桨。之后他一直与约翰·鲍斯·安·乔伊(John Pops Ah Choy)一起坚持着桨板冲浪这项运动。约翰·扎波柯斯直到 2013 年去世,享年 95 岁。

(5)20 世纪 50 年代的夏威夷瓦胡岛(Oahu),冲浪运动的受欢迎程度大幅上升,此时陆续出现了站立划桨的方式(图 1-10),威基基海滩就在瓦胡岛上,有冲浪文化的积淀,更容易孕育出新形式的桨板冲浪运动。

(6)20 世纪 60 年代,杜克·卡哈纳莫库(Duke Kahanamoku)、勒罗伊(Leroy)和鲍比·阿乔伊(Bobby Ah Choy)等,在夏威夷瓦胡岛的威基基海滩教初学者冲浪时会带上桨,为了更好地观察他们的学生,以及迎接即将到来的巨浪,他们经常会站起来用桨划行,在学生们之间穿梭。Bobby Ah Choy 在经历一次车祸后,无法再跪下以及游泳,只能选择站立冲浪,他声称站着冲浪时,可以让身上的香烟不被打湿。

众多资料中都将 20 世纪 60 年代夏威夷一位名叫威基基海滩男孩(Waikiki beach boy)的

冲浪爱好者站在加长的冲浪板上为学习冲浪的游客拍照,定为桨板冲浪运动的起源。

图1-10　20世纪50年代夏威夷冲浪爱好者手持单桨

2.21世纪桨板运动的基本形式

(1)2001年,美国一家公司用漏针拉丝材料制造了充气式冲浪板,这种材料是由美国军方与固特异轮胎橡胶公司以及美国橡胶公司合作开发用来制造充气飞机的。因为没人愿意驾驶一架用弓箭就可以击落的飞机,所以美国军就终止了充气飞机项目。但此项材料技术的发明,无意中对桨板运动的发展起到了巨大的推动作用。

(2)2002年,莱尔德·汉密尔顿(Laird Hamilton)在马里布乘着印有美国国旗图案的特制桨板,越过了1.8m高的巨浪,在这之前,他就一直推广桨板这项运动。

(3)2003年,布莱恩·基奥拉纳(Brian Keaulana)在冲浪活动布法罗大板冲浪赛(Buffalo Big Board Contest)中引入了桨板赛事。

(4)2004年,里克·托马斯(Rick Thomas)为他的3.3m Munoz冲浪板制作了一个定制桨,并把桨板运动引入加利福尼亚。从那时起,桨板运动在世界范围内迅速发展。

(5)2008年,美国海岸警卫队将桨板归类为独木舟和皮划艇等船只。

(6)2010年前后,桨板运动被引入中国沿海地区,其后在全国快速发展。

桨板运动最大的特点就是它在不断地发展。不论是新的形式、新的技术,还是寻找新的地方来享受这项运动,桨板运动都有一种与其他运动融合并重塑自我的魔力,从而能够永远给人们带来新的享受。

第二节　桨板运动的发展

一、国外近代桨板运动的发展概况

在世界各地,特别是欧美国家,凡可以涉足的安全水域几乎都能看到桨板运动。全球范围内包括南美洲(巴西、阿根廷和南美洲其他地区)、亚太地区(中国、日本、印度、韩国、澳大利亚和太平洋地区）、欧洲（德国、法国、意大利、英国、荷兰和欧洲其他地区）、中东和非洲（沙特阿拉伯、阿联酋、埃及、尼日利亚和南非等）、北美洲（美国、加拿大、墨西哥）等诸多国家和地区都能看到桨板运动的身影。

1. 世界各地桨板运动呈现快速增长之势

2012年，首届国际冲浪协会（ISA）世界冲浪桨板锦标赛在秘鲁举行，这标志着桨板运动在国际上得到全面认可。此后，这项时尚新潮的运动在欧美等国家以竞技比赛、越野旅行、大众巡游和板上瑜珈等多种玩法不断刷爆众多户外运动达人的社交平台，引领潮流玩法，其热度已经超过独木舟、皮划艇和冲浪，成为一支水上运动的黑马项目。根据美国户外基金会的数据，2011年有120万人尝试桨板运动，此后年增长率超过20%。在2018年1月25日闭幕的2018北京"首届滨水体育产业高峰论坛"上，体育产业专家给出的数据表明（图1-11），在美国水域运动中每月约有150万人至少参加一次桨板运动项目，验证了桨板突飞猛进的发展之势。

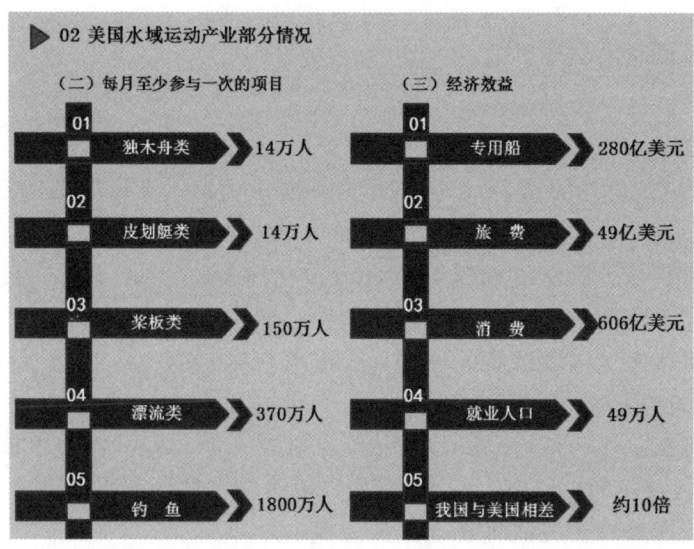

图1-11 美国水域运动产业桨板运动每月参加人数情况

国外桨板运动在技术层面，包括竞速、白水、冲浪等都已经发展得相当成熟。以冲浪为例，国外已有专业的桨板冲浪赛事，桨板冲浪技术已经形成了从初级到高级的培训体系，桨板冲浪爱好者中很多已经成长为优秀的职业选手。

2. 桨板运动的专业性越来越强

桨板运动由大众娱乐性向专业性方向发展的趋势越来越明显。桨板运动拥有竞技娱乐一体的特点，加之良好的现场宣传推广活动，使得这项运动在全球范围内蓬勃发展。桨板赛事和活动在海洋、湖泊、河流以及溪流中散发着独特的魅力，吸引着越来越多的桨板运动爱好者不断实现从体能到技术上的自我超越，特别是欧美国家组织的桨板专项巡回赛、锦标赛和长途赛等，吸引着越来越多的专业运动员前往参赛，也激励着更多的桨板运动爱好者向着专业化的方向发展。同时，国际上一些知名的桨板运动组织，如国际冲浪协会（ISA）和国际皮划艇联合会(ICF),正致力于将桨板运动项目推向奥运会,目前这项运动也受到奥运会组委会的高度关注。

3. 桨板运动促进体育经济的发展

由于桨板运动的快速发展,旺盛的桨板运动经济和市场需求带来了可观的商业发展前景,也挑逗着体育产业资本敏感的神经。有桨板经营者预言,如果把体育当成是生意场,那么桨板运动就是一个非常有价值的年轻的独角兽公司。这也是体育资本将来会快速占领桨板运动市场的一个颇具代表性的预测。

二、国内近几年桨板运动的发展概况

1. 国内桨板运动起步虽晚但发展迅猛

(1)沿海带动,逐步辐射。中国香港和台湾地区的桨板运动发展,虽然没有欧美国家桨板运动那么成熟和普及,但由于地域的原因,比内地起步早、发展快,并逐步影响内地,开始由内地沿海地区向内陆纵深辐射。2009年开始,桨板运动陆续在内地出现。2011年国内首家专门从事桨板运动的俱乐部——厦门707成立,此后国内陆续成立了专业的桨板运动俱乐部,如福州FZSUP(成立于2014年)。直至2016年,温州举办首届楠溪江国际桨板公开赛,国内桨板运动逐步走进大众视野。

(2)政府助力,快速起步。中国桨板运动真正的起步之年是2016年。通过百度搜索及新闻报道可以看出,2016年之前国内桨板运动有组织、有规模的赛事活动很少,多为50人以下的小规模民间娱乐性活动,也没有搜索到政府部门组织桨板类赛事的报道,说明中国内地的桨板运动发展起步很晚。2016年9月,上海英邦体育策划、温州市体育局主办了"2016浙江温州楠溪江国际桨板公开赛",参赛人员来自北京、上海、厦门、福州、广州、香港等地共120人。这是政府首次将桨板运动正式列入体育赛事,也是当年桨板运动参赛人员最多的一次盛会。

之后国内陆续出现的中国桨板黄金联赛、全国桨板锦标赛等官方组织的桨板赛事以及民间桨板赛事依托各地旅游宣传的推介影响力不断提升,从整体上推动了国内桨板运动从无到有、从小到大的发展,但总的来说,在此期间桨板运动在我国仍属于成长的初期阶段,参与的人数也不多。

(3)赛事推动,星火燎原。2017年开始,中国内地桨板赛事活动呈星火燎原之势。在桨板生产商和民间组织的推动下,政府部门大力支持,活动及赛事持续不断。2017年具有一定规模、且在国内产生一定影响的赛事活动有:江苏高邮界首中国桨板黄金联赛、楠溪江国际桨板公开赛、浙江舟山桨板冲浪环岛赛、浙江千岛湖桨板挑战赛、浙江杭州钱塘江桨板精英赛、亚洲杯独木舟锦标赛(桨板项目赛)、北京桨板公开赛、海南万宁首届中国大学生桨板竞速挑战赛、广东河源万绿湖首届两岸三地桨板公开赛、贵州赤水河桨板挑战赛、重庆万州桨板体验赛等。

从2018年开始,国内桨板赛事逐渐增多,参与桨板运动的人数也逐步增加,桨板赛事达到30场(如表1-1所示,数据来源:乐水桨板SUP2018中国桨板赛事分析报告),至2019年底,据不完全统计,公开招募并且参赛人数多于30人的桨板专业赛事达到50场(图1-12,资料来源:乐水桨板SUP2019中国桨板年度报告),而2019年武汉桨板公开赛参赛人数已经达到520人的较大规模。通过以上赛事的场数不难看出,2019年国内桨板运动的发展已呈星火燎原之势。

表1-1 2018年国内桨板赛统计表

1	2018广州第三届水上马拉松
2	2018湃乐联赛富春江小三峡百里赛
3	2018中国皮划艇巡回赛上海站
4	2018广东肇庆桨板休闲赛
5	2018维特拉桨板体验赛
6	AST亚洲直立板联盟开幕典礼
7	2018上海城市业余联赛皮划艇(桨板)公开赛
8	2018中国桨板黄金联赛资源站
9	第一届亚洲桨板锦标赛
10	2018楠溪江国际桨板公开赛
11	2018第二届"万绿湖"两岸三地桨板赛
12	2018第二届国际桨板邀请赛威海站
13	2018中国桨板黄金联赛吴堡站
14	2018中国桨板精英赛
15	2018悦水悠漾桨板俱乐部精英赛
16	2018青岛第二届桨板公开赛
17	2018上海SUP桨板公开赛
18	2018立式划艇联赛多伦站
19	2018京杭大运河桨板公开赛
20	2018中艇悦划桨板公开赛
21	2018WPA-China钱塘江桨板精英赛
22	2018中国桨板公开赛开州站
23	2018大鹏杯帆船赛桨板公开赛
24	2018第三届"大鹏杯"冲浪桨板赛
25	2018将乐国际皮划艇桨板马拉松
26	2018深港杯桨板对抗赛
27	2018武汉桨板挑战赛
28	2018ISA桨板世界锦标赛
29	2018中国桨板黄金联赛三明站
30	2018中国大学生桨板竞速挑战赛

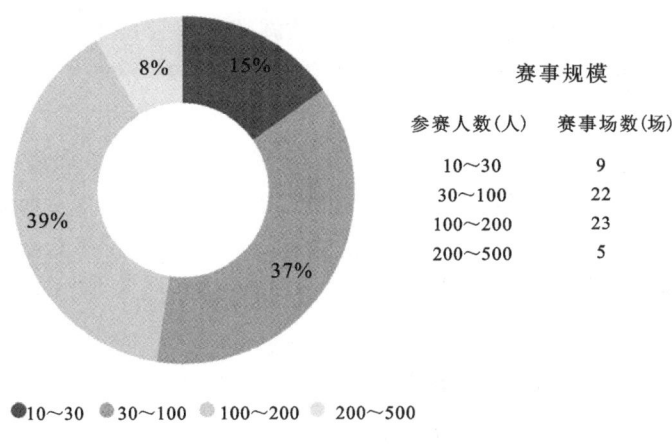

图1-12 2019年中国桨板赛事规模

2. 国内桨板运动发展的模式

国内当前桨板运动发展的模式中,民间仍然以协会、俱乐部形式为主,多数桨板俱乐部以租赁器材、培训学员、组织会员活动作为主要经济来源。国家体育管理体制内传统的体校、运动队等也陆续成立桨板训练队,通过"跨界选材"的模式,从其他项目中挑选部分适合桨板运动的队员组织训练参加国内相关赛事。另外,部分高校也将桨板运动纳入公选课体系,但桨板走进高校的范例屈指可数,桨板进入高校在我国还处于萌芽阶段。

由于桨板运动在我国还处于初期发展阶段,各类活动尚未形成规模。从桨板运动协会和民间水上运动俱乐部来看,参与桨板运动的人数不多,水域场地受限,经营管理者仍然面临生存问题。从国家体育管理体制内的体校和运动队来看,一些省、市体制内的运动队因具有良好的保障条件,队员训练更专注,所以更能培养出高水平的桨板运动选手,成为促进桨板运动发展的专业力量。

3. 国内青少年桨板运动的普及和推广

目前国内桨板运动在青少年中的推广,主要以户外营地教育为依托。近年来,随着国内户外营地教育的兴起,桨板作为入门门槛不高、易于掌握、相对安全的水上运动项目,在户外营地教育中逐步开展起来。就笔者从事户外营地的经验来看,从2015年开始,参与执行万科梅沙教育、碧桂园博实乐教育主办的营地桨板活动,每年光暑假两个月时间里,就有近千名青少年参加桨板学习和体验活动,促进了桨板运动在国内青少年中的普及和推广。

除了户外营地,国内一些户外俱乐部(包括皮划艇俱乐部、桨板俱乐部、拓展俱乐部等)也敏锐地看到了桨板运动在青少年中的市场,纷纷组织适应青少年特点的桨板活动和培训。但从目前情况来看,桨板项目在学校的体育运动中并未占有一席之地,选择桨板作为体育锻炼项目的青少年还非常少。因此,桨板作为一项新兴的水上运动在青少年中进行普及和推广,通过有组织、有计划的不断推广宣传,应该会有良好的发展前景。

4. 国内桨板运动的技术培训

国内桨板运动的技术培训，主要是以政府体育管理部门为主导，以组织国家社会体育指导员（桨板项目）培训为主要形式。2018年5月，在湖北省体育局水上运动管理中心和省龙舟协会的支持下，湖北省桨板联盟和武汉市汉阳区游泳协会举办了国内首次桨板国家二级社会指导员培训。以此为起点，2018年之后，国内民间协会等组织机构在政府的支持下，有组织、有计划地逐步开展以社会体育指导员为主要形式的桨板骨干力量培训活动。

此外，国内部分水上运动俱乐部联合国际冲浪协会（ISA）、泛美皮划艇协会（ACA）和世界桨板协会（WPA）等世界桨板运动组织，在国内较早地相继开设桨板初级技术培训和教练培训课程，但规模都不大。目前国内并没有统一、规范的桨板培训体系，这是制约我国桨板运动培训发展的主要因素。

5. 赛事活动进一步促进了桨板运动的发展

桨板赛事对桨板运动在国内发展的促进作用是毋庸置疑的。国内桨板赛事的逐步增加，不仅仅只是为桨板爱好者提供了参与竞技的舞台，从目前桨板运动发展的情况来看，通过媒体报道和广泛地对外宣传桨板赛事，使得更多没有接触过桨板运动的人认识了桨板运动，并通过赛事逐步引导民众参与到桨板运动中来，增加桨板运动参与人数。但总体而言，目前我国参与桨板运动的人口基数还非常小，桨板运动属于小众运动。当未来更多、更大的桨板赛事吸引更多的人群参与，桨板运动有了雄厚的群众基础后再谈桨板运动的发展才更有意义。

三、我国桨板运动发展展望

经过近几年的发展，桨板运动在我国已经初具规模，与2018年相比参与人口有所增加。参与人群覆盖25个省、市、自治州（区）。赛事规模也逐渐扩大，已经出现500人参赛的赛事。同时，桨板赛事活动的层次也逐步提高，组织形式也更多元化。如2019年6月桨板运动首次进入第二届中国青年运动会比赛项目，同年10月，国际皮划艇联合会世界桨板锦标赛在山东青岛奥帆中心激情开赛。现场有来自39个国家和地区的294名选手参赛，是在国内举办的规模最大、水平最高的国际桨板赛事，吸引了全世界桨板爱好者的目光。我们有理由相信，桨板运动在我国具有广阔的发展前景。

第三节 桨板运动的社会价值

一、社会功能价值

1. 运动和健身价值

桨板运动是一项很有锻炼价值的水上运动。与传统的耐力运动（如慢跑、骑自行车和游泳）相似，又因其具有很强的趣味性，所以也是一项可供人们选择的耐力运动项目。

参加桨板运动，能有效地增强心血管和呼吸系统的功能，提高全身肌肉的力量、速度、耐力、柔韧性、协调性、灵敏度等运动素质,同时,也能锻炼运动参与者的专注力和应变能力。

2. 教育价值

我们这里讨论的教育价值范围并不包括竞技方面。桨板运动应是从参与者的兴趣着眼,帮助运动参与者学会体验、内观自己的身体和精神在运动中的快乐和满足,让桨板运动方式变成自己热爱的一种长期锻炼的运动方式。在我们看来,这是桨板运动最大的教育价值。这样,桨板运动才会对参与者起到长期潜移默化的积极影响。

3. 社交价值

桨板运动是现在最为时尚的运动之一。桨板运动很适合都市人群。随着生活水平的提高,人们的健康意识逐渐加强,越来越多的人们参与到桨板运动中来。在有共同爱好的前提下,他们互动交往,思想碰撞,价值交换,满足都市人群的精神和行为需求。

4. 审美价值

桨板运动之美的价值,在思想上可以使运动参与者的审美能力提高,与此同时也能够使运动参与者拥有健康美的意识。而在桨板运动的健身功能之上,可以使运动参与者的形体得到完美的塑造,拥有健康和美好的身体形态。

5. 公共安全价值

通过参与桨板运动,使参与者更加熟悉水上运动的基本安全规则,提高了人们对于水上运动危险性的认识,这对在大众中增强水上安全意识有非常重要的促进作用。

二、社会商业价值

1. 品牌市场发展

近年来国外桨板品牌市场快速增长,根据 Technavio 作的行业报告,站立式桨板市场规模在 2019—2023 年期间将增长 1.11 亿美元。该报告基于桨板产品(充气板和硬质板)和分销渠道(体育用品零售商,百货商店和在线零售商)所提供的市场分析。国外知名桨板品牌有 NAISH、STARBOARD、BIC、JP 等。

我国作为全球最大的桨板生产基地,目前仍处于为国外知名桨板品牌代加工生产的阶段,近年来虽也出现一些自主桨板品牌商(MOLOKAI、WATER LIFE、ZARY……),但与国外市场仍存在巨大差距。随着国内桨板运动逐步发展,相信相关品牌发展前景也会更好。

2. 各相关产业链的增值

随着桨板运动的发展,在国外,围绕桨板运动的产业链相对较为成熟,对其相关消费、培训、旅游等领域都有一定的带动作用。在国内,以目前来看,桨板运动因规模还很小,带动消费能力并不是很强,但从长远来看,作为一项新兴运动,桨板及其产业链能够为未来经济发展提供增长点应该是必然趋势。

3. 商业赛事的发展

国外商业赛事相对比较成熟,已经有诸如 ISA 国际桨板冲浪赛、PPG 太平洋桨板赛、APP 桨板赛等专业桨板赛事。在我国,2016 年温州楠溪江首届桨板公开赛算是商业赛事的开端，之后桨板商业赛事不断增多，2019年商业赛事增速加快，全国已有近百场。

三、社会投资价值

1. 桨板俱乐部

多数人天生具有亲水性，一提到水上运动大部分人都有兴趣并乐意尝试，大家都向往着阳光、沙滩、自由自在的生活方式。未来中国水上运动产业是可以和中国冰雪运动产业相比甚至比它更大。

桨板俱乐部刚好契合人们对阳光、沙滩、自由自在的生活方式的向往，满足人的亲水性的需求，但以目前发展状况来看，国内桨板俱乐部由于受到诸如多数人怕水的观念、水域开放受限、气候季节的影响、自身生活条件制约等多方面因素影响，俱乐部发展状况还不是很乐观。今后若能突破水域开放受限和气候季节等因素的影响，加强与政府、商业资本的合作，会具有更好的发展前景。

2. 桨板旅游

体育＋旅游是目前很多地方政府和大型体育企业重点布局的一个方向，通过拉动消费带动地方经济增长，收获旅游和体育的双重利好，同时也有助于解决自身发展所面临的瓶颈问题。桨板运动作为新兴的、全球发展最快的水上运动项目，在经营方面无论是选择与景区合作还是独立自营，未来发展前景可期。

第四节　桨板运动国际和国内组织及主要赛事

一、国际桨板运动组织及主要赛事介绍

近年来，一些由知名国际桨板运动组织策划和举办的丰富多彩、高水平的国际桨板赛事，是推动全球桨板运动蓬勃发展的重要推手。每年世界各地都有很多专业和业余的桨板运动员，带着他们的梦想和快乐，奔波于一些极具影响力和挑战性的桨板赛事之间，参加并享受着桨板运动的盛宴。一些重大的国际桨板赛事，无论从竞赛类型、参与人数、竞技水平，还是传播影响力和职业运动员的参与率等方面，都展现出极其精湛的专业水准和在桨板运动中的巨大的社会影响力。

1. 世界巡回赛（APP）

APP（Association of Paddlesurf Professionals）职业划桨冲浪协会，于2017年将以前称为Stand Up World Tour 和 Stand Up World Series 更名为 APP World Tour（APP 世界巡回赛）。APP 世界巡回赛由 Waterman League（职业划手联盟）创立，是专为快速发展的桨板冲浪体育项目所设立的官方世界职业巡回锦标赛。旗下赛事包括法国巴黎桨板公开赛、英国伦敦桨板公开赛、美国纽约桨板公开赛、美国红牛怒水桨板赛等。用赛事首席执行官 Tristan Boxford（特里斯坦·博克斯福德）的话说"从风景优美的夏威夷海滩，到东京和德国的大城

市,再到智利冰川地区的巴塔哥尼亚,乃至斐济等各个地区,我们都成功举办了多场赛事"。据悉,Waterman League(职业划手联盟)是一家制作公司,APP世界巡回赛便是由该公司创立并运营,它与全球政府机构以及各大电视台等合作伙伴多方联手,为全世界的观众提供高品质体育赛事播出。特别是2019年12月在法国巴黎塞纳河举办的900多人参加的桨板巡游赛,被世界媒体赞誉为全球"规模最大、最美丽"的水上桨板马拉松赛。

2. 国际皮划艇联合会(ICF)

ICF(International Canoe Federation)国际皮划艇联合会,是一个国际性的皮划艇体育组织,由世界各国的皮划艇协会组成。目前共有147个会员协会。

2018年在葡萄牙首次举办国际皮划艇联合会桨板世界锦标赛,2019年国际皮划艇联合会的桨板世界锦标赛在中国青岛举办。比赛现场有来自39个国家和地区的294名选手参赛,这是桨板世界锦标赛首次落户中国,也是2019年在国内举办的规模最大、水平最高的国际桨板赛事。

3. 国际冲浪协会(ISA)

ISA(International Surfing Association)国际冲浪协会,前身是国际冲浪联合会(ISF),于1964年成立,每两年组织一次世界锦标赛。国际冲浪协会是被国际奥委会认定为世界冲浪运动的管理机构,总部设在美国,并在世界各地巡回举办世界职业青年锦标赛,拥有多个会员国。它是一个非营利性组织,是国际奥林匹克委员会、国际单项体育联合会、世界反兴奋剂机构、世界运动会协会承认的组织。旗下赛事国际冲浪协会桨板世界锦标赛(World Stand Up Paddle and Paddle Board Championship),于2012年在秘鲁的利马举办第一届。2018年的国际冲浪协会桨板世界锦标赛在中国万宁日月湾举办,来自世界40多个国家和地区的近500名顶尖的桨板冲浪选手参赛,在万宁进行了一场桨板界的国际巅峰之战。

4. 世界桨板协会(WPA)

WPA(World Paddle Association)世界桨板协会,是由两名桨板爱好者布莱恩·柯特(Byron Kurt)和斯科特·桑切斯(Scott Sanchez)于2009年为促进桨板运动的发展而创立的。WPA的最终目标是为桨板赛事和教练培训提供全球标准,从而为该运动的所有相关方带来最佳体验。WPA所认可的比赛福利包括保险费折扣、规则指导、赛事宣传及竞赛选手积分。WPA注册会员福利包括顶级赛事、伙伴折扣及比赛积分。自2010年起,WPA认证的教练们不仅能享受到全面的培训,还能在WPA官网上进行个人及相关业务的宣传,提高业务曝光率。WPA还负责APP全球巡回赛在美国的锦标赛和资格赛的组织及运动员积分。

WPA与中国体育界进行过多次桨板赛事合作,近几年举办了2017 WPA-China舟山桨板冲浪环岛赛,2017、2018两届WPA-China钱塘江精英赛,以及2018 WPA福建三明国际桨板邀请赛暨中国桨板黄金联赛(三明站)、2018陕西吴堡WPA中国桨板黄河漂流赛等赛事。

国外桨板运动已经发展得比较成熟,除了以上组织及旗下的赛事之外,还有很多有特色的桨板赛事,如Molokai2OAHU(M2O)海洋Downwind赛、Nautic SUP Paris Crossing(穿越巴黎桨板赛)、GLA GLA RACE(法国阿尔卑斯山安纳西湖高山桨板赛)等诸多知名赛事。

二、国内桨板运动组织及主要桨板赛事介绍

2016年国家发布了《全民健身计划（2016—2020年）》，将全民健身提升到国家重要战略的高度。党的十九大提出"实施健康中国战略"，坚持创新、协调、绿色、开放、共享的发展理念，广泛开展全民健身，特别是《水上运动产业发展规划》《关于加快发展体育竞赛表演产业的指导意见》的相继出台，有规划地加快推动水上运动发展，鼓励民众组织开展体育赛事活动，完善水上运动赛事体系，积极实施水上运动精品赛事提升计划，推进旅游＋体育发展模式，提出要打造一批具有国家影响力、国际知名品牌的赛事活动，形成"重点赛事""一项一品赛事"和"潜力拓展赛事"协同推进的良好局面。这些都极大地激发了水上运动产业和关联产业的发展活力。国内桨板赛事在这种利好的背景下，赛事数量和参赛规模快速发展，据不完全统计，2019年100人以上较大规模的桨板赛事已经达到28场（数据来源：2019中国桨板年度报告）。

目前，国内国家级大型桨板赛事，基本上是以国家体育总局水上运动管理中心或者中国皮划艇协会官方主办、地方人民政府承办的形式进行的。桨板项目有两种比赛形式，一种是作为冲浪运动或皮划艇运动的一个赛项参加比赛，另一种是作为专门的桨板项目比赛，如中国桨板黄金联赛、中国桨板公开赛以及一些地方性桨板赛事等。

据不完全统计，国内目前举办过多场、且参赛人数超过100人规模的专项桨板赛事和组织如下。

1. 中国桨板黄金联赛

CSGL（China SUP Golden League）中国桨板黄金联赛，是由国家体育总局水上运动管理中心、中国极限运动协会与地方政府联合举办的专业桨板赛事，2017年6月在上海首次举办，至2019年策划举办威海站比赛为止，在国内共举办6场桨板赛事，因其规模大、参赛人数多而在桨板界产生重要影响。该项赛事2019年已中断一年，今后是否重启赛事，目前不得而知。

2017年6月在上海首次举办"2017年'碧海金沙'杯中国桨板（SUP）黄金联赛（上海站）三项全能赛"。该赛事由中国极限运动协会、上海市体育总会、奉贤区人民政府主办，上海市船艇运动协会、奉贤区体育局、奉贤区旅游局、奉贤海湾旅游区管委会承办。

2017年9月中国桨板黄金联赛（高邮站）比赛，在江苏省高邮市界首镇的高邮湖芦苇荡湿地公园举行。联赛由中国极限运动协会和高邮市人民政府主办，界首镇人民政府、高邮市旅游局、高邮市体育局承办，旨在通过赛事推动体育和旅游产业联动发展。根据国家体育总局水上运动管理中心和中国极限运动协会赛后报道，共有来自中国台湾、中国香港等地区以及上海、广东、辽宁、福建等全国10多个省市的105名选手参赛，其中4名选手来自中国台湾和中国香港。

2018年8月"魅力海洋·激情威海"第二届国际桨板邀请赛暨中国桨板黄金联赛（威海站测试赛）在威海半月湾风景区铁人三项专用赛场举行，来自广东、辽宁、天津、山东包括威海的13支代表队共计180余人参赛。

此后，2018中国桨板黄金联赛广西资源站、陕西吴堡站、福建三明站分别开赛，并筹划举办2019中国桨板黄金联赛威海站。

2019年8月,由国家体育总局水上运动管理中心和威海市重大体育赛事组委会主办,威海市游艇行业协会承办的威海站比赛,计划比赛规模300人,后因其他原因取消了比赛。

2. 中国(全国)桨板公开赛

中国桨板公开赛和全国桨板公开赛,是由国家体育总局水上运动管理中心和地方人民政府联合主办的专项桨板赛事,2018年重庆开州进行首站比赛,目前已进行了四站比赛,是目前国内中字头的大型桨板赛事。

2018年10月首届中国桨板公开赛(开州站),由国家体育总局水上运动管理中心、重庆市体育局、开州区人民政府主办,开州区文化委员会、湖山文化旅游投资(集团)有限公司承办,中体万有(北京)体育文化产业有限公司、重庆艋迹文化传播有限责任公司运营。来自全国各省、自治区、直辖市、体育院校、俱乐部的相关单位和个人共计120余名运动员参赛。赛场同时进行2018中国重庆·开州汉丰湖国际摩托艇公开赛(简称2018汉摩赛)。

2019年8月全国桨板公开赛(鸡西站),由国家体育总局水上运动管理中心、黑龙江省体育局、鸡西市人民政府主办,黑龙江省水上运动管理中心、鸡西市人民政府承办,北京中领国际体育文化有限公司运营。比赛在鸡西兴凯湖新开流景区鸣枪开赛,现场有来自全国各地约80名运动员参与角逐。

2019年8月全国漂流俱乐部联赛暨全国桨板公开赛,由国家体育总局水上运动管理中心、青海省体育局、玉树州人民政府联合主办,玉树市人民政府、青海省登山运动管理中心承办,比赛在玉树巴塘河分段进行。玉树是举世闻名的"三江之源",也是中国漂流历史启程之地。为继续打造"玉树漂流"这一特色品牌,玉树市通过体育和旅游的有机结合,按照国家体育总局《水上运动产业发展规划》、玉树《"十三五"旅游业发展规划》的要求,依靠自身富集的江河资源和适合开展漂流的地理特色,玉树以体育+旅游+互联网的多维观念,积极举办全国和国际性漂流赛事。

2019年9月陕西·汉中第二届中国桨板公开赛,由国家体育总局水上运动管理中心、陕西省体育局、汉中市人民政府共同主办,陕西省水上运动管理中心、汉中市体育局、汉中市文化和旅游局承办,中体万有(北京)体育文化产业有限公司运营执行,来自全国15个省市120余名桨板运动选手逐浪汉江。

3. 中国立式划艇联赛

中国立式划艇联赛是中国皮划艇协会管理下的立式划艇(桨板)项目品牌赛事,2018年举办首届比赛,目前共举办两届。

2018年9月,中国立式划艇联赛(多伦站)在内蒙古自治区多伦县多伦湖景区开幕,来自全国各地的140名立式划艇好手齐聚多伦湖展开切磋,共同点燃秋日湖上激情。此次赛事由中国皮划艇协会、内蒙古自治区体育局主办,锡林郭勒盟文化体育新闻出版广电局、多伦县人民政府承办,多伦县文化体育广电旅游局、内蒙古草原漫之旅旅游有限公司协办,北京中领国际体育文化有限公司运营。

2019年8月,中国立式划艇(SUP)联赛多伦站暨ICF SUP世界锦标赛中国选拔赛在多伦县激情开赛,本次赛事由中国皮划艇协会、多伦县人民政府主办,内蒙古草原漫之旅旅游有限公司承办。在多伦湖最美的季节,国内80多名顶尖皮划艇好手齐聚京北天湖。

4. 英邦体育桨板赛事

上海英邦体育是集文化创意、影音制作、体育赛事、商业会展等策划运营为一体的文化产业联合体。自2016年策划国内首场桨板赛事"2016楠溪江国际桨板公开赛"开始,在拓展桨板赛事功能、规范桨板赛事流程、宣传推广桨板运动等方面不遗余力地做了很多开创性工作。其筹划组织的代表性赛事有如下几种。

2016年9月"2016楠溪江国际桨板公开赛"正式拉开大幕,在美丽的温州市永嘉县楠溪江永嘉书院景区,130多位桨手从国内外汇聚到一起进行水上竞技。赛事由中共永嘉县委、永嘉县人民政府、温州市体育局主办,永嘉县体育事业发展局、永嘉县旅游局、永嘉县体育总会承办,上海英邦文化传播有限公司策划执行,同时还得到了中国极限运动协会、香港直立板总会、Naish中国的技术支持。此次赛事被公认为是中国桨板起步的首场正规赛事。

2018年6月"2018楠溪江国际桨板公开赛"正式拉开大幕,在楠溪江永嘉书院景区,124位参赛选手从国内外汇聚到一起,竞流楠溪。赛事由中共永嘉县委、永嘉县人民政府、温州市体育局主办,温州市楠溪江风景旅游管委会、永嘉县体育事业发展局、永嘉县体育总会承办,上海英邦文化传播有限公司执行,主旨是在这青山秀水间以体育为引,带动全民健身。

2019年8月"2019第三届楠溪江国际桨板公开赛"在美丽的楠溪江边岩坦镇前溪村水域开赛。来自国内外的参赛运动员约200人及数十家国内外俱乐部参加了4个组别5个特别项目的激情破浪角逐,同时赛事期间还设置了特别的"赛事+非遗+旅游"文旅体融合项目。赛事由永嘉县人民政府、温州市体育局主办,国家体育总局水上运动管理中心为指导单位,永嘉县文化和广电旅游体育局、温州市楠溪江旅游经济发展中心、岩坦镇人民政府承办。自2016年首届楠溪江国际桨板公开赛在永嘉书院举行,引起桨板圈的积极关注与良好口碑,为全方位宣传推广桨板健身的水上运动,丰富大众楠溪江户外水上休闲项目,该项赛事已成为打造地方群众与专业体育赛事创新的又一张新名片。

2019年6月"2019南浔古镇国际桨板公开赛"在浙江省湖州市南浔古镇举行。本次公开赛由湖州市体育局、南浔区人民政府联合主办,南浔区文化和广电旅游体育局、南浔古镇旅游度假区管理委员会、南浔旅游投资发展集团承办,上海英邦体育运营。参加比赛的选手来自全球11个国家,这是古镇南浔第一次举办国际性水上运动赛事,也是水乡柔情与现代时尚运动的一次融合。

5. 湖北桨板联盟赛事

湖北桨板联盟由武汉市汉阳区游泳协会飞鱼俱乐部的几名桨板爱好者创建于2017年10月,截至2019年12月,在短短的两年时间里,联盟在全省发展单位会员44家,会员俱乐部(队)遍布全省23个地市州县。联盟的发展得到湖北省体育局水上运动管理中心、武汉市体育局、湖北省龙舟协会和汉阳区文化旅游局的大力支持。联盟坚持以健康中国战略和全民健身计划为指导,以省市区体育管理部门工作指示为依据,在组织计划、人才培训、基地建设、赛事承办、日常训练和群众推广方面,走出了独具湖北特色的快速发展之路,武汉桨板的快速发展,也被中国桨板界称为"武汉模式"。湖北桨板联盟成立两周年来,有十件大事在桨板界具一定的影响力:一是2017年创建湖北首家桨板俱乐部,公益推广全民健身桨板运动;二是开创性地举办全国首次桨板国家二级社会体育指导员培训;三是武汉桨板走进《央视一套新闻联播》,开全国先河,影响力强;四是省内发展44个桨板俱乐部,爱好者数千人,规模效应初显;五是协助沙洋精心打造全国独家的江汉运河跑步、桨板"双马";六是组织武汉桨板公开赛,单次参赛520人,创全国人数规模之最;七是独立组织了五场桨板比赛,参与者千余人,桨板推广效果明显;八是拥有国际资质桨板教练员和国家级裁判员,人才队伍不断壮大;九是湖北桨板队员参加2019首届ICF世界桨板锦标赛,夺得两枚金牌和两枚银牌的好成绩,填补该项运动中国金牌的空白,为国家、为湖北争得了荣誉;十是实施桨板"二计划一工程"发展战略,千板万人工程顺畅实施。

湖北桨板联盟组织承办的桨板赛事有如下几种。

2018年8月"与军运同行"全民健身日首届武汉月湖SUP桨板挑战赛,赛事由武汉市汉阳区人民政府主办,汉阳区文化局和旅游局承办,湖北桨板联盟组织运营,参加人数125人。这是武汉市乃至湖北省的首场桨板赛事,具有标志性意义。

2018年11月"与军运同行""黄鹤楼酒业杯"中国·武汉桨板挑战赛,赛事由武汉体育学院水上运动学院、武汉体育学院健康科学学院、武汉体育学院竞赛场馆中心、国家体育总局体育工程重点实验室主办,湖北桨板联盟、武汉天龙黄鹤楼酒业有限公司、湖北省运动人体科学研究会、湖北华体康健康科技有限公司、武汉飞鱼缘体育承办,地点位于武汉体育学院东湖水域,参赛人数145人。

2019年3月湖北省油菜花节暨第二届沙洋国际半程马拉松、"首届江汉运河桨板10千米马拉松表演赛",赛事由湖北省体育局、沙洋县人民政府主办,湖北桨板联盟、互通国际集团协办,简称江汉运河"花漾双马",参赛人数125人。比赛时江汉运河两岸是奔跑在金黄色油菜花中的跑者,江中是弥漫在花香中奋力击水的百名桨板Super,岸上万马奔腾,江中百舸争流,成为全国唯一特色的"双马"。

2019年6月"世茂龙湾杯"武汉后官湖桨板公开赛,赛事由武汉·世茂龙湾和武汉云海中舟体育文化发展有限公司主办,湖北桨板联盟和武汉飞鱼缘体育文化产业发展有限公司协办。参赛人数120人。

2019年8月"与军运同行2019武汉全民健身运动会金龙泉杯"武汉首届桨板公开赛,赛事由武汉市人民政府主办,武汉市体育局承办,武汉市汉阳区文化和旅游局、月湖风景区管理处和汉阳区游泳协会协办,英博金龙泉啤酒(湖北)有限公司冠名赞助,长江日报传媒集团、湖北桨板联盟和武汉飞鱼缘体育管理运营。

该赛事参赛人数520人,一举打破2018 WPA三明国际桨板邀请赛暨中国桨板黄金联赛(三明站)比赛450人参赛的中国桨板参赛人数记录,创全国桨板赛事规模最大纪录,具有标志性意义。

6. 其他具有一定影响力的桨板赛事

2017年4月,由河源市体育局、河源市旅游局联合深圳市冲浪协会共同主办的首届"万绿湖"两岸三地桨板公开赛,吸引了来自香港、深圳、河源三地的120名桨板高手齐集万绿湖。2018年7月举办了第二届。该赛事是广东地区具有一定影响力的桨板赛事。

近几年,深圳环大鹏半岛桨板海划赛已经连续举办了四届,分16km半马和40km全马两种长距离赛,融桨板板友相聚、海划挑战与技术交流为一体,正受到越来越多桨板爱好者的喜爱。

珠江之友俱乐部近几年每年组织"新春第一划"环岛水上马拉松活动,参赛项目有皮划艇、桨板、龙板、龙舟、单人龙艇、皮艇球等。

此外还有中国·上海国际大众体育节 SUP 桨板公开赛、北京京杭大运河桨板公开赛、中国苏州环古城河皮划艇桨板大赛、天津市水上运动协会皮划艇桨板赛和大连桨板赛等赛事。

7. 皮划艇赛事中嵌入的桨板赛

(1)中国皮划艇巡回赛桨板赛。2017 年 6 月中国皮划艇巡回赛(杭州拱墅站)桨板赛,参赛人数 60 人;2018 年 4 月中国皮划艇巡回赛(上海站),桨板赛参赛人数 60 人;2018 年 6 月中国皮划艇巡回赛(杭州拱墅站),桨板赛参赛人数 60 人;2018 年 10 月中国皮划艇巡回赛(浙江衢州站),桨板赛参赛人数 60 人;2019 年 6 月中国皮划艇巡回赛 2018—2019 总决赛(江苏溧阳),桨板赛参赛人数 150 人;2019 年 6 月中国皮划艇巡回赛(杭州拱墅站),桨板赛参赛人数 60 人。

(2)湃乐联赛桨板赛。湃乐联赛在民间水上运动界具有较高的知名度。2017 年 11 月,湃乐国际皮划艇桨板赛(福建金溪站),桨板赛参赛人数 40 人。2018 年 9 月,湃乐联赛(天津站),桨板赛参赛人数 35 人。2018 年 11 月,湃乐国际皮划艇桨板赛(福建金溪站),桨板赛参赛人数 75 人。2019 年 4 月,湃乐联赛(杭州西溪),桨板赛参赛人数 150 人,2019 年 6 月,湃乐联赛(上海站),桨板赛参赛人数 40 人,2019 年 7 月,湃乐联赛(金华永站),桨板赛参赛人数 30 人,2019 年 11 月,湃乐国际皮划艇桨板赛(福建金溪站),桨板赛参赛人数 45 人。

综上所述,一方面这些不同地区不同形式的桨板(皮划艇)赛事对促进国内桨板运动的发展起到强力推动作用。另一方面,国内桨板赛事虽然发展迅速,但在打造赛事品牌、创新比赛机制、统一赛事规则、规范裁判执法、壮大比赛规模、吸引世界顶尖高手等方面,还有很长一段路要走。

第二章　静水桨板技术与教学

静水桨板运动，是相对于海洋桨板运动和白水（激流）桨板运动而言的，指在流速较缓、风浪较小的江、河、湖、海湾、水库、溪流和运河等相对平静的水域，按照一定的规则和方法所开展的桨板竞赛、桨板健身和桨板休闲娱乐等活动。在我国的 34 个省级行政区域中，只有 1/3 的省份有海岸线，2/3 以上的省份属于内陆地区，因此静水桨板运动在我国具有广阔的发展前景。

当你在环境优美的平静水域看见桨板运动达人们以娴熟的技术和优雅的姿态划着桨板，以雅致的心情潇洒地自由挥桨、欣赏着两岸的风光时，当你了解到这项时尚新潮的水上运动既可以锻炼身体、又可以享受大自然的美景时，你一定会想着尽快尝试学习掌握这项运动，有朝一日荡桨于水面享受它的乐趣。那么，请跟着本章内容学习静水桨板的划行技术和技巧。通过认真学习和练习，你可以掌握相应的划桨技术，参加有组织的桨板团队活动，划入自然，划进阳光，划出健康。你还可以参加各个级别的比赛活动，在竞赛中奋勇向前，强身健体，展现自我。

在静水桨板运动中，合理而有效地掌握桨板划行的技术动作，无论是对于休闲健身还是竞技比赛都起着十分重要的作用。

首先，掌握良好的技术动作有利于提高划行速度和效率。作为桨板运动爱好者，从入门起步阶段就应该认真学习桨板划行技术，通过学习达到正确运用桨板技术提高划桨动作的精准度，节省体能，进而实现提高划行速度和划行效率的目的，这对于喜爱参加竞技比赛想取得良好成绩的爱好者来说特别重要。而错误的技术动作会导致体能的浪费和划行效率的降低，制约划行速度的提高。

其次，运用合理而有效的技术动作划行有利于避免运动损伤。认真学习桨板技术，掌握划桨的基本原理，科学地进行划桨训练，通过正确的身心和肌体锻炼，避免形成错误的习惯性动作，可以有效地预防运动性损伤、运动性疲劳和运动性疾病的产生，达到怡情健体的目的。

再次，合理、有效的技术动作能给人以美的享受。学习桨板技术、掌握划桨原理，可使划行动作自然、舒展、流畅，在湖光山色的烘托下展现出美妙的艺术画面感，充分展示桨板运动作为大众喜爱的休闲运动所独具的融入大自然的和谐之美，给人以运动的美感和运动旅游的时尚享受。如果没有掌握划桨原理和桨板技术动作，运动中难免会出现动作僵硬或者过于机械等划行姿态，缺乏美感，进而降低桨板运动的兴趣和热情。

因此，桨板爱好者从开始接触桨板运动时，就要重视学习划行技术，掌握桨板技术各个环节的动作要点，并且不断地改进存在的问题，逐步提高划行技术。

第一节　静水桨板的基本技术动作解析

静水桨板的基本技术动作解析包括静水桨板基本技术、静水桨板动作技术分析、静水桨板技巧等内容。

一、静水桨板基本技术

静水桨板基本技术，主要是整个桨板操控最基本的步骤、程序和方法，这也是对新手培训和考核以及教练员进行教学理论和实践考核的重要内容。静水桨板基本技术包括选桨和用桨、持板、上板和下板、跪姿划行、板上站位、站立划板、划板转向。

（一）选桨和用桨

桨板运动是用桨作为推动力，将桨叶插入水中与水产生相对运动，从而驱动桨板在水面前进。因此，选择一支适合自己的桨并掌握正确的划桨姿势，对于提高自己的桨板划行效率非常重要。

1. 选择桨的类型

桨板的桨分为普通铝杆桨、玻纤桨、碳纤桨，桨叶的大小、形状各异，而且桨的材质不同价格相差很大，建议根据各自的技术水平和不同的学习阶段，选择适合自己的桨。通常情况下，选择一支质量较重的桨能帮助桨手直观地了解桨的工作原理，理解划行路线、角度、方向。而选择一支质量较轻的桨，则有助于减少划行疲劳和提高划水效率。因此，选桨的时机最好是在自己基本掌握了划桨的技术之后，根据自己的实际用途来选择划行效果更好的桨。

2. 确定桨的长度

在下水之前，你需要将桨调整到合理的长度，以提高划行的效率和舒适性。桨如果长了会难以操作，如果短了划起来弓着背既笨拙又劳累。初学者选择一把可调节长度的桨（两截桨或者三截桨），就可以在练习时根据需要调整桨杆，找到适合你自己的桨长。

确定桨长的方法：人体正直站立，把桨竖起，桨叶朝下，"T"形桨柄的高点高出身高 10cm（图 2-1），这是标准的划桨长度，但用途不同时选择的桨长也不相同。长距离比赛时桨可以长一点，而短距离比赛时桨可以调整得短一点。因此，器材（桨板的厚度、宽度、板的吃水）、体重、划桨习惯、用途等都有不同的桨长标准，这个需要动态调整，以达到最佳的划桨效果。

图 2-1　确定桨的长度的方法

3. 握桨的方法

(1)握桨方向：桨叶应该向前弯曲，而不是向后(图2-2)。

图2-2 握桨的方向

(2)握桨位置：一只手抓住桨末端的"T"形桨柄，另一手握住桨杆，把桨举过头顶，使其与肩平行，把桨搁在头顶，一只手仍旧握在"T"形桨柄上，另一只手挪动位置，使两只手臂在肘部形成90°，这个位置就是你握桨杆的位置(图2-3)。

图2-3 握桨的位置

(3)在桨杆手持的地方用彩色胶带做个标记，这样你就可以迅速地抓住恰当的桨杆位置。

(4)注意：划桨时双手不要抓得太紧，只需轻轻抓住"T"形手柄和桨杆。

(二)持板(右手为例)

(1)用右手拉住位于桨板正面中间的拉手(硬板是凹槽)。

(2)桨板的背面靠在身体右侧腋下(图2-4)。

图2-4 持板的方法

(三)上板和下板

1. 有码头平台时的上板和下板(图2-5)

(1)上板。将桨板放置在与码头平台平行的水中,以跪姿登上桨板:①系好脚绳,将桨放在板的甲板上;②一只手撑在桨板的中心偏前的位置并压住桨,掌握重心,另一只手撑在码头平台上;③将一只膝盖移到桨板中心位置作为人体重心,另一只膝盖随即移到边上;④平衡好两个膝盖的位置,握好桨把板体推离码头;⑤在确定没有平衡障碍后远离码头;⑥双手均衡压住板,双膝分别离板站立,稳定后站立划行。

注意:对于平衡能力好的桨手可以用以上方法直接半蹲或站立上板。

(2)下板。以跪姿方式下板(登上码头平台):①以跪姿划行靠上码头;②先将桨放置在板上或者码头上;③靠近码头的手,扶好码头边缘;④另外一只手撑在板的中心线上保持平衡,双手间保持向内用力,防止板体离开码头,靠码头侧的脚站上码头,待人体重心移到码头后再离开板体。

(3)以坐上码头的方式下板(登上码头平台):①以跪姿划行靠上码头;②侧身双手撑在码头上,随即将身体重心快速移至码头上,也就是迅速坐上码头;③坐上码头后,双脚稍微控制面板,以防止板漂走。

注意:对于平衡能力好的桨手可以用以上方法直接半蹲或站立上码头。

2. 沙滩(海滩、河滩等)浅水中的上板和下板(图2-6)

(1)上板:①首先评估周边的环境是否适合桨板的上下,了解风向、水流和水深,选择好安全的下水地点;②携带桨板走到水面,直到水深到膝盖,以防止尾鳍刮水底,然后将板放在水面上;③双手均衡压住桨和板面保持平衡,膝盖跪到桨板手柄的两侧;④跪姿划桨一段距离,远离浅沙滩(海滩、河滩等)和其他障碍物到安全的水域;⑤双手压桨做好支撑慢慢屈膝站起来,一次抬起一只脚,稳定后站立划行。

(2)下板:①跪姿划行至沙滩(海滩、河滩等);②倒桨减速,避免冲击沙滩(海滩、河滩等),造成板损人伤;③确定水深合适后双手压住桨和板保持平衡,先放一只脚下沙滩(海滩、河滩等),然后再双脚站立;④扶好桨板,避免来浪时桨板撞人。

注意:上下板首要的是要掌握重力平衡,上板和下板时弓腰降低自己的重心。

图 2-5 有码头平台时的上板和下板　　图 2-6 沙滩(海滩、河滩等)浅水中的上板和下板

(四)跪姿划水

(1)将桨横于板上,桨与板垂直 90°。
(2)双手压住桨杆,移动双膝在板中线的中心位置呈跪姿,与肩同宽。
(3)双手握桨下移 30cm 划行,左右换手划桨(图 2-7)。
(4)转弯采用拨板头和板尾的方法加速转向。

(五)板上站位

(1)双脚踩在中间把手两侧的位置(图 2-8)。
(2)两脚之间的宽度比肩略宽,略屈膝,站立有弹性。
(3)脚尖要尽量保持向前,不要向内,也不要过度向外,这样有利于膝盖的弯曲和自然舒适。
注意:①如果站在靠后的位置,控制板体要相对灵活一些,有利于转向,但会增加单边划直线的难度,站位靠后可以用于冲刺起步。反之,如果站在靠前的位置,划起来板头会往水里插钻,增加板体的阻力,站位靠前可以增加循迹,迎风划行时也需要略向前。②如果在中心位置侧向前后脚站位(图 2-9),有利于不换手的短距离冲刺,但对平衡能力要求比较高。在踩板尾绕标时,需要采用前后脚站位,转向效果明显。

图 2-7 跪姿划水

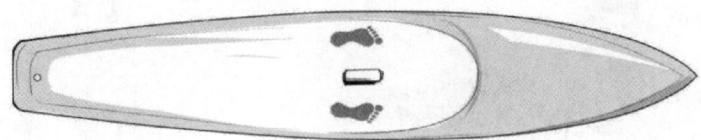

图 2-8　双脚踩在中间把手两侧的位置

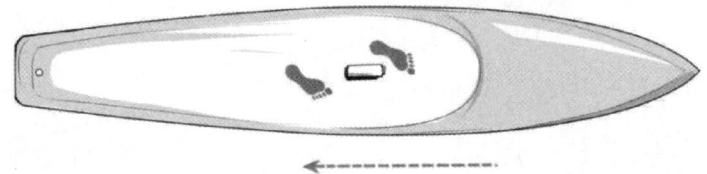

图 2-9　板体中心位置侧向前后脚站位

(六)站立划板

1. 正划(前进桨法)

以右侧划桨为例(图 2-10):①右手握在桨杆上,左手放在桨杆顶部的"T"形桨柄上;②桨叶入水的地方尽可能适度向前,桨叶要全部没入水下,然后沿板壁向后划到脚踝处出水;③划桨时,尽量保持手臂伸直,抬体转动躯干。用上部的手推动桨柄,而不是用下部的手拉桨;④划桨时桨要垂直,有利于保持直线航行;⑤为了保持直线前进,可以两边换手交替划行。

注意:左侧划桨,则交换手的位置。

图 2-10　站立划板前进桨法

2. 反划(倒退桨法)

反划可以用来减速、停止和转向,基本上就是正划的逆操作。

以右侧划桨为例(图 2-11):①尽可能地将桨后伸,然后桨叶在靠近板尾的位置入水,确保整个桨叶都没入水下,此时桨叶背面为受力面;②保持右手手臂伸直,扭动你的身体,而不是仅仅用胳膊的弯曲来推桨;③反划时要注意划桨的线路和桨的受力角度,以保证有效的向后效果。

注意:左侧反划,则交换手的位置。

图 2-11 站立划板倒退桨法

(七)划板转向(左转和右转)

在正划的基础上,以右转为例(图 2-12):①左手握在桨杆上,右手握住桨杆顶部的"T"形桨柄;②左手前伸,桨叶入水的地方尽量适度向前,右手推桨高度同肩高,膝盖微曲;③转动身体,躯干向左扭动划桨,桨叶往后往左外侧方向划动。

注意:左转则交换手的位置(图 2-13)。

图 2-12 划板向右转动方向　　　　　图 2-13 划板向左转动方向

二、静水桨板动作技术分析

桨板运动是一项新兴的运动,技术还在不断地完善和发展中,我们应以科学的态度,以人体力学、流体力学原理充分发挥人体肌肉群的力量,在没有或较小的前后左右波动和晃动的前提下,使桨板平稳地向前推进。目前桨板的主流划桨技术可以概括为"抬体为主、转体为辅、静动结合"。

桨板的划桨动作是连贯而有节奏的周期性运动,为理解动作过程,可以把一个划桨循环划分为入水、拉桨、出水和回桨4个动作阶段。

(一)入水

入水是从桨叶尖端接触水面到桨叶全部浸入水中的阶段,入水阶段也称为抓水阶段,是整个周期运动中各阶段的重要一环,是力量传递的关键。

1. 基本要领(图2-14、图2-15)

(1)桨手在上一个恢复阶段末期有力摆动的基础上加速将桨叶向板体前端推出,躯干前倾,转体伸肩,使桨叶与水面成锐角。

(2)下方手向前伸直,上方手向上伸直(微屈),此时拉桨肩向前,推桨肩稍后移,推手在头上方,收紧躯干,膝部微曲,双脚掌用力扎住板面蹬腿,快速地将桨插入水中。

图2-14 桨叶抓水动作(一)

图2-15 桨叶抓水动作(二)

2. 动作细节

(1)稳——动作稳健。
(2)快——入水快速。
(3)轻——入水动作轻盈。
(4)紧——下方手腕要锁紧。

如果不掌握以上几个要素,桨叶入水时会溅起水花,产生涡流,发出"扑通"声,从而影响抓水效果。

(二)拉桨

1. 基本要领

桨叶入水后,上方手迅速前推并撑住,使桨叶抓住水,下方手同侧的肩后移,利用抬体和转体的力量直臂向后拉桨,从入水到拉桨,桨手应将身体重量压在桨上,拉桨时腰背挺直,臀部肌肉紧张,下方手将桨拉至脚踝附近,达到下一阶段的出水点,此时桨杆与水面的角度为50°~60°(图2-16、图2-17)。

图2-16 拉桨动作(一)

图2-17 拉桨动作(二)

2. 动作细节

(1)脚掌用力扎住板面很重要,它是力量传递的点。
(2)在快速入水的基础上加速拉桨,发挥整个动作循环中的最大力气。

(3)上身肌肉紧绷,腰腹部紧张。
(4)注重力量的传递链,手臂拉与推—躯干—下肢—脚掌—桨板。

(三)出水

1. 基本要领

出水点(转桨点)即为拉桨阶段的结束点。当拉桨至脚踝处时迅速出水,充分利用桨杆和肌肉剩余的弹性势能,两臂向前向上提桨,从水中提出,出水时干净利落,不挑起水花。在出水的同时转桨,上方手下压和转动"T"形桨柄,下方手手腕内转上提,逆时针转动桨杆,将桨叶面转到与板的前进方向平行(图2-18)。

图 2-18 提桨出水动作

2. 动作细节

(1)转桨动作在快速拉桨的基础上加速完成。
(2)转腕动作要柔和。
(3)出水动作必须快,避免拖桨造成阻力。
(4)出水动作必须柔,尽量少带起水花。
(5)到达出水点必须提桨,不做无用功。

(四)回桨

1. 基本要领(图2-19、图2-20)

回桨是从桨叶出水到下一次桨叶入水之间,桨叶不在水中划行的阶段。当桨叶转桨提出水面后,桨手上身挺直并舒展转动向前,上方手转动桨柄并上提向前,下方手与髋部一起有适当的向前伸展,并转动上体将桨叶继续向前上方推出。

在回桨阶段,强调肌肉的放松,注意呼吸,这是整个周期动作连贯、协调的重要阶段,此时大部分肌肉处于放松状态。

在回桨阶段最后,桨手全身肌肉再度紧张,屏住呼吸,为下一次桨叶入水积蓄势能,提高入水的速度。

图 2-19　回桨动作（一）

图 2-20　回桨动作（二）

2. 动作细节

(1)送髋动作要舒展成鞭状。

(2)注意呼吸，此时应深吸气。

三、静水桨板技巧

静水桨板技巧包括单边直线划行、前扫桨、后扫桨、横移、十字弓划、板上移动、跳板、低位支撑、高位支撑、水中上板、后撤步、快速换手、踩板尾绕标（轴转绕标）、板尾反桨支撑及板尾反桨转向等技术动作。

（一）单边直线划行的方法

保持两侧每次划桨的次数基本一致，并根据风向或者左右手用力的不平衡进行适当的调整修正，使得桨板保持正向直线前进，这是初学者常用的正向直线划行的方法。

单边直线划行，就是在桨板的一侧连续划桨，依然可以使桨板保持正向直线前进，这种单边直线划行的技巧对于竞速非常实用，但也是许多初学者的难题。

常用的单边直线划行方法:桨叶向斜前方伸出,入水点在板头侧面的20～30cm,抓住水,桨面面对人体直线划行,不是与板平行向后划行。根据个人把控方向的能力调整入水离板头的距离,随着划板水平的不断提高,划行的循迹性会控制得越来越好,这个距离会越来越短,甚至忽略不计。待划板水平提高后可以采用侧前抓水法和换边划行相结合的方法(图2-21)。

在划桨时通过调整上下手的姿势,使桨杆垂直于水面,这样有利于划直线,如果桨杆是斜着向后划,则会加剧板体偏向。

也有的桨手以拨板头(也称反7字划法)的方式划直线,但这样会牺牲一些前进动力。

下面介绍几种单边直线划行的桨法:

(1)侧前抓水校正法(图2-22):运用方便,动作简捷,调整方向效果好。

(2)"J"字转桨校正法(图2-23):因为有尾鳍的直线循迹作用,转桨调整方向的作用有限。

(3)"C"字划桨校正法(图2-24):前半部分采用拨桨,后半部分采用转桨,动作复杂,效率低。

多数桨板爱好者在单边直线划桨练习的过程中,以第一种方法为主,特殊情况下也会采用其他几种方法。

图2-21 单边直线划行

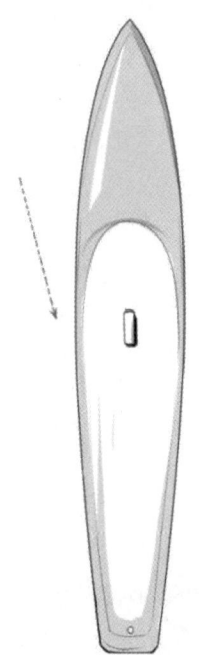 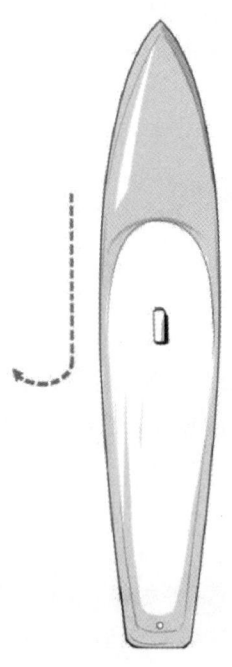 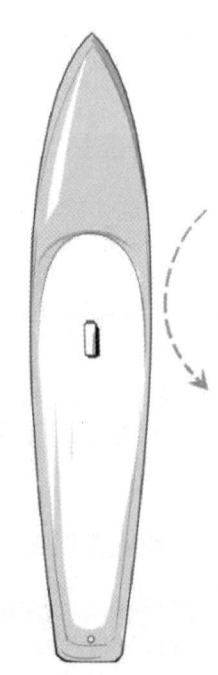

图2-22 侧前抓水校正法　　图2-23 "J"字转桨校正法　　图2-24 "C"字划桨校正法

(二)前扫桨(注：进阶桨法)

扫桨是转弯、调整方向的有效桨法。

以右侧前扫桨为例(图2-25)：

(1)膝盖弯曲，弯曲程度略微超过正划时的程度。
(2)放低左手臂，使"T"形桨柄恰好低于肩高。
(3)转动身体，让右肩向前。
(4)尽力前伸，将桨叶插入水中，浸没整个桨叶。
(5)通过旋转躯干并利用腿部和臀部的力量，从桨板的板头到板尾以大弧度运动将桨扫出。

注意：左侧前扫桨，则交换手的位置。

(三)后扫桨(注：进阶桨法)

以右侧后扫桨为例(图2-26)：

(1)膝盖弯曲，弯曲程度略微超过正划时的程度。
(2)放低左手手臂，使"T"形桨柄恰好低于肩高。
(3)转动身体，让右肩向后。
(4)尽力后伸，将桨叶插入水中，浸没整个桨叶。
(5)通过旋转躯干并利用腿部和臀部的力量，从桨板的板尾到板尾头以大弧度运动将桨扫出。

注意：左侧后扫桨，则交换手的位置。

 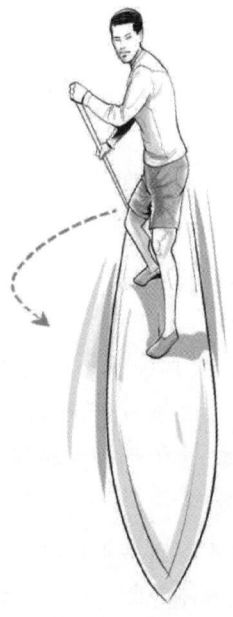

图2-25 右侧前扫桨　　　　图2-26 右侧后扫桨

（四）横移（注：进阶桨法）

横移可以让你的桨板朝一边平移，再减速横靠码头，或者在改变线路中运用。

1. 出水式横移（以右侧靠岸为例，见图2-27）

（1）肩膀转向右侧，桨尽量垂直于水面。

（2）将桨叶插入桨板右外侧水里，朝桨板方向拉，受力面与板平行，使得桨板朝右移动。

（3）拉桨至近板处向内转桨90°并快速提出水面，再次把桨伸向远处，重复划行。

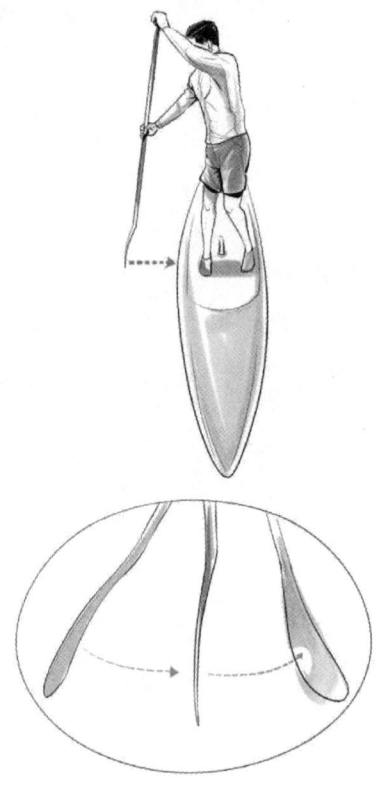

图2-27 右侧出水式横移

2. 切水式横移

在出水式横移的基础上改变出水动作，在桨叶靠近板体时桨叶不提出水面，而是向内转动左右手手腕，让桨叶垂直于板体，在水中切水把桨叶推出远离板体的位置，在远处的末端再向外转动左右手手腕，使桨平行于板体继续拉桨。

3. 摇橹式横移

（1）转体转肩使双肩基本保持与板体平行，桨杆尽量垂直于水面。

（2）将桨插入板体外侧30～40cm的水中。

（3）桨叶向前向后的距离控制在50～60cm，向前推动的角度大约30°，受力面向前，拉回时受力面向后的角度大约30°，角度根据实际情况调整。

(4)前后拉桨时要用转体的力量带动桨叶,而非靠两只手臂拉桨。

注意:板尾上的尾鳍会阻止横向平移,导致板尾比板头移动得慢。在横移时可以把桨的入水点放在更靠近板尾的地方。

(五)十字弓划(注:进阶桨法)

因其划桨轨迹像弓箭之弦而得名。十字弓划使转向更加紧凑和高效,而且不必改变在桨板上的姿势,非常适合在行进中快速调整方向。

1. 向右转的十字弓划

动作要领(图2-28、图2-29、图2-30):

(1)在左侧划桨时,保持在桨板中央站立的自然姿势,然后将躯体向右转动,使左肩前移。

(2)将桨叶越过板头,在桨板的右侧入水。

(3)桨叶的动力面朝左,转动躯干左旋,使桨叶划向板头。

(4)当桨叶碰到桨板板头,就向上绕过板体在另一边放回水中,继续以圆弧运动的方式扫桨。

注意:当向右转向,躯体向右转动,如果将左脚跟微微抬起以脚尖为轴心向外转动左脚,会加大转体角度,提高转向效率。

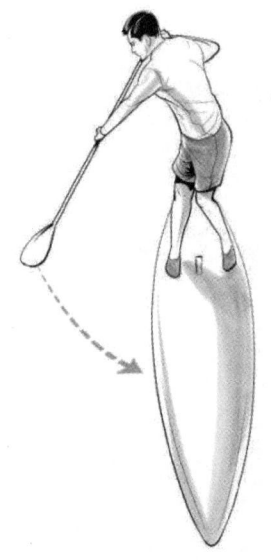 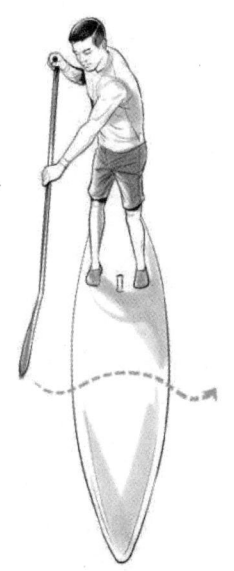 

图2-28 十字弓划(一)　　图2-29 十字弓划(二)　　图2-30 十字弓划(三)

2. 向左转的十字弓划

动作要领:

(1)在右侧划桨时,保持在桨板中央站立的自然姿势,然后将躯体向左转动,使右肩前移。

(2)将桨叶越过板头,在桨板的左侧入水。

(3)桨叶的动力面朝右,转动躯干右旋,使桨叶划向板头。

(4)当桨叶碰到桨板板头,就绕过板体在另一边放回水中,继续以圆弧运动的方式扫桨。

注意:当向左转向,躯体向左转动,如果将右脚跟微微抬起以脚尖为轴心向外转动右脚,会加大转体角度,提高转向效率。

(六)板上移动

板上移动是桨板划行中的常用技巧,常用于调整划行位置、轴转绕标等技术动作中。板上移动要求练习时在桨板上必须保持重心的稳定,在不断练习的过程中逐渐提高平衡能力。练习板上移动必须在有一定平衡能力的基础上循序渐进。

动作要领(图2-31、图2-32):

(1)保持人的重心始终在桨板的中心线位置。

(2)练习时人的重心随时跟着脚步移动,用身体微调保持平衡。

(3)练习时脚步由快到慢,由小到大,使用的桨板由宽到窄。

(4)练习时做好低位支撑的准备,随时平桨以防落水。

(5)逐渐养成目视前方的良好习惯。

注意:尽量不要用桨支撑,养成靠身体调整平衡的习惯。

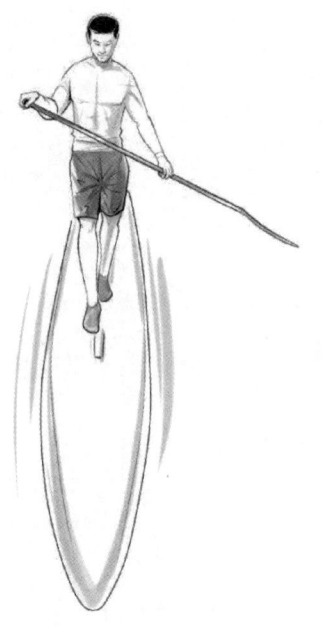
图2-31 板上移动(一)

图2-32 板上移动(二)

(七)跳板

跳板是一项在休闲娱乐活动中深受欢迎的技巧,在桨板比赛中也有应用,它能体现出桨板爱好者的动作灵敏性、平衡能力和运动中的胆量等综合能力。

动作要领(图2-33、图2-34):

(1)做好助跑准备,双手持桨以备落板后不稳做低位支撑。

(2)落板位置要准,双脚落脚点要保持左右平衡。
(3)落脚点不要靠近板尾,否则会使板头上翘,导致身体后仰而发生危险。
(4)降低重心,身体略微前倾。
(5)采用前后脚的姿势跳板,前后脚要排成一线,两脚距离要合适,后脚比前脚略微先落在桨板上,随后前脚也落在桨板上。
(6)跳板时不要平行脚落板,否则板往前冲,身体后仰,易造成严重后果。落板时两脚站稳,切勿挪动和小碎步。

图 2-33　跳板(一)　　　　　　　　　图 2-34　跳板(二)

(八)低位支撑

低位支撑的好处在于快速反应、高效、可连续操作,缺点是回弹力通常较小,无法应对大风浪,适用于轻微失去平衡或侧倾时。

动作要领(图 2-35):
(1)保持正常拿桨动作,此时因板体不稳身体降低重心。
(2)向外转动手肘,降低握桨柄手的高度。
(3)保持桨叶的受力面在上,背面接触水面。
(4)用桨背面拍击水面,快速拍击水面后得到快速回弹力,使板回复平衡。
(5)拍击水面后应立即向前转桨抽出桨叶,避免反作用力下压桨叶将人重新带入水中。

(九)高位支撑

高位支撑多用在风浪较大的环境下,桨板重心严重倾斜后,高位支撑能给予划手较大的回弹力,使得桨板快速有效地回复平衡。

动作要领(图 2-36):
(1)保持正常拿桨动作,膝关节弯曲,降低重心。
(2)转动手肘,使手肘在下低于桨,且腋下保持夹紧。
(3)保持桨叶的受力面在下,面对水面。
(4)重心向支撑一侧倾斜,并向同侧伸出手臂,保持手肘在下,且受力面接触水面。
(5)桨叶接触到水面后第一时间下压,带动身体回弹。
(6)桨叶下压水面后立即向后转桨把桨叶抽出水面,避免被水的反作用力再次带入水中。

图2-35 低位支撑

图2-36 高位支撑

（十）水中上板

水中上板是桨板运动的技巧之一，也是初学者必须具备的一种能力。划桨板落水很正常，练习时会落水，比赛时也会落水。因此掌握正确、快速的水中上板技巧十分重要。

动作要领（图2-37、图2-38、图2-39）：

（1）用自由泳或者蛙泳打水，把身体趴平，把脚打出水面，使身体平行于水面，这样才能轻松地爬上桨板。

（2）一只手在握桨的同时握住桨板中间的扶手，另一只手准备向前伸。

（3）用一个比较大的力度打一下水（借助蝶泳打水），随着打水的这一下动作，双手同时把桨板往肚子下面推，使身体窜到桨板上，尤其是肚子一定要上来，然后手臂往前伸过桨板。

（4）当肚子在桨板上，腿继续拍打水面，先让一条腿挂上来，再将另一条腿挪上板。

（5）爬上桨板之后，先要采用跪姿，双手握好桨扶在桨板上，然后再站起来。

（6）一旦桨板反扣过来，不要紧张，注意踩水，然后到板尾处把桨板翻过来，板尾相对其他地方要窄，更容易把桨板翻过来。

图2-37 水中上板（一）

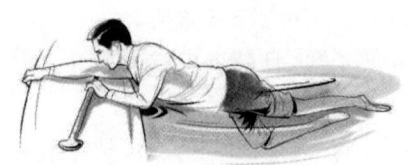
图2-38 水中上板（二）

图2-39 水中上板（三）

(十一)后撤步

后撤步一般应用在行进中的侧身转向、比赛时的板尾绕标过程中。

动作要领(以左侧划桨为例,图2-40、图2-41、图2-42):

(1)在正常过程中,双脚平行站位的情况下,右脚脚跟不动,脚尖向左挪到桨板的中心线(呈45°左右),将人体重心放在右脚尖上。

(2)左脚向后撤一大步,与右脚同一方向(45°左右),此时重心在左脚。

(3)右脚向后撤一大步到左脚前,左脚蹬腿跳跃后撤一大步至板尾坡跟,双脚保持较大的距离,基本上与前方相垂直,有利于调整身体重心。

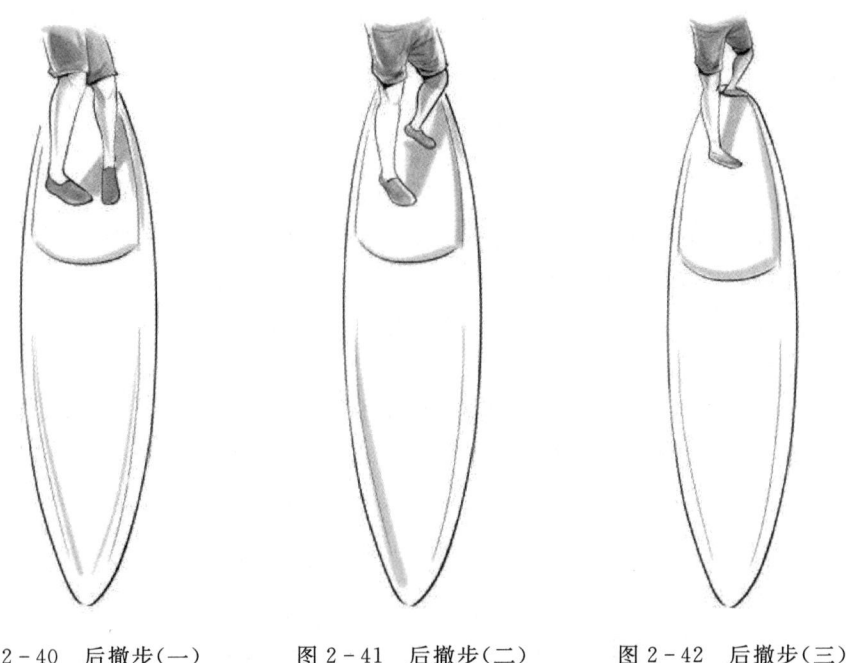

图2-40 后撤步(一)　　图2-41 后撤步(二)　　图2-42 后撤步(三)

(十二)快速换手

快速换手一般应用于比赛中,使比赛更高效。

动作要领(图2-43、图2-44、图2-45):

(1)在换边的时候"抛"一下桨,上手握在下手下方,下手顺势滑上来做上手。

(2)原先的上手抓住拉桨位置充当下手。

(3)在"抛"桨换手过程中完成躯干扭转,桨叶前探,准备划下一桨。

(十三)踩板尾绕标(轴转绕标)

轴转绕标常用于比赛中的绕标,使绕标速度更快、效率更高。轴转绕标也是桨板娱乐活动中的常见动作。

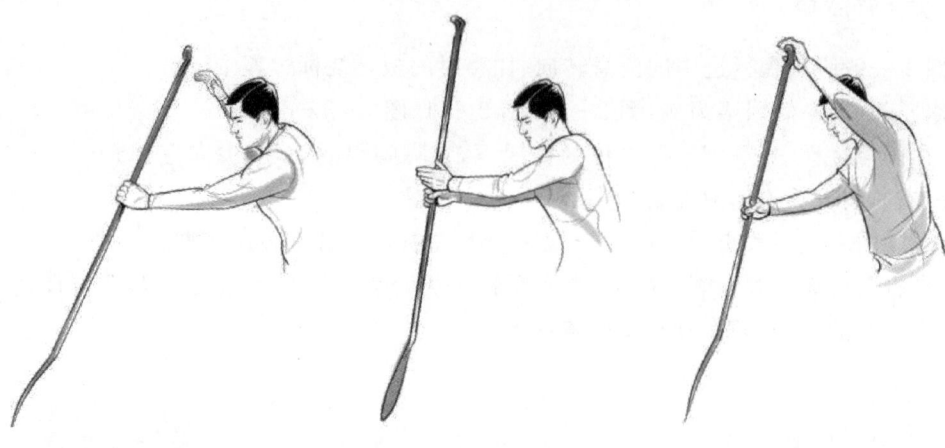

图 2-43 快速换手(一)　　图 2-44 快速换手(二)　　图 2-45 快速换手(三)

动作要领(图 2-46):
(1)左侧划桨就先向后挪左脚。
(2)在快速后撤步的基础上,固定好双脚的站位,双脚平行并保持较大的距离,基本上与前方相垂直,有利于调整身体重心。
(3)调整膝盖的角度移动身体重心,后脚踩稳板尾坡跟。
(4)控制翘板的高度,确保桨板既快又稳地绕标。扫桨时要用腰部转体和腿的力量。
(5)当完成轴转绕标之后马上向前走板,板体压平后就会迅速转入正常航向。

图 2-46　轴转绕标

(十四)板尾反桨支撑

板尾反桨支撑动作对板尾划桨保持平衡非常有效,也具有很好的观赏性。
动作要领(图 2-47):
(1)双腿要岔开,距离太近会造成蹲不下去,使不上力,平衡也会受到很大的影响。
(2)回身的幅度要大,下蹲幅度也要大,重心要低。

(3)保持桨叶的受力面在上,背面接触水面。
(4)用桨背面支撑水面,使板恢复平衡。
(5)打击水面后应立即向前方向抽出桨叶,避免反作用力下压桨叶将人重新带入水中。
(6)要用腰部、腿部和臀部的力量来支撑。

图 2-47 板尾反桨支撑

(十五)板尾反桨转向(轴转)

板尾反桨转向动作快、效率高,观赏性强。
动作要领(图 2-48、图 2-49、图 2-50):
(1)在板尾反桨支撑动作的基础上,使整个身体最大幅度向后转。
(2)适当控制翘板的高度,确保桨板既快又稳地转向。
(3)抓住水,获得有效支撑。
(4)要用腰部力量来转,并利用腿部和臀部的力量让桨板旋转。

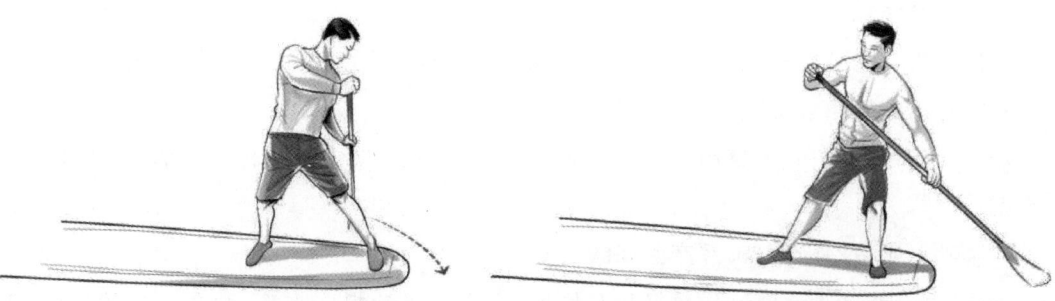

图 2-48 板尾反桨转向(一)　　　　图 2-49 板尾反桨转向(二)

图 2-50 板尾反桨转向(三)

第二节 桨板划桨中常见的错误动作及纠正方法

一、常见错误动作

1. 屈臂拉桨

动作解析：用腰背核心力量以及身体各部位协同拉桨，下方手要自然伸直拉桨，但如果下方手伸太直，容易造成肘部伤痛，略弯可以通过肌肉发力，而不是全靠关节的连接发力。

2. 站位太靠前或太靠后

动作解析：如果站位太靠前，划起来板头会往水里下沉，增加板体的阻力。站位太靠后会增加单边划直线的难度，正常情况下站在板体中间，特殊情况下可适当偏前或偏后。

3. 划桨前伸不到位、身体前倾不足

动作解析：这样划桨效率低。要放松身体前伸，转体，插桨时要形成高低肩。

4. 划桨过浅或过深

动作解析：划桨过浅会影响做功动能，浪费势能，而划桨过深则会产生向上的分力。

5. 桨叶出水太早或太晚

动作解析：桨叶出水太早做功动能不够，桨叶出水太晚做无用功且浪费势能，注意桨叶出水不超过脚踝。

6. 桨叶入水有"扑通"声，并产生涡流

动作解析：桨叶入水时动作要轻盈和快速，上方手迅速抓水推桨，配合上身的转体，重心下压，下方手腕收紧。

7. 上方手过低，屈臂推桨

动作解析：推手过低不利于发力，上举直臂推桨有利于传递全身力量，且肌肉不易疲劳。

8. 上体过分前倾、下压

动作解析：上体过分前倾、下压会造成腰部肌肉过分劳累，且划桨频率低。

9. 桨叶面对水的角度不好，减少动力

动作解析：桨叶垂直桨板前进方向，水对桨叶的反作用力与桨板运动方向一致，加速效果最佳。凡是桨叶未垂直于桨板运动方向，都会产生桨板运动方向法线上的分力，影响桨板的直线运动。

10. 划桨时身体重心左右摆动

动作解析：身体在划桨、回桨时左右扭动，会造成板体左右摆动，不利于核心肌肉群发力。

11. 先拉桨后抬体

动作解析：桨叶入水后，先要用核心肌肉力量，要用抬体转体力量拉桨，而不是先拉桨再抬体。

12. 回桨时下方手往外扫桨，上方手下压

动作解析：扫桨的反作用力会影响桨板的直线前行，应该是提桨后，旋转桨杆，桨叶平行前进方向，自后向前回桨，划桨动作周期内桨都是在板侧的竖直平面内运动。

13. 膝关节过屈或过直

动作解析：膝关节微屈适度，站立有弹性，通过膝关节适度伸屈，传递做功动能。

14. 回桨不够放松，节奏不明显

动作解析：回桨阶段是划桨周期的放松恢复阶段，要配合呼吸节奏。回桨阶段的末期要为下一划桨周期储备肌肉弹性势能。

15. 拉桨身体前伸时没有转体转肩

动作解析：拉桨时身体前伸不到位，转体转肩不够，桨程过小，会造成划桨效率低，要放松身体，插桨时要前伸形成高低肩。

16. 使用的桨太长或太短

动作解析：桨如果长了划桨会太深，提桨难以操作，桨如果短了划起来弓着背既笨拙又劳累。

17. 握桨距离太宽或太窄

动作解析：利用杠杆原理，充分发挥桨的作用，采用投降手，肘部角度不小于 $90°$。

18. 提桨带出水花，增加了阻力

动作解析：提桨动作要有把桨叶从水中抽出的感觉，提桨过晚会造成拖水。

19. 桨叶出水回桨时未转动桨叶 $90°$，造成风阻

动作解析：在提桨的同时，桨杆要内转 $90°$，向前摆桨时，桨叶是平行于运动方向，否则易造成风阻。

20. 回桨时抬桨太高，造成肩部疲劳

动作解析：要选择合适的桨长，桨太长会造成抬桨过高，造成肩部劳损。提桨时身体尽量恢复直立，带动桨上升。

二、动作错误的原因和纠正方法

1. 缺少规范、系统的技术培训体系

一是桨板运动是一个新兴的大众体育项目，国际上桨板运动发展迅猛，桨板技术日新月异。随着中外桨板界交流的不断深入，国内的桨板运动受到国外先进技术理念、培训手段的影响，国内的桨板技术也在不断地提高中，但在规范、系统方面还远远不够，必须要有更全面、更专业、更适合国内桨板爱好者的教学和培训体系。二是桨板运动缺乏专业理论的指导。目前国内桨板技术培训缺乏规范化的教学书籍，缺少专业化的教练指导，导致学习桨板的爱好者在技术、技能的学习中缺少正确的引导，从而在练习中技术动作概念不清楚，练习任务不明确，错误动作也得不到及时的纠正。

纠正方法：提升专业教练的教学水平，加强专业技术的讲解示范，抓住教学中的要领讲解这个主要环节，积极调整培训、教学和训练的内容和手段，培训或教学的难易程度要适度。

2. 思想和心理引导不够

表现为训练时思想上准备不足，完成动作的目的性不明确，积极性不高，随意性大；同时在心理上表现出怕苦、怕累、怕落水、信心不足、情绪紧张和注意力不集中。

纠正方法：加强思想、心理方面的引导，提高自信心，做好水上安全防护措施。

3. 训练质量不高、技术能力不强

由于缺乏严格训练，桨板技术水平不高主要表现在体能不强和平衡能力不足上，从而导致控板能力不够，驾驭不了使用的桨板，出现划桨动作僵硬、技术动作变形等情况。

纠正方法：使用器材要根据平衡能力循序渐进，选择适合条件的水域进行练习，按部就班地提高用板难度。

4. 身体素质因素

身体素质不好的原因，是缺乏规范、系统、针对性的体能素质训练。在实际训练中表现为动作不协调、不到位，力量、耐力差。

纠正方法：需要加强身体力量、耐力、速度的专项训练，加强身体柔韧性、灵敏性的练习。

针对上述桨板运动爱好者易出现的错误动作，我们必须采用一些积极、有效的应对方法。可以通过以下几点来改进。

(1) 认真学习正确的划桨技术动作，通过视频教学树立正确的动作概念，分解练习划桨各阶段的技术动作。

(2) 教练对桨板运动爱好者的错误动作要经常提醒并及时给予纠正。通过示范教学，指出形成错误动作的原因，教练一边讲解一边示范，抓主要环节，选择性地针对错误动作、环节逐个进行纠正，对技术动作不断加以完善。

(3) 通过录制训练中的视频与规范动作视频对照，分析自身动作的缺陷。

(4) 通过陆上模拟教学，感知正确的技术动作，纠正存在的问题。

第三章　静水桨板训练方法与手段

静水桨板的训练方法与手段,是指为提高静水桨板运动技能而采取的有目的、有针对性的训练途径和办法。只有正确选择适合自身特点(年龄、性别、体质)的训练方法和手段,从身体能力、技术能力和战术能力三方面进行科学、系统的训练,才能有效地提高自身静水桨板划行的技术水平,不断取得进步并获得划行乐趣。

第一节　静水桨板身体能力训练

对于静水桨板(简称桨板)运动而言,良好的身体能力是从事该项运动的基础。力量、速度、耐力、平衡能力、协调能力等既是掌握该项运动技术能力的基础,也是提升划行能力的保障。对于桨板爱好者来讲,适当提高自身身体能力,有助于强化自身的健康体魄、保证自身运动技能的拓展、充分享受桨板运动带来的身心乐趣;对于专业桨板运动者而言,规范专业的身体能力训练,即运动素质训练,则是提升专项竞技能力、获取比赛优胜的关键。本节从力量、速度、耐力、柔韧、协调和灵敏等主要运动素质入手,介绍训练的方法与手段。

一、桨板力量素质训练

(一)力量素质

力量素质是指桨板练习者在进行划桨运动时肌肉克服内、外部阻力的能力。静水桨板运动的外部阻力主要指划桨时水所产生的与运动方向相反的力;桨板运动的内部阻力主要指肌肉的黏滞性、对抗肌肉群的牵引等所产生的不利于肌肉协调用力的阻力。在桨板划行中,人体力量素质的好坏主要通过克服这些内、外部阻力的能力大小反映出来。所以,力量素质是桨板运动的关键。

从专业角度,在运动实践中力量素质主要分为3种:最大力量、快速力量和力量耐力。最大力量是桨板练习者对抗水的阻力所表现出来的最大的力,在起航、制动和转向时,都需要练习者有较好的最大力量;快速力量是指以最快的速度展现力量素质的能力,是完成划桨动作时速度和力量的综合体现,桨板运动中加速、快速转向、冲刺等动作的完成都需要有较好的快速力量;力量耐力是指持续表现出力量素质的能力,主要表现在桨板练习者多次划桨和持续用力的能力,力量耐力要求肌肉既有较大的力量、又能够长时间地坚持工作。桨板划行时使用到的肌肉群如图3-1所示。不论是短距离还是中、长距离的划行,都需要有较好的力量耐力作为能力支撑。

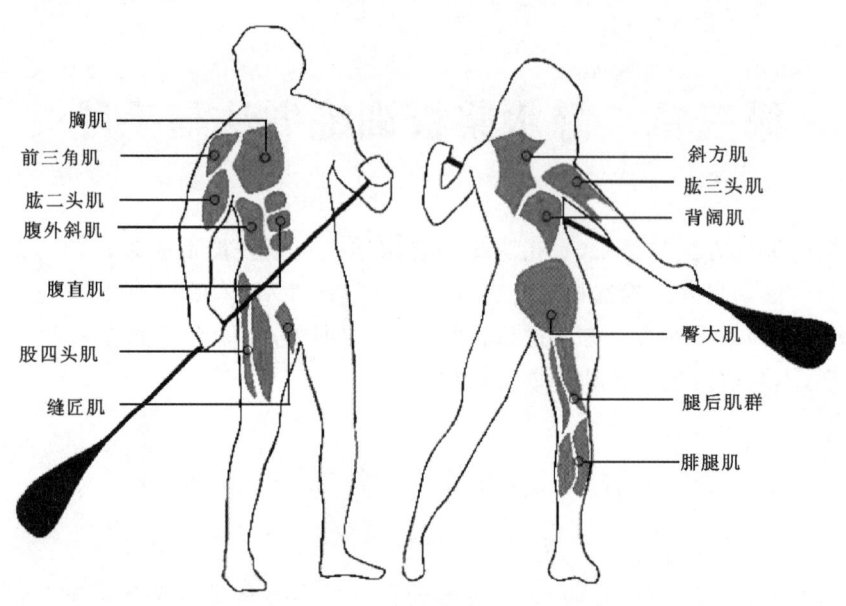

图 3-1 桨板划行动作主要肌肉群

(二)力量素质训练方法手段

1. 最大力量训练

最大力量是快速力量和力量耐力的基础。高水平练习者更加需要进行最大力量训练,最大力量在桨板运动中起航、制动、转向和提高每一桨的划桨效率中起着不可忽视的作用,同时在快速划桨时对抗水的阻力也需要最大力量来支撑。业余爱好者若想提升自身实力也需适当提升基础力量能力。

1)训练方法介绍

(1)重复训练法:重复训练法是指多次重复练习一个动作,是力量训练最为常用的一种训练方法。重复训练法不仅可以迅速而有效地提高肌肉力量,而且能有效地发展爆发力,改进用力技术的协调性。运用重复训练法训练桨板练习者的最大力量时,负荷强度、重复组数、每组重复次数和组间间歇时间见表3-1。

表 3-1 重复训练法的负荷特征

负荷强度(%)	组数(组)	重复次数(次)	间歇时间(min)
75~90	6~8	3~6	3

(2)强度训练法:强度训练法是以大的、亚极限和极限重量进行训练,训练时逐渐达到用力极限。强度训练法是一种较为专业的训练方法,能够训练一次性的最大爆发式用力,符合桨板运动起航和制动的技术要求。它对神经、肌肉刺激强烈而集中,有利于提高神经、肌肉兴

奋过程的强度。运用强度训练法训练桨板练习者的最大力量时,负荷强度、重复组数、每组重复次数和组间间歇时间见表3-2。

表3-2 强度训练法的负荷特征

负荷强度(%)	组数(组)	每组重复次数(次)	间歇时间(min)
85~100	3~5	1~3	3~5

(3)静力性力量练习法:静力性力量练习是肌肉在紧张用力时其长度不发生变化的力量练习,所以静力性力量练习又称为等长收缩。静力性力量练习法是最大力量的辅助性练习,在高水平练习者中可适当采用,静力性力量练习有利于划桨前进时固定身体姿势。运用静力性力量练习法训练桨板练习者的最大力量时,负荷强度、重复组数、每组持续时间和组间间歇见表3-3。

表3-3 静力性练习法的负荷特征

负荷强度(%)	组数(组)	持续时间(s)	间歇时间(min)
90以上	3~4	3~6	3~4

(4)金字塔力量训练法:又称为阶梯式极限力量训练法,指渐变负荷强度和量,达到极限强度。金字塔力量训练法可以进一步挖掘桨板练习者的潜能,提升最大力量。

金字塔力量训练法的负荷特征要求如下。

负荷强度:初始负荷强度定在85%左右为宜,依次往后递增至100%。

负荷数量:动作重复次数从最开始的4~5次递减到1次。

间歇时间:间歇时间相对充分,一般安排3~5min。

2)训练手段示例

(1)坐姿器械划船。动作目的:主要发展背阔肌的最大力量,提高划桨后拉的效率。目标肌肉:主要目标肌肉是背阔肌,协同肌群有三角肌、菱形肌、肱二头肌。起始姿势:身体正直坐在训练器上,胸部贴紧器械,双手伸直握住把手。动作过程:均速向后到身体两侧时,慢慢伸直胳膊至初始位置。动作要点:注意目标肌群背阔肌的发力;动作过程中不要耸肩;保持腰背部挺直。

(2)杠铃平板卧推。动作目的:发展胸大肌的最大力量,提高划桨后拉之后向前伸桨的效率。目标肌肉:主要目标肌肉是胸大肌,协同肌群是三角肌、肱三头肌。起始姿势:平躺于卧推长凳上,双手宽握正握杠铃,手臂伸直持杠铃于胸大肌的正上方。动作过程:匀速向下至杠铃杆距离胸大肌2~3cm处,再伸直手臂。动作要点:注意动作的稳定性和目标肌群的发力;向下时,肘关节不要超过肩关节;腕关节保持中立位。

(3)杠铃深蹲。动作目的:主要增加股四头肌的最大力量,提高划桨过程中控制身体平衡的能力和增加划水拉桨时的效率。目标肌肉:主要目标肌肉是股四头肌,协同肌群是核心区肌群。起始姿势:双腿分开与肩同宽,身体直立目视前方,双手握住杠铃杆放于肩上。动作过程:匀速向下至大腿与地面平行,然后再匀速向上恢复初始姿势。动作要点:注意腰背部挺直,身体不要向前倾;膝关节不要超过脚尖。

(4)杠铃卧拉。动作目的:主要增加背阔肌的最大力量,提高划桨后拉的效率。目标肌肉:主要目标肌肉是背阔肌,协同肌群是三角肌、菱形肌、肱二头肌。起始姿势:俯卧于卧拉练习架上,双手宽握握住杠铃杆,双臂自然下垂。动作过程:匀速向上至大臂平行于地面,再匀速向下至初始位置。动作要点:注意目标肌肉的发力;向上时肘关节不要超过肩关节;向上发力时上半身不要离开练习架。

(5)引体向上。动作目的:主要增加背阔肌的最大力量,提高划桨后拉的效率。目标肌肉:主要目标肌肉是背阔肌,协同肌群是三角肌、肱二头肌、菱形肌。起始姿势:双手略宽于肩正握握住横杆,身体自然下垂。动作过程:向上发力至下巴超过横杠,再回到初始位置。动作要点:注意目标肌肉的发力;向上发力的过程中,身体不要晃动。

(6)屈膝硬拉。动作目的:主要发展竖脊肌的最大力量,提高划桨过程中身体的稳定性。目标肌肉:主要目标肌肉是竖脊肌,除了主要目标肌群是竖脊肌,身体各部分肌群都参与发力。起始姿势:双手与肩同宽握住杠铃杆至大腿前侧,身体直立,眼睛目视前方。动作过程:向下至杠铃杆于小腿前侧,再向上至初始位置。动作要点:练习过程中注意腰背挺直;膝关节微屈,膝关节不要超过脚尖。

(7)高位下拉。动作目的:主要增加背阔肌的最大力量,提高划桨后拉的效率。目标肌肉:主要目标肌肉是背阔肌,协同肌群是三角肌、肱二头肌、菱形肌。起始姿势:臀部坐实坐垫,双手宽握握住横杠,双脚踩实地面。动作过程:向下拉至胸前,再回到初始位置。动作要点:注意目标肌肉的发力;向下发力时不要耸肩。

2. 快速力量训练

快速力量是运动速度和力量的综合表现形式,更加具有桨板运动专项化的特点。在桨板运动中,短距离的冲刺、长距离终点处的冲刺和快速转向绕标时都需要有较快的桨频,这就需要参与者有较好的快速力量。因此,在进行快速力量训练时要特别注意与桨板运动专项动作紧密结合。从专业角度而言,快速力量的典型表现形式有爆发力、起动力、反应力等。

1)训练方法介绍

(1)快速用力法。指以最快的收缩速度,克服阻力是训练桨板练习者爆发力的方法。它包括两种训练形式,即小强度快速用力法和中等强度快速用力法。快速用力法对不同层次的桨板练习者有不同的效果,对于接触桨板运动时间不长的练习者而言,小强度快速用力法更适合练习;对于水平较高的桨板练习者而言,需要更大的刺激,小强度的快速用力法已不能满足需要,中等强度的快速用力法更适合。快速训练法有利于培养练习者的速度意识和快速运动反射的传递。快速用力法的负荷强度等数据见表3-4和表3-5。

表3-4 中等强度快速用力法的负荷特征

负荷强度(%)	组数(组)	重复次数(次)	间隔时间(min)
70~85	4~6	3~6	3~4

表 3-5　小强度快速用力法的负荷特征

负荷强度(%)	组数(组)	重复次数(次)	间隔时间(min)
30~60	3~6	5~10	3~4

(2)先加后减负荷练习法。先加后减负荷练习法是指先增加负荷的重量,使之超过比赛时的阻力,当练习者基本适应后,再减少负荷至正常水平,可有效提高练习者在标准阻力下完成动作的速度。由于桨板运动的特殊性,负荷强度没有准确的数值,重复组数 3~5 组,重复次数 10~15 次,间歇时间 3~4min。此练习法一般在水上练习较多,意在突出其专项性。

(3)超等长收缩训练法。超等长收缩也称超长收缩,指肌肉先进行迅速离心收缩,再迅速转入向心收缩的练习方式。该练习对提高肌肉爆发力十分有用,如连续蛙跳、跳深、跳栏架、跨跳、投掷等练习就是该练习的典型代表。

(4)减阻训练法。减阻训练法是指减少外界阻力,以低于比赛或正常划桨时的阻力,使练习者感受在低负荷下的肌肉快速收缩的练习,有助于建立良性的运动感觉。常见的训练方式有顺风划、顺水划,减轻负重练习等。

2)训练手段示例

(1)蛙跳练习。动作目的:主要增加股四头肌的快速力量,提高快速冲刺划桨的效率。目标肌肉:主要目标肌肉是股四头肌、协同肌群是臀大肌、腹直肌。起始姿势:双脚略宽于肩站立,脚尖朝前,眼睛目视前方。动作过程:屈膝至大小腿折叠 90°,向前方跳跃。动作要点:落地时注意膝关节不要超过脚尖;保持腰背部挺直;跳跃过程中,核心区保持稳定,身体不要晃动。

(2)快速引体向上。动作目的、目标肌肉、起始姿势等动作过程,参照前面"最大力量训练的引体向上"相关内容。动作要点:注意目标肌肉的发力;向上发力过程中,身体不要晃动;向上发力时要快,下来时注意控制。

(3)后抛实心球。动作目的:主要增加下背部竖脊肌的快速力量,提高划桨过程中核心区保持稳定的能力,增快了力量传导,增加了划桨效率。目标肌肉:主要目标肌肉是竖脊肌,协同肌群是背阔肌、三角肌。起始姿势:双脚与肩同宽站立,双手持实心球于腹前,眼睛目视前方。动作过程:快速用力向后方抛动实心球,身体呈反弓形。动作要点:注意发力迅速;身体保持稳定,不要晃动。

(4)弹力带快速下拉练习。动作目的:主要增加背阔肌的快速力量,提高划桨后拉的效率。目标肌肉:主要目标肌肉是背阔肌,协同肌群是三角肌、菱形肌。起始姿势:将弹力带固定在一定高度,俯身约 45°,双手握住弹力带两端。动作过程:将弹力带下拉至身体两侧,再恢复至初始位置。动作要点:下拉时大臂靠近躯干,屈肘下拉;腰背部挺直,保持身体稳定不要晃动。

3. 力量耐力训练

力量耐力是指桨板练习者多次划桨和持续用力的能力。力量耐力兼有力量和耐力的双重特点,既要求肌肉有较大的力量,又要求肌肉能够长时间地坚持工作。力量耐力在长距离桨板运动中起着不可忽视的作用,提高了完成动作的规范性和效率。

1)训练方法介绍

(1)重复训练法。两次(两组)练习之间安排相对充分休息的练习方法。重复训练法不仅可以增加力量耐力,而且有利于练习者掌握和巩固技术动作。重复训练法的负荷强度、重复组数、每组重复次数和组间间歇时间见表3-6。

表3-6 重复训练法的负荷特征

负荷强度(%)	组数(组)	重复次数(次)	间歇时间(min)
50~75	3~5组	12~15次	3~4

(2)循环训练法。循环训练法是指根据桨板运动所需的具体肌肉耐力,建立若干个练习站(或练习点),练习者按照规定的顺序、线路依次完成每组所规定的练习和要求,周而复始地进行训练的方法。循环训练法对发展综合耐力非常有效,符合桨板运动的特点,设计训练动作时,应按先后顺序进行肩部、上肢、背部、核心区、下肢肌肉练习,同时重点突出背部肌群的训练,以发展多部位的肌肉耐力。循环训练法的负荷强度、负荷持续时间、每组重复次数、组间间歇时间和循环次数见表3-7。

表3-7 循环训练法的负荷特征

练习内容	各站负荷强度	各站负荷持续时间	重复次数(次)	间歇时间	循环次数(次)
力量耐力	适中	短	8~12	充分	1~3

可采用下面两个方案发展力量耐力。

方案1:分成9站。每站练习内容:肩上推举、哑铃弯举、哑铃臂屈伸、俯身杠铃划船、仰卧药球抛接、哑铃体侧屈、深蹲、硬拉、箭步蹲,该方案主要用于发展一般力量耐力。

方案2:分成7站。每站练习内容:高位下拉、坐姿划船、弹力带划船、仰卧起坐、俄罗斯转体、深蹲、箭步蹲,该方案主要在于结合专项技术动作,更倾向于专项力量耐力训练。

(3)静力性力量训练法。静力性力量练习是肌肉在紧张用力时长度不发生变化的力量练习,所以静力性练习又称为等长收缩。静力性力量练习有利于划桨前进时固定身体姿势,静力性力量练习训练力量耐力的负荷要低于最大力量训练的负荷。要求负荷强度适中,重复组数较少,具体见表3-8。

表3-8 静力训练法的负荷特征

负荷强度(%)	组数(组)	持续时间(s)	间歇时间(min)
50~70	3~4	15~30	2~3

(4)持续训练法。持续训练法是指持续时间较长、负荷较低的训练方法。持续训练法训练桨板练习者的力量耐力也可以称为极限次数法,此方法在桨板运动的短程冲刺中起到了很

大的促进作用,可以提高练习者的动作效率,同时也提高了运动成绩。持续训练法训练桨板练习者力量耐力时,负荷强度、重复次数和组间间歇时间见表3-9。

表3-9 持续训练法的负荷特征

负荷强度(%)	组数(组)	重复次数	间歇时间(min)
30~50	3~5	极限或接近极限	2~3

2)训练手段示例

(1)坐姿器械划船。具体方法请参照前面最大力量训练的坐姿器械划船,不同的是动作目的和动作要点。动作目的:主要增加背阔肌的力量耐力,提高划行速度和效率。动作要点:注意目标肌群的发力;向后发力过程中,不要耸肩。

(2)俄罗斯转体。动作目的:主要增加核心区力量耐力,提高转向时的效率和控制平衡的能力。目标肌肉:主要目标肌肉是腹直肌和腹内外斜肌。起始姿势:臀部坐于瑜伽垫上,上半身与地面成45°~60°,双手持药球置于体前。动作过程:双手依次往左往后摇摆药球。动作要点:控制肢体平衡,臀部不要晃动,耳、肩、髋在一条直线上。

(3)箭步蹲。动作目的:主要增加股四头肌的力量耐力,提高划桨向后拉桨时的力量和效率,提升划行速度。目标肌肉:主要目标肌肉是股四头肌,协同肌群是股二头肌、腹直肌。起始姿势:身体直立,双手持哑铃于身体两侧,双臂自然下垂。动作过程:向前迈步成弓箭步下蹲,然后再回到初始位置。动作要点:注意垂直下蹲,膝关节不要超过脚尖;腰背部挺直,身体不要向前倾。

(4)划码头。具体操作:寻一处码头,练习者按照标准握桨姿势握住桨柄,将桨叶插入水中,模拟水中划桨。要求划桨幅度超过水中划桨练习,这样一方面可以增加快速力量,也可增加力量耐力。

(5)阻力划。具体操作:在桨板下方或后方拴条毛巾,使练习者在划桨时感受毛巾带来的阻力。待练习者适应这个阻力后,再去掉毛巾来练习,可以有效地提升动作速度力量。

(三)力量训练注意事项

1. 注重不同肌群肌肉力量的对应发展

根据桨板运动的需要,在训练大肌肉群的同时,也要重视小肌肉群的训练。

2. 力量训练技术动作严格遵循标准动作

根据桨板训练任务的需要,选择有效正确的训练手段,规范动作要求,一方面可以避免运动损伤,另一方面可以取得最好的训练效果。

3. 处理好负荷与恢复

在力量训练中,训练负荷应循序渐进;在每周训练中,应使三种力量训练交替进行;在每组重复训练中,注意组间休息;力量训练前,要做好准备活动;力量训练后,要注意拉伸放松肌肉等。

4. 注意激发练习者的兴趣

力量训练是一个枯燥的过程,在练习过程中,教练员、老师要注意提高练习者的兴趣与积极性,提高训练效果。

5. 遵循循序渐进和区别对待原则

力量训练要遵循循序渐进的原则,负荷安排应大、中、小结合;同时,训练过程中要考虑到练习者之间的个体差异,做到区别对待。

二、桨板速度素质训练

(一)速度素质

速度素质是指桨板练习者快速划行的能力,也指练习者某一部分快速移动、快速完成动作和对外界信号快速做出运动反应的能力。它是桨板运动重要的运动素质之一。速度素质的表现形式丰富多样,桨板运动的速度素质可以分为反应速度、动作速度、划行速度三大类型。

反应速度,是指人体对各种刺激产生反应的快慢,如桨板练习者听到发令到开始启动的时间,反应速度的快慢取决于反应时间的长短。

动作速度,是指完成单个动作时间的长短或单个动作的重复速率,如桨板练习者完成一次划桨的速度、完成一次绕标的速度;在长距离划行中左右手交换划桨的速度;由匀速划转变为冲刺划双脚的平行站位转变为前后站位的速度;在板上行走到板尾的动作速度等。

划行速度,是指桨板运动中通过一定距离的时间,如桨板练习者划行100m所用时间。在接力赛和短距离比赛中对划行速度要求极高。划行速度从某种意义上说也是一种综合运动能力的表现,与练习者的其他运动素质有着极为密切的关系。

(二)速度素质训练方法手段

1. 反应速度训练

反应速度是指人体对各种刺激产生反应的快慢,如桨板练习者从听到发令到开始启动的时间,反应速度的快慢取决于反应时间的长短。

(1)信号刺激法。信号刺激法是指教练员发出信号,练习者快速作出应答反应,以提高反应速度。反应速度的各个影响因素均与信号密切相关,因此,信号刺激法是提高反应速度最基本、最有效的训练方法。信号刺激法的精神状态、重复组数、组间间歇时间见表3-10。

表3-10 信号刺激法的负荷特征

精神状态	重复组数(组)	间歇时间
体力充沛或略感疲劳	6~10	充分

固定信号源练习:是指教练员发出单一信号,练习者按照教练员的指令去练习。如发令

起跑(20～30)m×(6～10)次、桨板发令起航练习等。

移动信号源练习:是指练习者听到来自教练员的不同指令,练习者迅速做出选择性回应。

选择信号源练习:选择信号源练习有两点要求,一是发出的信号要富有变化且相对复杂,二是要求练习者做相反的动作。如信号1、2、3、4分别代表原地不动、向前划、蹲下、向后划4个动作,练习者根据教练员发出的信号数做出相应的动作。

(2)运动感觉法。运动感觉法是指通过提高准确区别时间间隔的能力来提高反应速度。反应速度与区别时间间隔的能力有密切关系,区别时间间隔的能力越强,反应速度越快。运动感觉法主要适用于高水平的桨板练习者。这种练习分3个阶段。

第一阶段:要求练习者以最快的速度对某一信号做出应答反应,教练员记下时间,然后把时间告知练习者。

第二阶段:练习同第一阶段,但是练习后先让练习者说出他估计用的时间,然后教练员告知练习者实际所用时间,让练习者比较其间的误差。

第三阶段:同样的练习,要练习者准确判断所用的实际时间,若误差缩小,说明其判断时间间隔的能力提高了,从而促进了反应能力的提高。

2. 动作速度训练

动作速度是指完成单个动作时间的长短或单个动作的重复速率,如桨板练习者完成一次划桨的速度。动作速度的培养必须通过技术水平的巩固与提高以及其他运动素质的发展才能实现,这是动作速度训练的特殊之处。

1)训练方法介绍

(1)重复训练法。重复训练法发展动作速度的负荷强度较小,保持在30%～40%左右,重复组数在3～5组,每组重复12～15次,组间间歇时间充分,具体见表3-11。

表3-11 重复训练法发展动作速度的负荷特征

负荷强度(%)	重复组数(组)	重复次数(次)	间歇时间
30～40	3～5	12～15	充分

(2)加难训练法。加难训练法是指在动作速度训练中,以高于比赛难度的要求进行训练的方法。当练习者适应这个训练难度时,再将难度降低至正常负荷,练习者的动作速度会显著增加。练习方法可参照快速力量训练。

(3)减难训练法。减难训练法是指在动作速度训练中,以低于比赛难度的要求进行训练的方法。减难训练法的目的是让练习者体验在低于比赛负荷下的动作速度,提高神经兴奋,增加训练效果。

(4)游戏与比赛训练法。游戏与比赛训练法是指运用游戏与比赛的方式进行训练的方法。游戏与比赛法是两种联系紧密的训练方法,比赛法是从游戏法发展而来的,少年儿童不宜过早地进行专项比赛,因而带有比赛性质的游戏更适合训练的需要,以游戏为主进行玩耍式训练,可以提高训练的参与性。到了青春期以后,为适应比赛的需要,以比赛训练法为主进行训练。

2)训练手段示例

(1)俯身单臂哑铃划船。动作目的:增加背阔肌的快速力量,提高划桨的动作速度。目标肌肉:主要目标肌肉是背阔肌,协同肌群是三角肌、肱二头肌。起始姿势:一只手扶在横杆上,另一只手握住哑铃,身体前倾约45°,双脚弓箭步站立,腰背挺直。动作过程:向上发力至躯干位置,再回到初始位置。动作要点:注意目标肌肉的发力;向上发力过程中,身体不要晃动,保持腰背挺直;向上发力时大臂要靠近躯干,不要耸肩。

(2)弹力带模拟训练。动作目的:增加背阔肌的力量,提高划桨的动作速度。目标肌肉:主要目标肌肉是背阔肌,协同肌群是三角肌、菱形肌。起始姿势:将弹力带固定在一定高度的横杆上,身体同划桨时的站姿,双手握住弹力带。动作过程:模拟划桨的过程,将弹力带下拉。动作要点:注意目标肌群的发力;身体不要晃动,保持核心区的稳定。

(3)卧拉练习。动作目的:增加背阔肌的力量,提高划桨的动作速度。有关目标肌肉、起始姿势、动作过程、动作要点参见前面最大力量练习杠铃卧拉。

(4)划码头。具体操作:寻一处码头,练习者按照标准握桨姿势握住桨柄,将桨叶插入水中,模拟水中划桨。要求划桨幅度超过水中划桨练习,待练习者适应这种负荷下的划桨,再回到正常划桨幅度时,可以有效地增加划桨的动作速度(图3-2)。

图3-2 划码头训练

(5)逆风划。通过采用预先加难的方法,使练习者感受逆风带来的阻力,待练习者适应逆风划桨带来的阻力,再回到正常风速时可以有效地提升划桨的动作频率。具体操作:在风速较快水域,逆风划行,练习方法同正常划桨,要求发力较快。

(6)大桨叶划。通过采用预先加难的方法,使练习者感受大桨叶带来的阻力,待练习者适应后再换回正常的大小,可以有效地提升划桨的动作频率。具体操作:选取比正常桨叶大的桨叶去练习,练习方法同正常划桨,要求发力较快。

(7)阻力划。具体操作:在桨板下方或后方拴条毛巾,使练习者在划桨时感受毛巾带来的阻力。待练习者适应这个阻力后,再去掉毛巾来练习,可以有效地提升动作速度。

(8)牵引划。牵引划是利用牵引给予助力的练习,减轻训练负荷,目的是为了让练习者体验在牵引的状态下快速划桨的感觉。

(9)顺流划。顺流划也叫顺水划,同牵引划一样,都是为了减小阻力负荷,让练习者体验快速划桨的感觉。

(10)变节奏训练。练习者通过教练员击掌或哨音的节奏来进行划桨,节奏加快时,划桨频率也加快,反之频率减慢。

(11)接力训练。将练习者分成两队,两队水平相当,在湖中设置一个点,要求练习者划至指定位置,再划回来,下一个队友接上,以此类推,完成比赛。

(12)模拟比赛训练。练习者依次站在同一起点上,以比赛的方式,完成100～200m距离的练习。

(13)变速划。变速划分两种,一种是自主控制划桨速度,例如,在1000m距离练习下,练习者加速划100m,接着慢速划50m,以此规律划完全程;另外一种是根据教练员指令去变速。

(14)固定桨数划行。固定桨数训练是指根据教练员提出的划桨数去划行,要求尽最大速度去划桨。例如,教练员要求练习者只划6桨,练习者以最大速度去完成。

3. 划行速度训练

划行速度是指桨板运动中通过一定距离所用的时间,如桨板练习者划行100m所用的时间。划行速度从某种意义上说也是一种综合运动能力的表现,与练习者的其他运动素质有着极为密切的关系。

(1)训练方法介绍如下。

持续训练法:是指负荷强度较低、负荷时间较长、无间断连续进行训练的方法。持续训练法有助于改进技术动作,一般用于水上练习较多。

重复训练法:是指多次重复同一练习,两次(两组)练习之间安排相对充分休息的练习方法。重复训练法有利于练习者掌握和巩固技术动作。

比赛训练法:是位移速度训练常采用的方法,在平常的训练条件下,练习者很难达到最快速度,而采用比赛训练法能使练习者情绪高涨,增加表现出最大速度的可能性。同时通过比速度、比成绩等,可以起到增加自信、激励斗志的作用。练习模式与"动作速度训练中"游戏与比赛训练法类似。

(2)训练手段示例。

短距离冲刺训练:将练习者分成3～5人一组,在同一起点,完成50～100m的比赛,重复3～5组。

变速划水训练:是指以不同的速度交替划水,即先以较快速度划行1min,再减慢速度划行30s,然后再提速划行1min,再减慢划行30s,以此类推持续划行6min。可重复2～3组,组间间歇充分。

定时划:根据练习者水平,设定适合练习者的时间,在此时间内完成一定距离,训练难度根据练习者水平提高而增加。

包干划:划行距离固定、一组练习与休息的总时间固定,进行多组练习,也即练习时间与休息时间"包干"的练习方法。例如,进行50m的多组划行练习,每组练习与休息的总时间为40s;若练习者在20s划完一组,则可以休息20s再进行下一组;若练习者用30s划完一组,则只有10s休息。

接力训练:将练习者分成两队,两队水平相当,在水面设置一个点,要求参与者划至指定位置,再划回来,下一个队友接上,以此类推。可以进行计时训练或多组队员进行比赛训练。

(三)速度素质训练注意事项

(1)速度素质训练前要做好充分的准备活动。良好的准备活动一方面可以预防运动损伤,另一方面可以使练习者更快地进入练习状态。

(2)紧密结合桨板项目特点及比赛要求。速度素质练习应与桨板专项技术动作紧密结合,既可改善速度素质训练的效果,又可掌握正确的技术。

(3)注意充分激发速度训练的兴奋状态。速度素质练习时应该保持高度的专注力与兴奋度。因此在练习中应该注意调动多种措施与手段保持神经的高度兴奋;同时练习手段应多样化,避免出现单一、枯燥的练习;再者多采用游戏和比赛的形式,提高练习者的参与性和积极性。

(4)不同水平的桨板练习者要区别对待。桨板初学者更多的是进行一些匀速划行速度的训练,进阶和高水平的桨板练习者更多的是进行动作速度和反应速度的训练。

三、桨板耐力素质训练

(一)耐力素质

耐力素质是指桨板练习者在较长时间内,保持特定强度负荷或动作质量的能力,是桨板运动基本运动素质之一。耐力素质对长时间、长距离的桨板运动以及短程快速冲刺均有重要影响。桨板练习者耐力素质的提高,总是伴随着内脏器官(首先是心血管系统)功能的提高,以及有氧代谢能力的改善;同时,还表现为人体的骨骼肌和关节韧带等运动装置能够承受更长时间的负荷;在心理上对于克服长时间训练所产生的疲劳,亦有较为充分的准备。因此,耐力素质训练的核心是提高机体延缓疲劳及对疲劳的抵抗能力。

耐力素质按照不同的角度可以有多种分类,例如:按照桨板运动的持续时间可以分为短时间耐力、中时间耐力和长时间耐力;按照桨板运动的专项特点可以分为一般耐力和专项耐力。这里我们按照供能方式的分类,将耐力素质分为有氧耐力和无氧耐力。

无氧耐力是指桨板练习者在无氧代谢的情况下,较长时间进行肌肉活动的能力。在短距离的冲刺和终点处的冲刺都需要练习者具有较好的无氧耐力。

(二)耐力素质训练方法和手段

1. 有氧耐力训练

有氧耐力是指桨板练习者在氧气充足的情况下,长时间划行的能力。3km和5km以上的长距离划行比赛,或者业余长距离休闲划行,都需要练习者有较好的有氧耐力;或者划行时间超过30min的划行都需要练习者有较好的有氧耐力。有氧耐力训练的目的在于提高机体输送氧气的能力,为以后提高运动负荷提供前提条件。长时间耐力项目的运动成绩主要取决于有氧耐力水平,因此,有氧耐力在桨板运动中起着至关重要的作用。

(1)训练方法介绍如下。

持续训练法:是指负荷强度较低、负荷时间较长、无间断连续进行训练的方法。持续训练法分为匀速持续训练法和变速持续训练法,匀速持续训练法是以发展有氧供能为主要目的的训练方法,其负荷强度变化较小,运动速度相对均匀;变速持续训练法是发展混合供能为目的的训练方法,其负荷强度变化较大,运动速度变化较多。持续训练法心率保持在150～170次/min之间。持续训练法有助于改进技术动作,一般多用于水上练习。同时陆上有氧耐力训练同样可以提高有氧能力,起着相互促进的作用。

间歇训练法:是指对练习过程中次间、组间间歇时间做出严格规定,使机体处于不完全恢复的状态下,反复进行训练的练习方法。间歇训练法训练有氧耐力的心率相对于无氧耐力慢一点,负荷时间在3～5min,心率应控制在160次/min左右,间歇期可以采用慢划方式进行,具体见表3-12。

表3-12 间歇训练法的负荷特征

负荷时间	负荷强度	心率指标	间歇时间	间歇方式	供能形式
3～5min	大	160次/min	不充分	走、慢划	有氧供能为主

法特莱克训练法:是一种在自然环境下利用不同地形,超长时间进行练习,以训练有氧能力为主,适当训练有氧与无氧能力的混合供能的耐力训练方法。法特莱克训练对于野外的长距离划行比赛具有很大的意义。进行该训练时,一般利用野外自然水域,训练路线不固定;一次性训练持续时间较长,一般2～3h,甚至更长;训练强度不高,心理感受较为轻松。

(2)训练手段示例。

长距离匀速跑:在田径场上慢跑5～7km。

变速跑:以2000m为一组,直道加速,弯道减速慢走,重复3～5组。

长距离划桨:找一处开阔的静水水域,天气晴朗,匀速划行5km。

变速划:变速划水训练是指以不同的速度交替划水,即先以较快速度划行1min,再减慢速度划行30s,然后再加速划行1min,再减慢划行30s,以此类推持续划行6min。可重复2～3组,组间间歇充分。

桨板模拟器练习:利用桨板模拟器进行较长时间的持续划练习。可以规定划行总时间、桨频高低等,如以30次/min的桨频持续划行30min。此外,利用划艇模拟训练器、赛艇测功仪、游泳训练器等都可以适当改造,辅助进行陆上桨板划行练习(图3-3)。

游泳:在泳池里以自由泳或者蛙泳形式匀速游泳1～2km,练习2～3组。可以较好地提高练习者的心肺功能,以提高有氧耐力。

越野跑:利用户外的开放地域(公园、山林、田野、绿道等)进行较长时间的跑步练习,一次性练习3～5km。

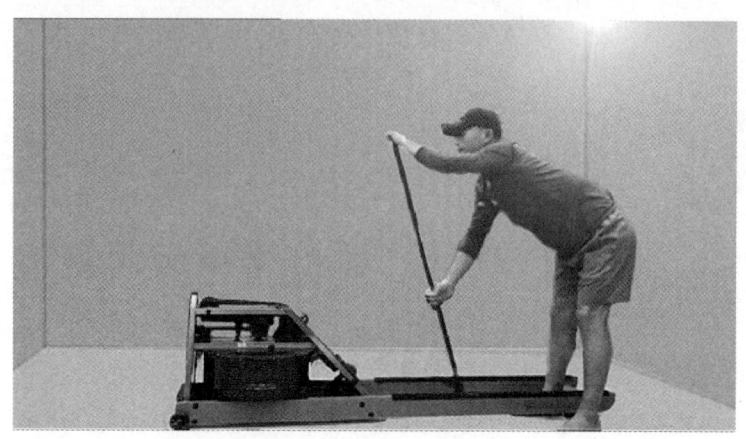

图 3-3 桨板模拟器练习

2. 无氧耐力训练

无氧耐力是指桨板练习者在无氧代谢的情况下,较长时间进行肌肉活动的能力。无氧耐力对短距离桨板运动或者终点冲刺等起着至关重要的作用。

(1)训练方法介绍如下。

重复训练法:发展无氧耐力时负荷强度较高,达到80%～90%,持续时间一般控制在30～60s,重复3～5组,间歇时间充分,见表3-13。

表 3-13 重复训练法的负荷特征

负荷强度(%)	持续时间(s)	重复组数(组)	间歇时间
80～90	30～60	3～5	充分

比赛训练法:是无氧耐力训练常采用的方法,在平常的训练条件下,练习者很难达到较高心率,而采用比赛训练法能使练习者情绪高涨,增加表现出较高心率的可能性,同时达到所需要的负荷强度,能最大限度地提高无氧能力。

间歇训练法:训练无氧耐力的心率相对于有氧耐力高一点,心率应控制在190次/min左右,负荷时间在1～2min,间歇期可以采用慢划或者走。

(2)训练手段示例。

短距离划桨训练:练习者以最大速度完成30～50m的划桨距离,完成6～8组。

桨板模拟器练习:利用桨板模拟器进行训练,每组持续时间控制在10～30s不等,采用高桨频练习,桨频可达60～90桨/min不等,甚至更高;间歇时间充分。如进行无氧与有氧混合耐力的训练,可适当增加划行时间,如1～2min,适当降低桨频。间歇时间根据需要可以充分间歇,也可不充分间歇(图3-4)。

接力训练:将练习者分成两队,两队水平相当,在湖中设置一个点,要求练习者划至指定位置,再划回来,下一个队友接上,以此类推,完成比赛。

图 3-4　桨板模拟器练习

模拟比赛训练：将练习者分成 3～5 人一组，在同一起点，完成 30～50m 的比赛，重复 3～5 组。

短跑训练：练习者以最大速度完成 50～80m 的跑步距离，完成 3～5 组。

趴板划：趴板划分短距离和长距离，趴在桨板上，用双手去划水，短距离完成 50～100m 的距离，重复 5～8 组；长距离可完成 300～500m，重复 3～5 组（图 3-5）。

图 3-5　桨板趴板划练习

(三)耐力训练注意事项

(1)要注意针对专项的特点，依专项需要去发展专项耐力。
(2)在发展无氧耐力训练的同时，应注意协调发展有氧耐力。
(3)要注意呼吸的科学性，尤其要注意呼吸的节奏、频率、深度和方法等。
(4)在耐力训练前要注意做好准备活动，以免造成肌肉韧带拉伤。
(5)耐力训练过程中应加强医务监督，训练后注意恢复，消除疲劳。
(6)处理好训练和负荷的关系。

四、桨板柔韧素质训练

(一)柔韧素质

柔韧素质是指桨板练习者的关节活动幅度大小以及跨过关节的韧带、肌腱、肌肉、皮肤及其他组织的弹性和伸展的能力。柔韧素质对于桨板运动来说是一种较为基础的运动素质,良好的柔韧素质有利于扩大动作幅度、提高动作舒展性及优美度,还有助于减少运动损伤。

柔韧素质根据不同的分类标准有多种分类方式。如:根据运动状态可分为动力性柔韧和静力性柔韧;从达到最大柔韧状态的工作方式来看,可分为主动柔韧性和被动柔韧性;根据桨板的专项特征可分为一般柔韧性和专项柔韧性。这里我们采用的是根据运动状态的分类,将柔韧素质分为动力性柔韧和静力性柔韧。

动力性柔韧是指在肢体和关节运动状态下的柔韧水平。比如:在划桨时向上提桨的肩关节柔韧性;向上提桨时翻桨的腕关节柔韧性;由匀速划转向冲刺划时,下肢由平行站位转变为前后站位的髋关节柔韧性;保持一定体位和转向时的腰部柔韧性。以上都是动力性柔韧素质的表现。

静力性柔韧是指肢体和关节在静止状态下的柔韧水平。比如静态性的扩胸、展肩、体前屈、下腰、劈叉、弓步、扳腿等动作均是静力性柔韧的表现。

(二)柔韧素质训练方法和手段

1. 主动拉伸练习

主动拉伸练习是指练习者依靠自身力量,通过与关节有关联的肌肉的主动收缩,来增加关节灵活性的方法。它又分为动力性拉伸和静力性拉伸。

(1)练习方法介绍如下。

静力性拉伸练习法:是指练习者在一定时间内,缓慢地将肌肉、肌腱、韧带拉伸到最大活动范围,依靠自身肌肉力量保持静止姿势的练习。静力性拉伸法训练柔韧素质,每次持续时间应在15~30s之间,重复拉伸3~5组,间歇时间在30~60s。

动力性拉伸练习法:是指有节奏地、速度较快地、幅度逐渐加大地多次重复一个动作的拉伸。使用该方法时注意不要用力过猛,幅度由小到大,练习前要做好热身活动,防止拉伤。动力性拉伸法的每组重复次数应控制在12~15个,重复3~5组,组间间歇时间较静力性拉伸练习法稍长,应间歇1~2min。

(2)练习手段示例。

压肩:站立,体前屈,两手扶住同髋高的墙或者横杆,挺胸低头,上半身成一条直线,手臂伸直。当肩部有轻微牵引感时,保持放松,均匀呼吸,维持15~30s。目的在于增加肩关节及跨过肩关节肌肉的柔韧性。

压腿:站立,一侧脚搭在同髋高的横杆上,对侧脚着地支撑,双手握住搭在横杆上的脚。当大腿后侧肌群有轻微牵引感时,保持放松,均匀呼吸,维持15~30s。目的在于发展髋关节和大腿后侧肌群的柔韧性。

体前屈：体前屈分3种，即站姿体前屈、坐姿并腿体前屈和坐姿分腿体前屈。这里介绍站姿体前屈：双腿伸直并拢，双臂在两腿后抱拢，静止不动，保持均匀呼吸，维持15～30s。目的是为了发展腰部的柔韧性。

跪姿髂腰肌拉伸：跪姿，后腿成跪姿状态，前腿屈膝90°，双腿成弓箭步前后放置，向前发力至髂腰肌有轻微牵引感时，保持放松，均匀呼吸，维持15～30s。目的是为了发展髂腰肌的柔韧性。

弹力带绕肩：站立，双手握住弹力带两端，绕过头顶至头顶后方，再绕回初始位置为一个完整动作。重复做12～15个，目的在于发展肩关节的柔韧性和活动范围。

2. 被动性拉伸练习

(1)练习方法介绍：被动性拉伸练习是指依靠外力的作用，在教练或者同伴的帮助下进行的拉伸练习。被动性拉伸也可以有动力性和静力性拉伸两种。被动性拉伸法发展柔韧素质，每组动作重复10～20次(动态性)，或持续时间在15～30s(静态性)，重复3～5组，间歇时间30～60s，详见表3-14。

表3-14　被动性静力拉伸练习的重复组数、持续时间

重复组数(组)	重复次数(次)	持续时间(s)	间歇时间(s)
3～5	10～20(动态性)	15～30(静态性)	30～60

(2)练习手段示例。

胸部被动拉伸(动态性)：坐在带有靠背的训练椅上，背部紧贴靠背，双手交叉放在头顶后方。教练员或者同伴的小臂放在被拉伸者的小臂和大臂处，适度向后发力，达到适度幅度后恢复原位，重复完成该动作8～10次。

上背部动态性被动拉伸(动态性)：坐在带有靠背的训练椅上，背部紧贴靠背，双手举起靠近头两侧。教练员或者同伴双手握住被拉伸者大臂靠近肘关节处，适度向后发力，达到适度幅度后恢复原位，重复完成该动作8～10次。

大腿后侧肌群被动拉伸(静态性)：仰卧在瑜伽垫上，双手放在身体两侧。教练员或者同伴将被拉伸者一只脚搭在自己的同侧肩上，双手放在被拉伸者大腿靠近膝关节处，向前上方发力，这时询问被拉伸者大腿后侧肌群是否有牵引感，若有，保持这个力度，维持15～30s，目的是为了发展大腿后侧肌群的柔韧性。

大腿前侧肌群被动拉伸(静态性)：俯卧在瑜伽垫上，双手交叉抱于胸前。教练员或者同伴将被拉伸者一只腿大小腿折叠，这时询问被拉伸者大腿前侧肌群是否有牵引感，若没有，这时，教练员抬起被拉伸者的大腿，注意此时大小腿依然呈折叠状态，髋关节尽量控制不要外展，再次询问被拉伸者是否有牵引感，若有，保持这个力度，维持15～30s，目的是为了发展大腿前侧肌群的柔韧性。

3. PNF拉伸练习

PNF拉伸法的全称为本体感受神经肌肉促进法(Proprioceptive Neuromuscular Facilitation)。该方法的基本步骤为：首先，静态拉伸靶肌肉(约10s)；接着，对抗用力下让靶肌肉进

行等长收缩(约 6s);最后,再次进行静态伸展(约 10s),或也可同时主动收缩拮抗肌。

该方法进行柔韧素质训练时要注意:要有充足的热身准备;受伤部位不易采取 PNF 拉伸;实施 PNF 拉伸的教练或辅助者需要有熟练的训练知识和操作技能,并要与练习者密切配合;练习时,精神高度集中,动作规范,并控制好拉伸的幅度;青少年及初级水平练习者慎用该方法等。

(三)柔韧训练注意事项

(1)做好充分的准备活动。拉伸练习之前准备活动不充分,容易造成韧带受伤。所以拉伸练习之前要进行短时间的慢跑,减低肌肉黏滞性。

(2)要注意拉伸的幅度、呼吸的节奏。在拉伸练习过程中,要高度注意拉伸的幅度,不要过大,避免造成拉伤。同时要保持均匀呼吸,不要憋气,以避免肌肉紧张。

(3)柔韧训练要与力量训练相结合。发展柔韧素质与力量素质相结合,不仅可以避免两者之间的不良转移,而且有助于两者之间的协调发展。

(4)以满足项目需要为标准。柔韧素质的发展必须以满足项目需求为标准,不需过度训练。例如,肩关节柔韧性的发展要满足提桨过头顶的要求,手腕的柔韧性的发展要满足翻桨的要求,等等。

(5)柔韧素质训练要经常保持。柔韧素质较差的练习者,应经常安排合理的柔韧性练习。柔韧素质较好的练习者,也应适当保持练习。

五、桨板平衡素质训练

(一)平衡素质

平衡素质是指桨板练习者身体所处的一种姿势,以及在划桨运动时或受到外力作用时,能够自动调整并维持姿势的能力。保持平衡是完成运动技能的前提条件,平衡素质更是桨板初学者必须掌握的一项运动素质。

桨板运动的平衡性可分为 3 种:对称性平衡、静态平衡和动态平衡。

对称性平衡是指能否将身体的重量均等地分配到身体支撑点的能力。例如,桨板练习者双脚平行站立在桨板上;在划行过程中,也属于对称性平衡。

静态性平衡是指人体在相对静止的状态下,维持身体某种特定姿势一段时间的能力。静态平衡与对称性平衡在某些情况下是相同的,例如,练习者双脚平行站立在桨板上,既属于对称性平衡,也属于静态平衡。

动态平衡是指在桨板运动中,控制身体姿势的能力。动态平衡在桨板运动中涉及面最广,例如,在板上行走需要动态平衡能力;踩板尾绕标和转向需要动态平衡能力;由匀速划的平行站位转变成加速划的前后站位需要动态平衡能力;在匀速长距离划行的换手以及在板上行走都需要动态平衡能力;初学者在岸上上板到站立的一个过程,也需要动态平衡能力。

(二)平衡素质训练方法

1. 静态平衡训练

静态平衡是指人体在相对静止的状态下,维持身体某种特定姿势一段时间的能力。静态平衡是动态平衡的基础,拥有良好的静态平衡能力,才能更好地发挥动态平衡。练习方式多种多样,例如:

(1)睁眼单脚站立。双脚与肩同宽站在瑜伽垫上,练习时,抬起一只腿,大小腿弯曲90°,大腿与地面平行,双手外展弯曲与地面平行。保持这个状态,维持10~30s。

(2)闭眼单脚站立。双脚与肩同宽站在瑜伽垫上,练习时,闭眼状态下,抬起一只腿,大小腿弯曲90°,大腿与地面平行,双手外展与地面平行。保持这个状态,维持10~30s。注意,此动作要求睁眼单脚站立达到一定时间方可练习。

(3)核心区平衡练习。双手和膝关节四点支撑在瑜伽垫上,腰背挺直,均匀呼吸,左侧腿与右侧手臂抬高,要求抬高手臂和腿、背成一条直线。保持这个状态,维持10~30s。

2. 动态平衡训练

动态平衡是指人体在运动过程中,控制身体姿势的能力。高超的动态平衡能力对桨板运动者至关重要。动态性平衡训练的常用典型手段如下。

(1)单腿下蹲。双脚与肩同宽站在瑜伽垫上,练习时,单腿下蹲,另一只腿自然伸直,下蹲腿下蹲至大腿与地面平行位置,再回到初始位置,重复8~12次。

(2)瑜伽球跪姿药球抛接。双膝跪在瑜伽球上,保持平衡,教练员或者同伴持药球抛给练习者,练习者接到药球后再抛给教练员,依次往返重复8~12次。注意,该练习难度较高,练习前需将徒手跪姿瑜伽球练习至熟练。

(3)桨板板上单膝跪姿划行。水上练习,练习者单膝跪在桨板上(图3-6),双手持桨划水,左右依次划水,为一次完整动作,重复8~12次。

(4)倒划桨板。站在桨板上,倒着划,一次划行50m左右,重复3~5组。

(5)桨板板上前后走。站在桨板上,小步向前走再迅速往后走,来回重复3~5趟算一组,重复3~5组。

图3-6 桨板水上平衡练习示例

(6)桨板板上深蹲。站在桨板的平衡位置点,做深蹲动作,重复12～15次,重复3～5组。

(7)方木行走。将练习者排成一路纵队,依次在方木上行走,练完者回到队伍最后,依次循环至每人走3～5次。

(三)平衡训练注意事项

水中进行桨板平衡练习时,双眼应目视前方,避免出现眼睛朝下看板或者脚,同时双脚应与肩同宽平行站在把手两边,重心不要靠前或者靠后,也不要过宽踩在桨板的边缘。平衡练习应该由易到难,循序渐进。平衡训练要注意在注意力集中的状态下进行,以免神经平衡控制的下降。平衡素质训练一般安排在训练课的前半部分。平衡练习要做好充分的保护措施,既能防范运动损伤的发生,也能提高练习者的积极性。

六、桨板灵敏素质训练

(一)灵敏素质

灵敏素质是指在变换条件的情况下,练习者能够迅速、准确、协调地改变身体运动的空间位置和运动方向的能力。灵敏素质是一种综合运动素质,是多种运动素质以及技能水平、心理感知能力的综合体现。灵敏素质在桨板运动中主要表现出快速性、准确性、协调性和应变性。

灵敏素质通常分为一般性灵敏素质和专项性灵敏素质,一般性灵敏素质是专项性灵敏素质的基础。

一般性灵敏素质是指在人体运动中,在突然变化的条件下,迅速、准确、协调、应变性地完成各种动作的能力。比如,反应能力、判断能力等。

专项性灵敏素质是指在桨板划行过程中,要求练习者在空间条件的变化下能够应对迅速、反应敏捷,同时还需要迅速变换动作、改变方向,在此基础上还必须确保动作的线路、力度、速度、节奏、目标等准确无误。比如,在高频桨划行遇到浮标时迅速走向板尾,同时加大划桨幅度,这个轴转过程中需要有良好的专项性灵敏素质;在有折返的比赛中,由顺水划转为逆水划需要有较好的专项性灵敏素质;在同道争先时,互相竞争需要较好的专项性灵敏素质。

(二)灵敏素质训练方法手段

1. 训练方法介绍

(1)重复训练法:是指多次重复同一练习,两次(两组)练习之间安排相对充分休息的练习方法。

(2)游戏训练法:是指利用游戏的方式去训练,游戏可以增加训练的趣味性,调动练习者的积极性,以取得更好的效果。

(3)循环训练法:是指根据桨板运动所需的灵敏素质,建立若干个练习站(或练习点),练习者按照规定的顺序、线路依次完成每组所规定的练习和要求,周而复始地进行训练的方法。循环训练法对发展综合灵敏素质非常有效,符合桨板运动的特点。

方案1：分成5站，每站练习内容：①绳梯；②跳箱；③绕桩；④跳栏架；⑤高抬腿跑。

方案2：分成5站，每站练习内容：①前滚翻；②钻栏架；③跳栏架；④立卧撑；⑤小步跑。

2. 训练手段示例

(1)立卧撑。练习者在训练场上按广播体操的队形散开，听教练口令开始练习，重复练习8~12个。

(2)"M"形跑。使用圆锥形标志物放在训练场上，布置成一个较大的英文字母"M"，练习者依次从一端跑到另一端，为一个完整过程，重复3~5组。

(3)灵敏绳梯训练。绳梯训练手段众多，教练员可根据需要编排适合练习者训练的动作。

(4)绕桩训练。将5~10个圆锥形标志物放置在练习场上，每个标志物相隔2~3m，练习者从第一个依次跑到最后一个，算一组完整过程，重复3~5组。

(5)象限跳。在练习场画出一个十字形，分别从右上、左上、左下、右下标上数字1~4，练习者单脚依次按顺序1-3-2-4跳，重复3~5组。

(6)障碍追逐。练习者两两一组，利用障碍物做一对一追逐练习，追到对方并拍到其身体任何部位后立即交换追逐。要求练习时充分利用障碍物做些躲闪、转身等动作。练习5~6组。

(7)躲闪摸肩。练习者两两一组，站在直径约2m的圈内，做一对一摸对方左肩练习，练习者可以做一些躲闪及其他动作。要求计算在30s内摸中的次数。重复练习2~3组。

(8)模仿跑。练习者两两一组，前后站立，间隔3~5m。前者在跑动过程中做出变向、急停、转向等不同动作，后者及时模仿前者在跑动中做出的动作。练习3~4组，每组30s。

(9)桨板板上180°跳。站在桨板上，旋转跳180°，再跳回初始位置，算一次完整动作，重复6~8次，重复3~5组。

(三)灵敏素质训练注意事项

(1)灵敏素质训练要从儿童少年时期开始培养。儿童少年在6~12岁时节奏感较好，7~11岁时具有良好的空间定向能力，7~12岁时具有良好的反应能力等。

(2)灵敏素质训练应激发练习者的兴趣和积极性。采用多种训练手段，结合游戏的形式，激发参与者的兴趣，消除恐惧心理和紧张，提升训练效果。

(3)灵敏素质训练应多结合平衡训练进行。桨板运动的灵敏素质绝大多数需要有良好的平衡能力去支撑，同时，在进行专项灵敏素质训练时，多采用水上练习，这样更贴近比赛。

(4)灵敏素质训练一般安排在训练课的前半部分。灵敏素质训练需要练习者有高度的精神集中能力，在体力充沛、精神饱满时进行灵敏素质训练能达到最大训练效果。

第二节　静水桨板技术能力训练

静水桨板项目多以竞速为主要比赛形式，而竞速方式也以直线竞速及转向竞速为主要运动形式。因此本节主要从静水桨板竞速比赛的出发技术、途中划技术、转向技术、冲刺技术出发，分别介绍静水桨板的技术能力训练。

一、桨板出发技术训练

(一)出发技术的作用

桨板比赛需要根据竞赛规则和自身水平选择合适的桨板出发技术(图3-7)。大众初级练习者适合采用坐姿骑板、跪板、蹲板等先稳再站的出发方式,以简单实用为主。有一定水平的练习者则可选择原地立姿高频桨启动出发、抱板冲滩出发或者跳板上板(规则允许的情况下)出发等方式。在桨板比赛高手对决中,快速、有效的出发对整个比赛至关重要。

图3-7 桨板比赛出发技术示例(右图来源于网络)

出发技术是桨板比赛中十分重要的环节,对于大众练习者来说,从上板、出发等基础技术入手,简单易懂,可以提高学习兴趣,体会到桨板新型运动的魅力和独特性。对于专业练习者来说,"良好的开端是成功的一半",好的出发技术在比赛中可以更好地抢占先机,占据有利的航道。任何竞速项目的比赛,出发技术好坏对最后取得好的名次都具有重要意义,对于桨板运动的比赛来说更是如此。优秀的出发技术会缩短比赛时间,使参赛者更快地进入比赛状态、更加有力地加速启航,便于取得优势、抢占先机。

(二)出发技术训练方法

1. 信号刺激法

利用突然发出的信号提高练习者对信号反应能力的方法。该方法要求练习者能对各种信号迅速做出反应,如通过教练员的口令、鸣哨和鸣枪等信号进行练习,提高起跑、入水和起划的反应能力。

2. 水中接力法

通过组织练习者在水中进行接力训练来提高练习者反应能力的训练方法。训练时,多队桨板在两端进行桨板接力,两组同时进行,来回接力,举例如下。

(1)(30~50)m×(8~10)组,间歇时间为等待接力时的休息时间。以桨叶碰桨叶为接力原则,碰之可出发。首先在小区域练习,以小区域为初始接力训练区域,通过增加接力训练的次数,来强化锻炼练习者的反应能力。

(2)(100～150)m×(6～8)组,每组间歇时间5～10min。中长距离的接力训练以锻炼练习者在机体疲劳中的反应能力,使练习者在不完全恢复的状态下进行接力训练,既锻炼练习者的体能也能锻炼练习者的反应能力。

3. 变速领桨法

该方法是指多名练习者在训练中互相变速领桨,互相追逐,以启动加速为训练目的的一种训练方法。练习时,最后一位加速划行至第一位,第一位顺势变速至第二位,调整自身状态,放慢桨频桨幅;以此类推,一人跟一人,进行轮流更换领桨训练。

4. 短时间重复训练法

该方法是指在较短的时间内进行的重复出发训练。例如,进行出发训练,出发后最大加速划行20～50m或5～10s;出发时可对练习者进行出发干扰、哨令分辨、身体负重等不同的训练方式;训练时要达到最大负荷强度(桨频速度),并给予充分的间歇时间。该方法重点锻炼练习者的肌肉收缩、爆发力和反应能力,使练习者能在听到哨令后最快进入比赛,占据优势。

5. 比赛训练法

以模拟比赛的环境、形式、压力等情景所进行的训练。例如,模拟顺风、逆风、侧风等不同风向出发的环境模拟训练;模拟重心不稳状态下的启动训练;模拟多人分道竞速的启动及出发训练;模拟多人不分道抢占优势位置的出发训练;模拟折返接力比赛形式的出发训练等。该训练的核心是根据桨板比赛中可能出现的状况反复进行实战性训练。

6. 陆上模拟训练

在陆地进行的模拟启动训练。主要锻炼练习者的神经反应及动作启动能力,例如,听(或看)信号摆臂练习、听(或看)起跑练习、听(或看)起跳练习等。该方法主要锻炼练习者的神经肌肉的快速反应能力,为水上启动能力训练提供机能支撑。

(三)出发训练基本要求

(1)充分做好准备活动,保持注意力的高度集中,积极调动到激活运动状态,让自身的竞技状态调整至最好,听到或看到启动命令后,身体能够自动做出最快反应。

(2)注意整体动作的衔接,熟练地运用出发技术,避免在出发时出现失误。

(3)加强发令预判能力训练,练习时注意力要集中在发令时间及节奏上,并快速做出反应,抢夺先机和取得优势。

(4)保证划桨及提桨速度,出发时采用高频桨的划桨方式,快速启动。

二、桨板途中划技术训练

(一)途中划技术的作用

途中划是静水桨板比赛过程中比例最大的部分(图3-8),因此可以说是桨板比赛获胜的关键。途中划效果的好坏主要取决于每一桨划桨效果的好坏,以及多次重复、持续划桨状态下动作效果的保持。因此途中划能力不仅仅与练习者的技术能力有关,还与练习者的力量、速度、耐力等身体能力有直接关系。

图3-8 桨板途中划示例(右图来源于网络)

对于业余大众练习者来说,提高途中划技术有利于帮助他们更好地控制桨板,享受桨板项目的乐趣。而对于专业练习者来说,良好的途中划技术能够帮助他们合理把控节奏,调整身体状态,能够更好地在比赛中保持和调动竞技状态,获得比赛的胜利。途中划技术也是桨板技术中最为复杂和关键的技术,甚至包含了战术的手段和安排。

(二)途中划技术训练方法

1. 持续划行训练

持续划行训练用于训练练习者的一般耐力素质,并有助于完善负荷强度不高但过程细腻的技术动作,可使机体划桨过程中运动机能在较长时间的负荷刺激下,使身体产生稳定的适应;也可提高有氧代谢系统供能能力以及划桨状态下有氧运动的强度;可为进一步提高划桨运动中无氧代谢能力及无氧工作强度奠定坚实的基础。

2. 间歇划行训练

该方法是指在桨板训练当中对于两次训练之间给予一个严格控制间歇时间的训练方法。该方法应用时对间歇时间有严格要求,一般以心率降至110~120次/min为开始下一组练习的依据。因此该方法训练时的组间间歇时间不充分,运动员疲劳累积较为明显。例如,将2000m划行训练分为若干段进行(每400~500m为一段),每组之间给予一定的间歇时间(不充分),直至完成整个2000m的练习。

3. 目标设定训练

训练时对划行成绩提前设定一个明确目标的训练。例如,对于划行时间的目标设定、水中浮标的距离设定、划行训练完后心率的强度设定等。根据设定的目标对练习者划桨训练进行严格规定、严格控制,可帮助和激发练习者潜在的训练能力,使练习者在训练中的状态、精神、技术等方面得到更好的成长,从而达到训练目标的设定。

4. 短冲训练

在训练中安排短程的冲刺训练,在最短的时间内发挥出最大的力量、爆发力与速度,在此基础上能够更好地强化高强度下的划行技术。例如,进行50~100m距离划行,练习5~8组,组间间歇安排在1~2min左右,强度控制在90%左右;每次练习要保证练习者完成训练质量,确保练习强度。

5. 桨板模拟器训练

可借助划艇、赛艇测功仪、游泳等速拉力器、弹力带(图3-9)等器材模仿划桨姿势动作练习,通过控制划桨的频率和桨幅的训练,增强练习者的身体素质、巩固技术动作等。

图3-9　弹力带模拟划桨训练(图片来源于网络)

6. 阻力划训练

在桨板上系上阻力绳或增阻物品(毛巾、网球等),进行不同距离、速度、时间等的划行练习。通过加大阻力,能够较好地提高练习者的专项力量、耐力等能力,从而进一步提高划桨效率。需要注意的是,练习的强度和量要适当控制;阻力划要与常规划、助力划适当结合进行。

7. 变换控制划训练

通过控制训练中的客观因素来进行变化训练,例如对训练划桨完成时间、滑行速度、划行路线、水域环境等进行变换,以提高练习者对各种负荷、环境等因素变化的适应性。

8. 高桨频划训练

通过短距离、高桨频的方式进行的高强度划行训练。例如,在训练中只划10~20桨,通过快速的划桨频率来锻炼练习者的高频划桨方式技术。该方法在训练划桨技术的同时,还能锻炼练习者的爆发力和爆发速度,这不仅对途中划行有重要影响,在出发和冲刺时也同样需要,适用于整个桨板比赛和运动中。

9. 大幅定频划

大幅定频划指在训练中采用大幅度、规定桨数的方式来进行训练。该方法强调练习者训练中注重划桨的幅度大小和桨数的规定,充分让练习者利用和寻找最"抓水"的方式来训练,利于体会划水效果和每一次划桨的用力程度,更好地把握和感受划桨节奏和划桨效果。

10. 模拟比赛训练

模拟比赛训练指在近似、模拟或真实的比赛条件下,按桨板比赛的规则和方式来进行训练,以提高练习者在竞赛中的临场适应性,习惯比赛环境,同时在头脑中建立起合理的动力定型结构。例如,追逐赛、接力赛、变速赛等比赛模拟训练,追逐赛采取跟随(人追人)的比赛模式,可以参照领桨和跟尾战术的制订方法;接力赛按照正规的比赛接力方式来进行训练;变速赛练习者全程根据自身的节奏来控制,按照正式比赛的规程进行训练。

(三)途中划训练注意事项

(1)要注意划桨的节奏和频率,确保在划行中节奏和状态的稳定。

(2)要适时调整途中划的身体运动状态,将自身的身体运动状态作为划行的关键,确保划行中良好的身体状态和运动节奏。

(3)合理分配体力,在桨板比赛或运动中根据练习者自身的实力、水平、节奏等方面来制订体力分配,正确良好的体力分配可大大增加比赛时取得胜利的几率。

(4)要保持技术动作的稳定性,划行途中确保技术发挥的稳定。

(5)要注意技战术的合理运用,在适当的时机实施技战术的运用,将日常训练中的基本功合理稳定地发挥出来,从而取得优势。

三、桨板转向技术训练

(一)转向技术的作用

桨板转向技术主要是指在桨板运动及比赛中利用桨叶的角度变换、转桨技术、身体动作等完成的变向、转弯、绕标等划行技术。通常用到的转向技术主要有:单侧划桨调向、反向划桨转向、"扫桨式"划桨转向、侧拉划桨转向、弓形划桨转向、尾部划桨转向和踩尾翘板转向等(图3-10)。

图3-10 桨板转向技术示例(图片来源于网络)

转向技术极为重要,决定你在水中对方向的控制,是驾驭桨板的一项基本技术要求。对于初学者来说,基础性的转向技术是一项入门技术,学习和掌握常用的转向技术有利于增添信心,寻找乐趣。在学会初级的转向技术之后就能够在水中进行自如地划行和转弯。对于专业练习者来说,转向技术必须熟练而精通,能在比赛或者训练当中得心应手地操控和运用。同时,良好的转向技术可以让练习者在比赛中转向和变速更加稳定且节约时间,对比赛致胜有着决定性的帮助。对于设置了绕标环节等转向性的桨板竞赛而言,转向技术尤为重要。

(二)转向技术训练方法

1. 固定绕标训练

短距离绕标:(100~150)m×(8~10)组,每组间歇3~5min。短距离绕标要加快速度,磨合加速度绕标转弯时的技术衔接,整个绕标过程干净利落,强调绕标的准确性和稳定性。

中长距离绕标:(300~600)m×(4~6)组,每组间歇6~8min。中长距离绕标训练要注重速度稳定和节奏的掌握,合理地分配体力,重点放置于绕标后的加速划行,绕标时应当注意对于内道的占据或者绕标时的速度控制。

2. 变换路线训练

在桨板划行训练中,安置多个浮标,设立"Z""M""X"字形等一系列的划行线路。练习者根据所设立的线路进行训练。要求在各种线路划行中,尝试各种转向技术的运用。每组线路总长可安排在50~200m不等的划行距离,练习5~8组,每组间歇时间3~5min不等。变换线路的训练注意训练当中整个划行的连贯性,尤其强调转向的简洁、快速性。可适当根据第1组线路完成时间,确定后续各组训练的时间。

3. 区域控制训练

在进行转向训练时,对于训练的区域设立严格的要求,在固定区域内进行转向练习,控制转向的区域范围。例如,限制绕标时的桨板划行区域:初学者练习时绕标区域范围可稍大(浮标左、右各3~4m范围内);熟练后可以减少至2~3m;专业队员可继续缩小范围(浮标左右各1~2m范围)。通过区域控制,不断提高练习者桨板控制的准确性、转向的简洁性等。

4. 折返训练

设置标志物,进行来回折返练习。例如,(100~150)m×(3~5)组,每组间歇5~8min。进行折返训练时强调折返转弯时的连贯性,将划行和转弯技术作为重点,一组比一组要有明显的技术进步和速度进步,稳定且快速是折返训练的核心训练标准。

5. 原地翘板转向(轴转)训练

原地转向训练可采用移步踩尾板的方式进行轴转训练,注意在启动翘板的时候后腿要弯曲,合理调整身体重心,板头的翘起尤为重要。控制好重心进行转向训练,(10~15)次×(5~8)组,每组间歇时间为5~7min,稍微熟练后可利用反桨尾板支撑,进行转向幅度稍大的动态练习。熟练后,再进行快速划行中的翘板转向训练。

(三)转向训练注意事项

(1)注意正确的身体姿势,保证发力点由身体的扭转传导到腰、跨、双脚,不仅仅只是靠划水的力量。

(2)注意划桨姿势和桨叶幅度,调整自身的划桨姿势和桨叶的幅度,保持良好的划行状态。

(3)对初学者而言,两腿可以分开一些站立,并且稍弯曲,以便于灵活调整重心,方便做出动作和调整划行。

(4)要注意核心区肌肉发力,确保发力点的正确性,避免在长距离划行中因发力不对造成肌肉酸痛而影响划桨状态。

四、桨板冲刺技术训练

(一)冲刺技术的作用

冲刺技术是比赛中接近终点时所采用的高频划桨技术(图3-11)。冲刺环节是桨板比赛决定胜负的最后关键阶段。在竞争激烈的情况下,良好的冲刺技术是取得胜利必不可少的一项关键技术。在比赛中,胜负未定时,练习者在最后阶段会爆发余力进行最后的冲刺,从而一击制胜,或者实现反败为胜。在比赛战术的应用中,往往也需要良好的冲刺技术作为支撑。

图3-11 桨板冲刺示例(右图来源于网络)

(二)冲刺技术训练方法

1. 高桨频冲刺训练

采用短距离、短时间进行的一种高桨频、高速度、高强度的冲刺训练。例如,练习者先将速度划至较高值,教练员发出"冲"的口令,练习者完成20~30m或5~8s的高桨频冲刺练习,如此进行多组练习。该练习时注意神经系统高度兴奋,注意力高度集中,组间休息要充分。

2. 包干训练

这是训练耐力和爆发力当中一种常用的训练手段,前文已有介绍。练习时,对进行训练的组数和时间给予严格的控制和规定,例如,规定距离(50~100)m×(4~6)组,每组时间根据练习者自身水平而定,规定时间完成每组训练,超出规定时间则不休息,马上进行下一组训练；规定时间完成则按照每组定时的时间休息；每大组完成后进行充分休息；以此锻炼练习者的速度耐力、专项耐力等。

3. 短时间折返重复训练

采用较短距离的折返训练进行练习，以提高练习者的加速、变向、冲刺等能力。例如，进行 30m 折返 2 趟×(4～6)组，每组间歇 3～5min 的练习。进行折返训练时强调折返转弯时的连贯性，将划行和高频桨冲刺技术作为重点，一组比一组要有明显的速度变化。需要注意，在折返训练时，在未达到标志物时不允许减速，绕过标志物后迅速加速划行。另外，一次性连续折返的趟数不易过多，以避免疲劳的严重累积，达不到冲刺训练的目的。同时需要注意，简洁、稳定且快速是折返训练的核心。

4. 计时划训练

设立固定的距离和规定的时间进行训练。例如，(100～200)m×(3～5)组，规定达标时间，每组间歇时间 5～8min。练习时，练习者每组要发挥 90% 以上的实力，高质量完成每组训练量。完成训练时，要观察每一组的完成时间，提高要求，每组的时间都应达标，要保持技术的稳定发挥和完成度，在适当的组别完成后，可进行放松调整，分析问题。此外，练习时间歇时间要充分，保持充沛的体力，确保每组的完成度良好。

5. 比赛模拟训练

以比赛的形式组织训练，模拟比赛的规则和一切流程，加强练习者在实战中的技术应用能力。该方法能够有效地锻炼练习者的比赛心态，提高练习者的竞技状态，适应比赛的强度，熟悉比赛模式，同时根据模拟训练确定自身战术。

6. 阻力划训练

阻力划的方式前文已有介绍。需要注意的是，冲刺技术的阻力划训练时，阻力不易加大得太大，一次性及总的划行距离和时间也不易太长，以免对动作速度产生严重影响。利用加阻的训练方法可以加强练习者的耐力、爆发力以及高频的划桨速度，锻炼练习者冲刺技术的同时也提高练习者自身的身体素质和在高频划桨冲刺下的运动状态。例如，可在训练时规定时间，如 10～30s，在固定时间内保持高频的划桨；在稳定划行状态和适应训练强度时可注意划桨的次数和桨幅大小，加强划水效果。阻力划要与正常划相结合进行，一般在进行若干组阻力划后，需去掉阻力装置，进行几组正常的加速划桨练习。

(三) 冲刺训练注意事项

(1) 要注意高频冲刺时划桨动作的舒展性，确保在高频划桨时整体动作的完成程度。

(2) 高频率划桨时需要适当降低重心，便于加快提桨，增加桨叶前伸速度，也便于更加牢固地"抓水"，更好地获得前进速度。

(3) 冲刺阶段要适当调整呼吸节奏，通常会略微降低呼吸频率，以免影响技术动作的稳定性。

(4) 划桨过程中注意合理分配体力，控制好体力的分配，根据自身的身体状态和竞赛方式来调整比赛节奏和体力分配，以保证最后的冲刺效果。

第三节 静水桨板战术能力训练

运动战术是为实现比赛优胜或理想的比赛结果而采用的计谋与行动的总称。因此战术能力的高低不仅反映在战术决策能力方面,也同样反映在战术行动能力方面。任何体育比赛都不仅仅是单纯身体、技术能力的较量,而是融合了身体、技术、智慧、心理等因素的综合竞技。而战术能力的高低正是这种综合较量的高级体现。

对于桨板爱好者而言,可能对于战术因素考虑较少,大家不必计较划行的速度快慢、比赛胜负、能力高低等,只要能够充分享受运动乐趣就可以了。

对于专业及职业的桨板运动者而言,高超的战术能力是保证该项运动向顶尖水平发展、获取竞技比赛优胜的关键因素。

一、桨板战术基本内容

1. 体力分配战术

该战术也称"配速战术",是桨板比赛中,以及一切竞赛性项目中最为核心的一种战术。中长距离比赛对该战术的应用要求更高。体力分配是指比赛时,根据练习者训练水平、专项能力和对手特点等预先制订的体力分配方案。体力分配方案一般有 4 种:均匀型、先慢后快型、先快后慢型、速度突变型。在桨板比赛或运动中根据练习者自身的实力和水平、节奏等方面来制订体力分配,正确地采用体力分配战术可大大增加练习者取得胜利的几率。

2. 领桨战术

该战术指出发后占据领先位置,在最前方进行领头划桨,避免受到其他选手的干扰,以便于充分发挥自身实力,增加自信。同时,在同道竞速时,该战术的使用可以给对手造成更多的尾流干扰,从而影响对手发挥。

3. 跟尾战术

在途中划时处在领头选手的后方,并保持适当的距离,以给对手持续的压力,扰乱对手节奏。跟随划时,距离领头选手的距离不要太过于靠后,避免中后期无法超越,差距拉大。也不能跟得太近,避免因违反竞赛规则形成尾随或借浪而被判罚。划行时定好目标,巧妙跟随,也可根据需要,出其不意、适时超越。

4. 平均段速战术

赛前将整个比赛平均分段,每一段的速度、强度相当,以确保自己的稳定发挥。该战术要求提前确定好适合于自己发挥的各段平均速度,比赛时严格按照制订的战术计划完成比赛。

5. 拟定配速战术

比赛前根据自身情况,设计制订好分段配速。比赛时运动员不受外界干扰,根据拟定的配速计划完成比赛。

二、桨板战术重要作用

合理的战术运用是高水平比赛的重要保障。首先,合理的战术安排可以更加有效地发挥本方运动员的身体能力、技术能力,根据自身情况实施有效的比赛策略。其次,有针对性的战术布置是有效压制对手、发挥自己之长、克制对手弱点的有效保证。再次,合理的战术运用是有效控制比赛划行节奏的重要保障。合理地运用战术可以更好地控制比赛节奏,练习者战术意识越好,执行力越强,比赛中就越能够更好地把握战术运用的主动权。总之,战术能力是运动员策略性、智慧性地设计自身的比赛方案的基本保障,是有效发挥自身身体和技术优势,从而克制对手、取得比赛优胜及理想比赛结果的重要保障。

三、战术能力影响因素

1. 自身技术水平掌握程度

运动员比赛战术的执行和完成,与其技术水平高低相关。技术熟练程度越高,运动技能越强,就越能根据需要适时选择不同的战术,战术的运用也越发稳定娴熟,运动员自然就越占据优势。

2. 战术执行力强弱

所谓执行力,指的是贯彻战术意图、完成预定目标的操作能力。大多数的比赛战术是教练员和运动员在赛前根据各方面情势的综合考虑后制订的较为合理的行动策略。只有高效的执行力才能确保战术安排的落实。

3. 心理素质高低

良好的心理素质可以加强运动员的自控能力,包括情绪控制、思维控制和行为控制等,从而确保比赛中技术和战术得到更好的发挥。良好的心理素质可以提升运动员的心理承受能力和心理能量储备,从而能够更加从容地应对比赛中的各种困难。同时,良好的心理素质可以提高运动员对环境的适应能力和抗干扰能力,可以更好地发挥和运用战术。

4. 形势判断能力

判断能力能够影响运动员对于情绪和行为的控制,良好的判断能力让运动员在执行战术时能够选择恰当的时机,高效地运用战术。赛场的情况是复杂的,优秀的判断能力能够让运动员根据不同的情况,在瞬息万变的赛场采取最好、最合适的战术来应对,战术的选择和运用的时机跟判断能力是息息相关的。

5. 比赛应变能力

比赛竞争激烈形势瞬息万变,需要运动员在采用战术时具备高超的应变能力。要求运动员能够灵活处理多变的状况,根据不同的赛场情况采取不同的战术。比赛中,运动员应变时机的把握、战术的选择、战术的变化等,都需要良好的应变能力。

四、战术训练方法介绍

1. 体力分配训练法

合理的体力分配是一种基本战术安排,运动员必须训练有素,经过多种战术方案的实践试验,找出最佳的体力分配方案。因此,该方法首先要确定合理的体力分配方案。实践中常用的体力分配方案有等速分配方案、出发领先方案、变速冲刺方案和终点冲刺方案。不同方案下的体能分配策略都不同,如等速战术,要求在比赛全过程(从出发到最后冲刺)都要发挥最大力量。

2. 模拟战术训练法

该方法是指模拟比赛中各种主、客观可能出现的情景开展的战术训练。例如,模拟出发时落后被动的比赛形势战术训练、模拟对手紧追不舍的比赛情景战术训练、模拟不同风向的环境情况战术训练、模拟嘈杂热闹的赛场氛围战术训练、模拟接力赛暂时落后的追逐战术训练等。

3. 比赛训练法

该方法是指以竞赛的方式进行的战术训练。将日常训练组织成比赛形式,可以让运动员提高训练重视度,激发身心潜力。同时还可以激发运动员根据比赛来自我选择、决定所采取的战术行动,以进一步提高运动员的形势判断和战术应变能力。此外,该方法还能明显丰富练习者的战术实践经验和比赛经验。

4. 加难法和减难法

通过在日常训练中变化客观因素的难易度来实施战术训练。对于运动水平较高的运动员来说可以采用加难的训练方式,例如增加负荷、规定桨数、严格规定完成时间等,在这种训练的同时运用战术可以更好地融会贯通战术技能。对于运动水平较低的运动员来说,往往可以采取减难的训练方式,例如减少负荷、距离缩短、规定时间放宽,让练习者有充分的机会和时间来实施战术和训练战术。

五、战术训练注意事项

1. 提高战术应用的准确、合理性

战术应用必须以运动员自身状况、比赛具体形势等为基本要求,情况、形势不同,所采用的战术必然有所区别。因此,在战术训练时必须加强运动员的思维能力、判断能力、分析能力的训练,以保证战术应用的准确性、合理性。

2. 注重运动能力的基础支撑

战术策略的制订及应用必须建立在参赛者自身条件、水平、优势的基础之上。因此在平时的训练中,一方面,要注重自身身体能力的提升,以保证战术选择的丰富性和战术应用的可行性;另一方面,要结合自身惯用的战术策略,有针对性地加强身体训练,也即"战术训练身训化",以保证身体训练与战术训练的有机结合。

3. 强化技术与战术能力的结合

个人技术是实施战术的重要基础，各种战术策略只有通过技术行动才能表现、应用于比赛，可见，战术的实施和个人技术有着不可分割的关系。因此，在日常的战术训练中，一定要把战术训练与技术训练结合进行，合二为一，即"战术训练技术化"。同样，在进行技术能力训练时，一定要让运动员掌握不同战术的应用时机，或不同情况下运动技术的调整策略，即加强运动技术应用的战术化理念提升。

4. 提升战术执行能力

有效的战术策略必须需要良好的战术贯彻力才能实现。参赛者的比赛战术执行能力很大程度上影响战术运用的完整性、所能够取得的优势以及比赛的胜负。因此，在战术训练的同时，要有目的地加强运动员严格执行战术策略意识的培养。

5. 提高战术应变能力

任何一场比赛的过程与结果是无法准确预知的，比赛中的各种因素变化也难以确定，因此，一旦比赛开始，就需要运动员自己根据现实情况，灵活地采用、调整赛前战术策略，甚至有可能推翻赛前布置，灵活运用最符合现实情况的战术方案。因此，战术训练中，要加强运动员结合实际情况分析形势、快速抉择和战术变化能力的训练。我们要清醒地意识到，战术能力训练不仅仅是身体、技术的训练，更需要智力能力的训练。

第四章 桨板运动损伤与防治

运动损伤是指在运动过程中所发生的各种损伤,是运动医学的重要内容。桨板运动爱好者或运动员们在静水桨板运动中由于过度训练、训练方法错误或保护不够等多种因素均可造成运动损伤。运动损伤发生后,会严重影响桨板运动者的运动训练和比赛。所以无论是桨板运动爱好者还是进行桨板训练的运动员,都应该了解运动损伤的基本知识,以减少运动损伤的发生。

第一节 运动损伤概论

一、运动损伤分类

运动损伤分类方法很多,这里介绍桨板运动中常见的几种运动损伤分类。

1. 按伤后皮肤或黏膜完整与否分类

(1)开放性损伤:即伤处皮肤或黏膜的完整性遭到破坏,有伤口与外界相通,如擦伤、刺伤、切伤及撕裂伤等。

(2)闭合性损伤:即伤处皮肤或黏膜无破损,没有伤口与外界相通,如挫伤、肌肉拉伤及关节韧带损伤等。

2. 按伤后病程的阶段性分类

(1)急性损伤:指瞬间遭到直接暴力或间接暴力造成的损伤,如肌肉拉伤、关节韧带扭伤等。可以通过加强教育,增加运动损伤防护用具等方法减少急性损伤的发生。

(2)慢性损伤:指局部过度负荷,多次微细损伤积累而成的损伤,或由于急性损伤处理不当转化来的陈旧性损伤,如肩袖损伤、髌骨软骨软化症等。长期运动训练中,慢性损伤多于急性损伤。

3. 按受伤的组织结构分类

按损伤组织部位分类,如肌肉与肌腱损伤,皮肤损伤,关节、骨损伤,滑囊损伤,眼部损伤,神经损伤等。最常见的运动损伤是肌肉与肌腱、韧带损伤。桨板运动者由于长期在水上训练,还有可能受到皮肤的损伤。

4. 按损伤轻重程度分类

(1)轻伤:指不影响工作和训练的损伤。

(2)中等伤:24h 以上不能工作或训练的损伤。

(3) 重伤：必须住院治疗的损伤。

二、运动损伤的原因

造成运动损伤的原因是多方面的，既与桨板运动者的基础、技能水平有关，也与运动项目的特点、技术难度以及运动环境等因素有关。其主要原因如下。

1. 思想麻痹大意

思想麻痹大意是所有运动损伤因素中最主要的因素。其中包括运动前不检查器械，预防措施不得力，好胜好奇，常在盲目和冒失中受伤。

桨板运动在水上进行运动，教练应特别注意桨板运动者的人身安全，以防在水中因为低血糖昏迷、肌肉痉挛，或骨折等严重损伤时又无人施救，导致生命危险。

2. 运动前准备活动不充分

运动前准备活动不充分，特别是缺乏针对性的准备活动，使运动器官、内脏器官机能没有达到运动状态而造成损伤。如果桨板运动者没有足够热身，或带病参加运动，则运动损伤的发生几率增加。如服用感冒药物后，桨板运动者会有困倦的表现，此时进行训练，由于药物作用，则增加损伤风险。

3. 运动时心理状态不佳，运动经验缺乏

运动情绪低下，或在畏难、恐惧、犹豫以及过分紧张时易发生伤害事故。有时因缺乏运动经验，缺乏自我保护能力致伤。

4. 训练内容、方法不合理，技术动作错误

训练内容组合不科学、方法不合理、纪律松散以及技术动作上的错误等都可能引起损伤。训练时间应合理安排，体能训练应有适当间歇补水，补充电解质。训练内容上应合理安排，不能反复训练同一部位的肌肉，致使运动损伤发生概率增加。出现技术动作错误应及时纠正，出现运动损伤及时治疗，不能带伤训练，以致发生严重后果。

5. 场地、器材设备、服装不符合训练要求

运动场地（或者水域）狭窄，地面不平坦，器械安置不当或不坚固，锻炼者拥挤在一起或多种项目在一起活动，容易相互冲撞导致发生运动损伤。此外，运动服装不合要求等原因也会导致运动损伤。在水中进行桨板训练时，应注意控制训练人数，避免桨板运动者互相发生冲撞落水。

6. 不良环境和气候的影响

空气污浊、噪音、光线暗淡、气温过高或过低等，都可以直接或间接造成伤害事故。夏天是适合室外进行桨板训练的好时机，但是夏天长时间暴露在阳光下增加了桨板运动者体内脱水的可能性，应定期补充水分，最好是补充含糖、钠、电解质等的运动饮料，减少桨板运动者体内缺水的情况。

7. 天气变化的影响

对天气情况的变化认识不足，在危险性较大的风雨雷电天气进行水上训练，亦可能增加运动损伤发生的危险。

三、运动损伤的发生规律

桨板运动者及教练如掌握了运动损伤发生的规律,就可采取适当的预防措施,从而降低运动损伤的发生率,对预防与治疗运动损伤有重大意义。运动损伤的发生因运动项目的不同而不同,有一定规律。不同运动项目会发生身体不同部位的损伤,主要是由下列两个潜在因素所决定的。

1. 运动项目的特殊技术要求

桨板运动要求在水上运动,并随时掌握平衡。初学者落水时经常在水中翻转,容易撞到桨板或与划桨发生撞伤,也有可能因为落水时与水面发生反复撞击产生皮肤或眼部损伤。长期训练时,脚部皮肤与水接触时间较长,比普通人更容易发生足部皮肤损伤。桨板运动者长时间站立在桨板上,利用划桨前行和控制方向,对桨板运动者的肩部肌肉、上肢肌肉和下肢肌肉以及平衡能力提出较高要求。反复训练可增加各相关部位的损伤。错误的划桨动作,如过分使用手臂肌肉而不是协调地利用全身发力传递,会增加上肢肌肉损伤的概率。没有锁腕(固定腕部的训练方式)而是过多运用手腕的活动发力,可使腕部损伤明显增加。划桨时左右换桨、长期训练也使肩部肌肉容易出现肩袖损伤。因此,掌握正确的技术动作,对减少运动损伤至关重要。

2. 桨板运动者身体上存在解剖生理弱点

当生理上解剖弱点遇到过量训练时,极易发生运动损伤。桨板运动者在换桨时,由于腰部扭转重复较多,也容易发生腰部肌肉损伤。力量训练中,如果恢复训练不到位,也容易在肌肉抗阻训练中发生肌肉或肌腱损伤。

第二节　常见的运动损伤

一、开放性软组织损伤

1. 开放性软组织损伤的处理原则

损伤处理包括止血、清创缝合、修复组织和制动。

2. 擦伤

小面积擦伤可用碘伏涂抹,无需包扎。可用酒精棉球消毒伤口周围,沿伤口边缘向外擦拭,注意不要把碘伏、酒精涂入伤口内,否则会引起强烈的刺激痛。大面积污染较重的擦伤,先用生理盐水冲洗伤口,然后在1‰的盐酸利多卡因局部麻醉下,用毛刷轻轻刷洗,清除沙粒等异物,敷上凡士林纱布,加盖消毒纱布并用绷带加压包扎。

二、闭合性软组织损伤

1. 急性闭合性软组织损伤的处理原则

早期处理原则:早期处理应适当制动,止血、防肿、镇痛,减轻炎症反应。处理方案为保护、休息、冷疗、加压包扎、抬高伤肢。

中期处理原则:是改善伤部的血液和淋巴循环,减轻淤血,促进组织代谢和渗出液的吸收,加速再生修复。治疗方面可采用热疗、按摩、拔罐、药物等。

后期处理原则:是增强和恢复肌肉、关节的功能,治疗方面可采用热敷、按摩、拔罐、药物治疗等。

2. 慢性闭合性软组织损伤的处理原则

治疗方法以按摩、理疗、针灸、封闭和功能训练为主,适当配以药物治疗,如用旧伤药外敷或海桐熏洗、药熏洗等。

三、挫伤

征象:单纯肌肉挫伤,局部出现疼痛、肿胀、皮下淤血、压痛和功能障碍等,严重的复杂性挫伤有合并症时,可能出现全身症状或某些特殊体征。

处理:可采用急性闭合性软组织损伤处理原则,如在局部冰敷后外用新伤药,加压包扎、抬高伤肢。

预防:提高自我保护意识,穿戴好保护装置,纠正错误动作;以严格公正的裁判执法,禁止有意冲撞等粗野动作。

四、肌肉拉伤

1. 原因和原理

准备活动不当,肌肉的生理机能尚未达到适应运动需要的状态,训练水平不够肌肉的弹性和力量较差等。肌肉拉伤可分为主动收缩遇阻拉伤和被动牵拉伤。

征象:伤部疼痛、肿胀、压痛,可有肌肉紧张和痉挛,触之发硬,功能受限或障碍。

处理:肌肉拉伤,取局部阿是穴及临近俞穴用针刺疗法会取得显著疗效。48h后开始按摩,手法要轻缓。

2. 伤后训练

部分肌肉断裂者,局部停训2~3天,健肢及其他部位可以继续活动。以后逐渐进行功能锻炼,如水池中行走,骑固定自行车以及伸展训练。

预防:加强易伤肌肉的力量和伸展性练习,使拮抗肌组的力量达到相对平衡,是防治肌肉拉伤的有效措施。

第三节　运动损伤的预防方法

一、加强运动损伤教育

对桨板运动而言，经常开展运动损伤的教育是最好的运动损伤预防。桨板运动者和教练员均应了解相应可能发生的运动损伤，在每周训练内容中，加一节 40min 的运动损伤预防教育课程，分析一周训练中曾经出现的运动相关损伤，包括运动训练中出现的损伤和体能训练、陆上训练中出现的意外伤，并总结如何预防类似损伤出现。

二、合理使用运动护具

运动护具的合理使用可以减少运动损伤的发生。桨板运动者可选用的运动护具包括护肩（减少肩袖损伤）、护肘、护腕、护腰、护膝、护踝等。在进行力量训练时，应强调正确的训练动作，避免因为不正确的动作、过度训练、过度负荷造成运动损伤。在训练之余，桨板运动者进行足球、羽毛球、篮球等运动进行热身活动时，均应防止动作粗野，违反规则导致运动损伤。

三、制订运动损伤防护应急预案

在预防运动损伤中，制订应急预案并经常演练是一项非常重要的措施。教练员、桨板运动者和医护人员均应参与到应急预案的制订和定期演练中。应急预案应包括训练中可能发生的紧急情况，以及各人的相关职责。如陆上训练中，发生轻伤则由医护人员进场检视伤情，且轻伤可在场边进行处理，而重伤则需要固定包扎后送往医院治疗。在水中训练时，如果队员发生轻伤，如皮肤挫伤，则由安保人员开救生艇（或划桨板）上前救治，进行简单处理，消毒，包扎。若严重损伤，则在队员上岸后由医护人员进行固定包扎后送医院救治。应急预案还应包括运动损伤急救设备、器材的定期检查并补充。每一季度应进行一次应急演练，使每个人都了解遇到紧急情况时，该如何按标准程序进行操作，避免遗漏。在心肺复苏环节演练中，最常被遗漏的环节是呼救和取来体外自动除颤仪（AED）。很多人进行演练时，看到紧急情况就马上开展胸外按压，却忘记打120，找人取来体外自动除颤仪（AED）。要告知演练者只有尽早获得周边医疗资源的支持，才能增加伤者的生存机会。所以组织应急预案的演练，应反复练习，让所有参与者均了解各环节和步骤。

由于桨板运动是水中运动，相比其他项目而言，增加了水中发生意外的危险。所以若遇到队员溺水无意识，则应由最近的队员跳入水中，将溺水者救上岸。检查生命体征，及时呼救，找人去拿体外自动除颤仪（AED），同时进行心肺复苏标准操作，并使用体外自动除颤仪（AED）进行电击救治。所有教练员和桨板运动者均应定期进行心肺复苏培训和复训，了解相关原理和操作方法，以保障桨板运动者的生命安全。

第四节 运动损伤的急救

一、正确运用救生器材急救

进行桨板运动训练时,应准备救生器材。教练员应准备救生圈,足够距离的绳索、长竿,在游泳池中训练时,若队员发生意外,可以及时施救。因为桨板运动者有溺水风险,故训练场地内还应准备心肺复苏用呼吸球囊、面罩、一次性心肺复苏用面膜、体外自动除颤仪(AED)等设备。为预防骨折急救,可以准备 2~3 套固定用小夹板,弹力绷带。为处理出血情况,可准备 3~5 根普通绷带,2 根止血带,一盒创可贴,一大盒乳胶防护手套等急救用品。为预防颈部损伤,应准备颈部固定用颈圈,在发生意外对伤员进行转运时,可防止头部转动,进一步发生二次损伤。有条件的运动队可以准备一个硬质塑料担架固定在墙上,有需要时可用来转运伤员。

二、溺水时的施救

(一)当桨板运动爱好者发生溺水时,首先应将溺水者救上岸

上岸以后,救治者半跪在地上,将溺水者腹部放在救治者的大腿上,溺水者面部朝下进行控水,时间在 15s 之内,不得超过 15s。控水后立刻将溺水者平放在硬地平面上,观察溺水者有无呼吸。仔细审视溺水者胸部有无起伏,若无呼吸,则表明溺水者情况危急,应立刻开始心肺复苏急救。如果此时,周围有其他人,应立刻指定一人,如:请穿白色运动衣的同学打 120,呼叫医疗急救人员。如果周围没有人,应将手机置于免提状态,打 120,并在通话状态下立即开始心肺复苏急救。

(二)心肺复苏法施救

心肺复苏操作包括胸外按压、人工呼吸和使用体外自动除颤仪。

1. 胸外按压

救治者跪在溺水者右侧肩部,双手以掌根重叠,以掌根按压在胸骨中下段,两乳头连线中点处,垂直按压,频率为每分钟 100 次,按压深度 5cm。按压 30 次以后,若有两人可以进行抢救,则以 30∶2 的比率进行按压和人工呼吸。若只有一个,无法进行人工呼吸,则不做人工呼吸,持续进行胸外心脏按压,直至溺水者醒来,或是由其他人(医务人员或其他帮助的人)来接手进行按压。

胸外按压时,救治者手臂应完全伸直,两前臂下段尽量贴在一起,保证是由身体的力量下压进行按压救治,而不是用手臂的力量进行按压救治。按压部位应保证在胸骨中下段,不要偏离按到肋骨上,避免肋骨骨折。

从检查溺水者停止呼吸到开始心肺复苏,不应超过 10s,应尽可能保持高质量、持续按压。

抢救越早,溺水者生还几率越大。若中间间断按压,如去拿血压计、检查溺水者是否有呼吸、检查脉搏等,均为不必要的多余操作,反而会贻误抢救时间。救治者在学习时,也应反复练习。

即使是有经验的抢救者,有时也会不自觉地去做其他事情,都没有意识到自己中断抢救超过10s之久。这些均是全球心肺复苏汇报中总结的经验,所以心肺复苏操作应多次练习,以保证正确操作。

2. 人工呼吸

人工呼吸之前,要检查气道是否通畅,口腔内有无异物。如果有水草、泥沙等异物,则应用一根手指伸入溺水者口腔,将异物掏出。口腔内没有异物时,可迅速将溺水者头后仰,方法是一手放在溺水者额头,另一手放在溺水者下颌处,同时用力将溺水者头后仰,打开气道(注意:切不可让外行用双手将溺水者头抬起,怕溺水者头部接触地面。这样反而无法打开气道,不仅不能救人,反而是好心办坏事)。

打开气道以后,如有呼吸面罩和呼吸球囊(最好双人操作),救治时一人将面罩扣在溺水者脸上,用力按捏球囊,时间为一秒钟,看到溺水者胸部有起伏,则说明人工呼吸有效。按压两次以后,由另一个人继续进行心肺复苏。按压的时候不要进行人工呼吸,人工呼吸的时候不要进行按压。如果没有呼吸面罩或是呼吸球囊,可捏住溺水者鼻子,用嘴包住溺水者的嘴往里吹气,救治者眼睛要斜着观察溺水者胸部是否有起伏,吹到溺水者胸部有起伏则说明有效。吹气时间为一秒钟,吹完之后应立即松开捏住鼻子的手,让溺水者可以吐气。许多初学者忘记松开捏鼻孔的手,一直捏着鼻孔不放,这是错误的做法。

人工呼吸是两次一组,吹两次以后就接着30次胸外按压。两人协调进行心肺复苏直至体外自动除颤仪到来。

3. 使用体外自动除颤仪

任何时候,体外自动除颤仪到来时,应立刻停止心肺复苏操作,立即进行体外自动除颤,增加溺水者生还机会。将体外自动除颤仪放在溺水者的右肩外上方,解开衣物,将电极贴片按图示贴在溺水者右侧胸上部和左肋下方偏外侧处,注意贴片要与皮肤平整相贴,不要贴在乳头上、伤口处或有药物贴处,否则会因为局部不平整出现电流集中的现象。贴好电极片后,让所有人离开溺水者,包括救治者本身,均不能与溺水者接触,避免电击伤人。再次确认没有人与溺水者接触后,可按除颤按钮,进行电击除颤。电击完成后,机器不会再次放电,这时救治者应立即上前再次进行30次胸外按压。体外自动除颤仪会再次分析溺水者心率,若未恢复自主心跳,仪器会再次充电,语音提示救治者离开溺水者,并需再次进行电击。

在抢救时,应保持现场安静,能听到体外自动除颤仪的语音提示。若抢救成功,溺水者会恢复心跳、可见眨眼、呻吟、手脚恢复运动、面色红润等表现,此时提示抢救成功。一旦溺水者恢复自主心跳,应停止心肺复苏,切不可因救人心切,再次进行胸外按压。如果有人继续进行胸外按压,应上前坚决制止,以免造成不必要的损伤。溺水者救治成功后,应送医院观察心电图,同时看有无其他合并损伤。

三、水中肌肉痉挛的处理

若桨板运动者出现水中肌肉痉挛时,应立即放松漂浮在水中呼救,不要挣扎。被救上岸后,应对痉挛的肌肉进行静力拉伸,解除痉挛。训练前注意补充含电解质的运动饮料,避免因缺钙、缺镁导致肌肉痉挛。在疲劳时或水温过低时不要下水训练,避免肌肉痉挛。常见的肌肉痉挛是小腿肌肉痉挛,可让伤员躺下,自己抓住足尖向上持续用力,对痉挛的小腿肌肉进行静力拉伸以解除痉挛。之后应进行局部保暖,避免因低温再次出现肌肉痉挛。

四、骨折等严重损伤的处理

若桨板运动者在训练或比赛中发生骨折、关节脱位、肌腱断裂、前交叉韧带断裂等严重损伤时,应尽早进行伤肢的固定、包扎并及时转运至医院。教练员不要试图给伤员进行骨折复位和脱位复位等工作。

五、出血与止血

若桨板运动者在运动中出现出血时,应立即进行止血。常用的止血方法有按压止血、包扎止血、使用止血带止血等。常见的小伤口出血,可用清洁布料如干净毛巾,清洁衣物按压在伤口处进行止血。救治者如果有可能,尽量带上一次性手套再去接触伤员的伤口,以保护自己。可以要求伤员先自己按压,等救治者戴好手套后再进行按压,一般的小伤口,在按压后基本上均可止住出血。可在按压后,用绷带包扎然后去医院救治,进行清创缝合。若伤口在按压后出血止不住,则应使用加压包扎的方法或使用止血带进行止血。使用止血带时,务必在止血带上标明开始使用止血带的时间,然后尽快送医院。注意止血带不能长时间使用,使用止血带后 1~2h 应松开 5min,以保证肢体的血液供应。在长途运送伤员时,这一点尤为重要。

伤员的搬运可分为扶持法和担架运送法。当伤员意识清楚,可单足行走时,采用扶持法运送伤员。救治者一手扶住伤员腰部,另一手在自己肩上方抓住伤员的手,扶持伤员离开运动场。当伤员无法行走时,采用硬质担架运送伤员。若怀疑有颈椎损伤时,还应注意使用颈部固定器,防止伤员头部在转运中因转动发生二次损伤。

第五节 运动损伤的一般处理方法

在运动医学领域,运动损伤早期处理原则经历过 RICE - PRICE - POLICE - PEACE 原则的变迁。受伤后首选停止局部运动、包扎、抬高患肢等系列处理。下面系统介绍运动损伤早期处理原则的渐进发展过程。

一、运动损伤急性期处理原则 RICE

运动受伤有所谓的"黄金48h",即治疗急性运动伤害的黄金时间是伤害发生后的48h内。

在这个时间内采用加压包扎等方式可以大大缩短恢复的过程。1978年,美国运动医学博士默金(Gabe Mirkin)首先提出急性期处理原则 RICE:Rest(局部休息)、Ice(冰敷)、Compression(加压包扎)、Elevation(抬高患肢)。

R 是休息(Rest):局部软组织损伤发生后,要立刻停止受伤部位的运动。受伤的肢体不要再活动,尽量休息,尽快至专科医院就诊,这样才能得到及时正确的治疗。

I 是冰敷(Ice):桨板运动者受伤后局部常常有疼痛。在运动场边减少疼痛的最常用方法是用冰水混合物进行冰敷。之前认为冰敷可以让血管收缩,减少急性期出血和进一步的扩张损伤,减少肢体的肿胀,减少疼痛。

C 是加压包扎(Compression):如果软组织受到损伤,我们需要用一些绷带,如果没有专业的材料,也可以把衣服脱下来,用袖子加压包扎也可以减少内部出血,减少局部的肿胀。

E 是抬高患肢的意思(Elevation):受伤后应该躺下把患处抬高,让损伤的肢体高于心脏的平面,这样可以加速局部血液循环,促进静脉回流,减少组织肿胀,减少关节肢体损伤的疼痛感。

二、运动损伤急性期处理新原则 PRICE

RICE 虽然在国际上应用广泛,但是在临床实践中,研究者发现,在早期仅仅是休息并不能起到避免损伤再发生的几率,而且如果一个部位发生损伤,其他部位可能会因为补偿这一功能缺失而有代偿活动,会对正常的部位造成影响。因此,在休息的基础上要将受伤部位保护起来,避免损伤的再次发生。人们将新的处理原则命名为 PRICE 原则。PRICE 原则命名来自保护(Protection)、休息(Rest)、冰敷(Ice)、压迫(Compression)、抬高(Elevation)5个单词的首字母。与 RICE 原则相比,PRICE 原则增加了早期保护的步骤。按照 PRICE 的顺序正确处理可以缓解很多痛苦,帮助消肿和愈合,更重要的是能避免运动损伤的加剧。PRICE 的具体5个步骤如下。

P 是保护(Protection):运动损伤一旦发生,首先应立即停止活动,保护受伤部分离开运动场所,避免受伤部位二次受伤或加重伤势。有必要时求助他人帮你转移到安全地带。对急性运动损伤而言,很多人选择性忽视一开始的受伤信号,而后的二次伤害往往变本加厉。切记不要触碰受伤的部位,很多人想当然觉得"按摩治百病",实际上很多运动急性损伤,按压反而是加重伤势。也尽量避免使用受伤部位,比如膝关节有问题,就减少走楼梯次数,减少或取消计划里的深蹲训练。

R 是休息(Rest):休息指受伤后局部肢体立即停止活动。之前很多人认为受伤后应完全停止运动,现在我们知道,受伤后最好是只有受伤的局部肢体停止活动,但要保证其他部位尽可能维持运动。

对于专业运动员或桨板运动爱好者来说,当受伤部位不能运动时,要保证未受伤的肢体能得到锻炼,以免完全停止运动后出现快速的肌肉萎缩。如果桨板运动者上肢受伤,在保证上肢得到保护,停止运动的同时,要继续进行下肢锻炼,可以锻炼肌肉力量或平衡能力,即"伤了上肢练下肢,伤了下肢练上肢"。很多桨板运动者在下肢完全停止运动时,可能出现股四头肌肉的快速萎缩,而恢复到受伤之前的肌肉力量,需要超过制动时间约三倍的时间来恢复。

所以桨板运动者受伤后，除了减少局部受伤软组织的运动外，要尽可能地用多种运动康复的方法，避免其他部位的肌肉因完全停止运动出现肌肉萎缩，导致恢复到能够返回运动场的时间延长。

I是冰敷（Ice）：冰敷是通过让血管收缩来消肿，也能减少痛感。对于经常运动的人，建议家里常备冰袋，如果实在突然，冰箱冷藏室内的冰冻豌豆、便利店的听装冰可乐等也能应急使用一下。在家里可以用保鲜袋装一些冰块，然后倒1/3袋水，就成了非常好用的冰袋了。需要注意，切勿直接将冰块直接与皮肤表面接触，这样会损伤皮肤或导致冻伤。非专业医学冰袋，最好在皮肤和冰块间铺层毛巾，单次冰敷时长不得超过20min。

冰敷是在运动场边减少疼痛最经济、最有效的方法，而且这种处理方式可以让桨板运动者的心理压力得到缓解。桨板运动者受伤后，无论是生理上还是心理上均需要他人帮助，冰敷是一种很常用的方式，由医务人员前来进行处理。桨板运动者在受伤后立刻接受专业医疗处理，有冰敷比没有冰敷能更好地缓解桨板运动者受伤后的心理压力。

有的俱乐部或者运动队使用冷雾喷剂，它在时间非常短的比赛间歇中，常常用来处理桨板运动者肢体上的急性挫伤。偶尔会见到因过分使用化学冷喷致局部冻伤的案例。要注意，无论是冰敷还是冷雾喷剂均不能过多使用，以免造成局部组织的二次冻伤。在家里使用冰敷时，常用冰箱保鲜袋，装上冰块和一点水，隔着毛巾放在局部进行冰敷。有条件的也可以在家里把一条毛巾打湿，放到冰箱里，拿出来后用冰箱保鲜袋包上以免滴水，敷在患处。冰敷时间为5~15min，局部若出现麻木刺痛的时候，就需停止冰敷。

只有闭合性软组织损伤，即皮肤表面完整没有破损时，才适用冰敷。而当损伤的部位起水疱或有破损，形成"开放性伤口"时，就不适宜冰敷了。另外不提倡的做法是将受伤肢体放到水龙头下面用水冲。水冲可刺激局部组织出血，不适用。万不得已，在没有找到可以冰敷的材料时，可以使用一个装水的水桶，将肢体浸泡在其中，利用冷水浸泡减少疼痛，但是不能用水冲击局部。使用这个方法的前提是局部皮肤是完整的，不能有皮肤破损。只要能找到局部冰敷的材料，就不推荐使用冷水浸泡。

C是加压包扎（Compression）：加压包扎可与冰敷同时进行（冰敷的同时压迫受伤部位），但压迫要比上面的保护/休息/冰敷难度更大一些。加压包扎的主要作用是帮助控制并减少肿胀，并通过对四肢施压增大组织压力进而减少内出血。另外加压包扎也有减少组织液渗出的作用。最简单的方法是使用弹性绷带做加压包扎，将弹性绷带缠绕住身体受伤部位。

最好的处理方法是：把冰水混合物放到受伤的部位，外边用绷带加压包扎住。如果没有这样的条件就简单加压一下，用毛巾等在患处加压。比如在运动时，发生踝关节扭伤，而当时什么材料都找不到，可以选择在运动场边，蹲下并用手按压在踝关节局部扭伤处15min左右。有条件加压包扎的，力度以伤员自己感觉为准。加压后要让受伤的局部感觉到压力，同时伤处远端肢体不能有回流障碍。伤处远端肢体不能出现肿胀、麻木。如果桨板运动爱好者或者运动员在训练期间发生踝关节扭伤，首先推荐到医院尽早治疗，如果因为条件受限不能立刻去医院的话，要找同伴帮忙到附近药店购买绷带，自己尽快对局部进行加压包扎。不能因为暂时没有绷带等到第二天再去医院看病，因为这样常常会导致局部发生肿胀，延长恢复时间。如果能有效进行加压包扎的话，局部组织液或内出血渗出较小，则恢复时间较没有包扎时会明显缩短。

在冰敷结束以后,应尽快将局部进行加压包扎。如果有消肿的中药,可以进行中药外敷后加压包扎。包扎完成后,要检查伤处远端肢体的血液循环,看看有没有手指尖、脚趾头发紫、麻木等症状,如果有的话,说明包扎过紧,需松开重新进行包扎。

E是抬高患肢(Elevation):抬高是指借助重力作用,将受伤部位抬高,帮助积聚在受伤部位的组织液、发炎的体液回流,达到减小肿胀和疼痛的目的。抬高的高度,最有效的方式是让受伤部位高于心脏。在运动训练的场地旁边,可以找一块垫子或是板凳将患肢抬高。上肢可以借助垫子或者吊腕带,下肢受伤部位则尽量高于臀部,比如坐姿抬高腿。在回到宿舍休息时,可以使用一个浴巾卷或是一床被子、一个枕头,将患侧肢体抬高。运动损伤发生后,48h内都应将受伤部位尽可能长时间的抬高。

三、急性闭合性软组织损伤处理中的 POLICE 原则

患肢的制动是重要的处理措施之一,然而过度重视患肢制动会造成对本体感觉及关节活动度的忽略。有学者对传统处理措施的合理性提出质疑,认为关节损伤后早期的功能锻炼是十分必要的。随后,越来越多的学者提出,适当负重将有助于减少关节功能的丧失,促进踝关节生物力学的恢复。所以,研究者们将早期负重也纳入了处理原则中,形成了改良版的 POLICE 原则。

2012 年,Bleakley 在《英国运动医学杂志》(British Journal of Sports Medicine)提出应将运动损伤的治疗由 PRICE 原则进一步更新为 POLICE 原则。文章中提出在急性闭合性软组织损伤中广泛使用的非甾体解热镇痛消炎药受到质疑,尤其是对肌肉和韧带的损伤治疗效果不好。他提出长时间的制动对运动康复具有不良影响,所以提倡早期适当负重。适当的机械负荷,可上调与软组织愈合相关的关键蛋白的 mRNA 表达,有助于促进恢复。

POLICE 原则中:

P 是指 Protect,即保护,发生损伤后立即用各种方法保护受伤的部位,避免二次受伤。

OL 是指 Optimum Loading,即适当负重,发生损伤后不要让肌肉因为受伤而休息,应合理适当地站立和行走。

I 是指 Ice,即冰敷(是冷敷不是热敷),在局部合理使用冰敷或冷敷。

C 是指 Compression,即局部进行加压包扎,如果包扎太松不仅没有用处且易脱落,太紧不利于血液循环,同时也要注意观察患处的变化。

E 是指 Elevation,抬高患肢,尽可能地将受伤部位抬高到心脏水平以上,加速静脉血和淋巴液的回流。

四、急性闭合性软组织损伤处理中的 PEACE 原则

急性闭合性软组织损伤的治疗很复杂。多年来,指导它的治疗原则已由最初的 ICE 到 RICE,再到 PRICE 和 POLICE。尽管广为人知,但这些之前的治疗原则主要关注点在急性期治疗,忽略了对后续软组织治疗的亚急性和慢性阶段。

2019 年 4 月,《英国运动医学杂志》针对软组织因运动损伤提出新的治疗原则,移除冰敷,并提出急性闭合性软组织损伤的治疗原则是 PEACE 原则。最早提出 RICE 原则的默金

(Gabe Mirkin)博士也认为 PRICE 原则中的冰敷应去掉。他在持续观察运动医学的研究成果后,提出冰敷虽然能减轻疼痛,减少炎症反应,但会延长修复时间,所以他也认为应重新审视以前提出的运动损伤急性期治疗原则。文中指出虽然过去常用 RICE 等处理方法已十分普遍,但缺乏理论支持。而且急性期的冰敷只聚焦在急性期的处理,却忽略了这个阶段的处理结果也会对之后的亚急性期及慢性期产生不良影响。

因为冰敷虽然能够抑制红肿并减少疼痛,但目前医学研究却认为轻微的炎症反应有助于人体自身修复,运动医学领域也更加重视运动受伤人员在恢复期的过程。加拿大 Dubois 等提出虽然抗炎药对缓解疼痛有一定益处,但研究表明它们对最佳组织的修复存在一定的有害作用。所以在 PEACE 原则中专门提出,不要将它们使用在软组织损伤的标准治疗原则中。

PEACE 原则中:

P 是指 Protect 保护,受伤后对受伤组织进行积极保护,防止二次损伤。

E 是指 Elevation 抬高,受伤后适当抬高患肢。

A 是指 Avoid NSAID 避免使用非甾体消炎药,受伤后早期避免使用非甾体类解热镇痛消炎药,如阿司匹林类药物进行镇痛和消炎。大量研究表明,炎症对于组织再生是有不可替代的作用的。对于炎症,也不再建议一味地控制,所以使用抗炎药物可能对组织的长期愈合有害。

C 是指 Compression 加压包扎,受伤后尽早对局部肢体进行合理的加压包扎。

E 是指 Education 教育,治疗师应告诉伤者积极康复能带来的益处,鼓励他们进行积极的运动康复。

综上所述,急性闭合性软组织损伤的处理方法如下:

依据最新的运动损伤治疗 PEACE 原则,运动损伤后,局部肢体停止或限制运动 1~3 天,以减少出血,防止受伤肌纤维的肿胀,并减少受伤加重的风险。3 天后运动员尽量减少休息时间,长时间的休息会使肌力和性能下降,应随疼痛减轻逐步恢复运动。抬高患肢,将患肢抬高到高于心脏的位置,以促进组织液从组织中流出。加压包扎,使用绷带有助于限制关节内水肿和组织出血。踝关节扭伤后加压包扎可以减轻肿胀,改善生活质量。担负训练保障任务的医护人员应告诉伤者积极康复的益处,与主动疗法相比,损伤后早期的被动疗法,如电疗、手法治疗或针灸治疗,对疼痛和功能的影响微不足道;从长远来看,被动疗法甚至可能适得其反。良好的健康教育和负荷指导,将有助于避免过度治疗,指导伤者积极进行各种物理治疗和运动康复。

五、急性期运动损伤处理应遵循 HARM 原则

急性期运动损伤处理的注意事项应遵循 HARM 原则。HARM 是英文(Heat,Alcohol,Run,Massage)的首字母组合,取名 HARM(危害)的意思,是告诫我们哪些是损伤早期 2~3 天内不能做的事情,分别代表热疗、酒精、跑动和按摩。

(1) Heat 即热疗,在急性期时不能使用热敷,以及那些会发热、有刺激性的药膏或者膏药等物质。这些物质会造成局部炎症及出血水肿更加厉害,不利于早期愈合。

(2) Alcohol 是酒精,急性损伤期,不能饮酒。在酒精的作用下反而容易增加肿胀,不易消

退。同时酒精可能刺激血管影响血供,不利于组织进一步愈合。

（3）Run 是跑动或者训练的意思,受伤后应该尽量使受损伤部位得到充分休息,如果过度跑动或者再参加训练,会加重受损组织。因此在没有完全愈合之前,要尽量停止之前的运动和训练。

（4）Massage 是按摩,损伤早期是一定不能进行局部按摩。局部出血的组织通过一系列处理后,血管收缩消肿,但是如果按摩会再次诱发局部出血,加重肿胀疼痛的症状。但是急性期过了之后,可以采用一些轻手法的按摩,来帮助恢复。

第六节　运动损伤的治疗

运动损伤常见的治疗方法包括针灸、按摩、拔火罐、药物治疗和物理治疗等。对运动中常见的肌肉损伤,最常用的中医治疗方法是针灸、按摩、拔火罐、药物治疗和物理治疗等。运动队或者俱乐部可设立一间医疗室,在训练结束后由医护人员对有伤的桨板运动爱好者或者运动员进行治疗。另一种可行的方法是与周边设有运动康复专业的学校合作建立实习点,欢迎运动康复专业的学生到运动队或者俱乐部实习,这样可以有效进行桨板运动者的肌肉损伤治疗。

一、针灸与按摩疗法

医疗室对运动损伤的常规处置包括针灸治疗,它是对运动损伤局部的痛点和相关穴位进行针灸或电针治疗,起到活血化瘀和消肿的作用。如果因为运动量较大,桨板运动者肌肉疼痛,可使用按摩手法对疼痛的肌肉进行手法治疗。常用的按摩手法包括按、压、揉、捏、提、叩击、点等,治疗部位为肌肉的最痛点及周边。按摩之前若能使用物理治疗如特定电磁波治疗仪等,可提高皮肤温度,更好地达到治疗效果。

二、拔火罐疗法

拔火罐是运动队或者俱乐部常用治疗软组织损伤、疼痛的方法。拔火罐一定要专业人员操作,同时注意安全,避免操作不当导致皮肤烫伤等。拔火罐之前,要用酒精棉球对罐口进行消毒,然后用闪火法将火罐留在桨板运动员需要治疗的部位,时间为 15～20min。冬季治疗时,要注意保暖。拔火罐要注意检查火罐是否牢固吸在桨板运动员的皮肤表面,并叮嘱桨板运动员治疗期间不要移动身体,避免火罐落下摔碎。拔火罐进行闪火法时,切不可长时间灼烧罐口,以防止桨板运动员发生皮肤烫伤现象。桨板运动员应在拔火罐之前洗澡。拔完火罐时,注意当天不要洗澡,第二天可以洗温水澡。

三、药物治疗

药物治疗包括中药治疗和西药治疗。常用的中药多为外敷的新伤药、旧伤药、外用的消肿药水等。对关节活动障碍的情况,常用的洗剂还包括关节熏洗的中药等。常用的西药治疗包括外用的解热镇痛药"扶他林"等缓解肌肉疼痛的西药等。

四、物理治疗

物理治疗包括超声波治疗、激光治疗、低频电治疗、中频电治疗、短波治疗、超短波治疗、磁疗、热疗、蜡疗、水浴疗、冷热水疗、运动治疗等多种物理因子疗法。视运动队或者俱乐部情况可酌情配置相关治疗仪器,或者联系周边医院康复科进行治疗。

五、康复训练

康复训练可在运动指导师或者康复专业医生的指导下进行。专业桨板运动员受伤后,一般不主张完全停训,而应该遵循伤了上肢练下肢,伤了下肢练上肢的原则,有选择地进行训练。对受伤局部的康复训练,也应本着由简到难、由稳定到不稳定、由较小阻力增加到较大阻力的方法进行康复训练,使桨板运动员逐步回到训练中。常用的康复训练器材包括弹力带、平衡气垫、瑞士球、泡沫轴、小哑铃、负重沙袋、药球等。可针对各受伤部位的肌肉功能,采用小阻力进行渐进训练,增加平衡难度,辅以核心训练和适当的肌肉拉伸,进行康复训练。对于业余桨板运动爱好者来说,出现运动损伤后切忌焦躁,要及时停止高强度训练,可遵医嘱进行简单的、低强度的康复性训练,一定要等身体完全康复后再逐步增加训练强度,参加比赛活动。

第五章　静水桨板运动装备与器材

第一节　桨板的分类

桨板由冲浪板演变而来，但在不断的应用过程中，又衍生出非常多的种类，以满足人们的各种使用需求，桨板的种类可以根据应用场景和材质两个维度进行分类。

一、按应用场景划分

按照不同的应用场景，桨板可分为冲浪板、旅行板、休闲板、竞速板、瑜珈板等类型（图 5-1）。

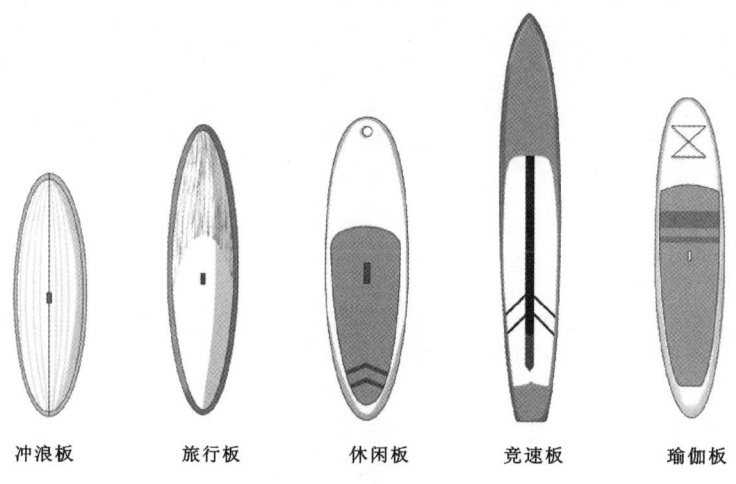

冲浪板　　旅行板　　休闲板　　竞速板　　瑜伽板

图 5-1　桨板按应用场景分类

1. 休闲板

最常用的是通用板（图 5-2）。

尺寸：宽度一般在 76cm 以上，板头形状以圆形为主，长度适中，一般在 2.7～3.7m。

特点：相对其他的板更宽、更大、更加稳定，适合新手在平缓的水面上玩耍。速度偏慢，转向灵活，除了主尾鳍之外，一般还会有两个副尾鳍。

2. 旅行板（图 5-3）

尺寸：板体宽度和长度适中，宽度一般在 71cm 以上，长度一般在 3.3m 以上。

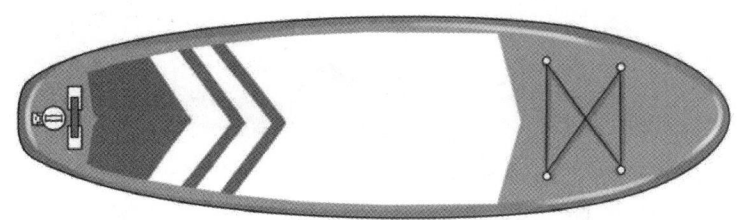

图 5-2　通用板

特点:板体较长,为了长途和快速的划水行进而设计,适合在湖泊和相对平静的海湾里做长距离的划行,有一定的装载能力和速度。

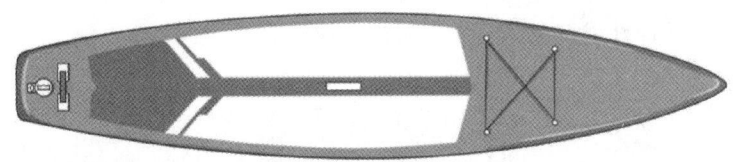

图 5-3　旅行板

3. 竞速板(图 5-4)

尺寸:板体较窄,长度较长,宽度在 71cm 以下,长度在 3.7m 以上。

特点:板体较窄,长度较长,是为了比赛而设计的追求竞速的桨板,牺牲了一定的稳定性来获取更高的速度。

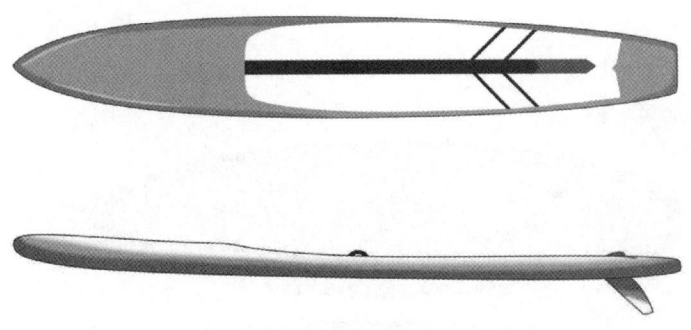

图 5-4　竞速板

4. 漂流(白水)板(图 5-5)

尺寸:宽度一般在 81cm 以上,长度一般在 2.4~3.3m。

特点:板体较宽,为了在激流里增加稳定性,板头上翘,避免插水,长度较短,提高了其灵活性,可以灵活转向以避开快速行进过程中的障碍物,一般配有多个软尾鳍。

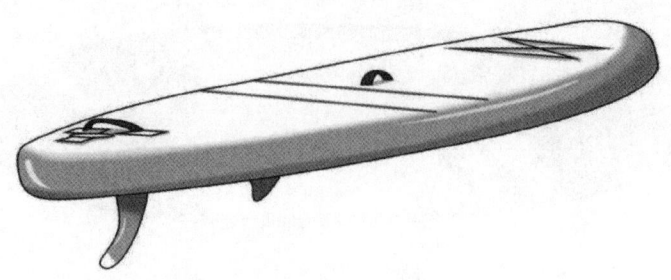

图 5-5　漂流(白水)板

5. 瑜伽板(图 5-6)

特点:板体较宽,宽度比通用板更宽,长度适中,一般以充气板为主,厚度较厚,以追求稳定性为主,在板上完成各种瑜伽动作,瑜伽板款式设计多样。

图 5-6　瑜伽板

6. 冲浪板(图 5-7)

尺寸:长度一般在 1.8～3.1m,宽度范围比较大,一般在 60～82cm。一般配有多个副尾鳍。

特点:板体短小,板头上翘,灵活性高,又有长板、短板之分。

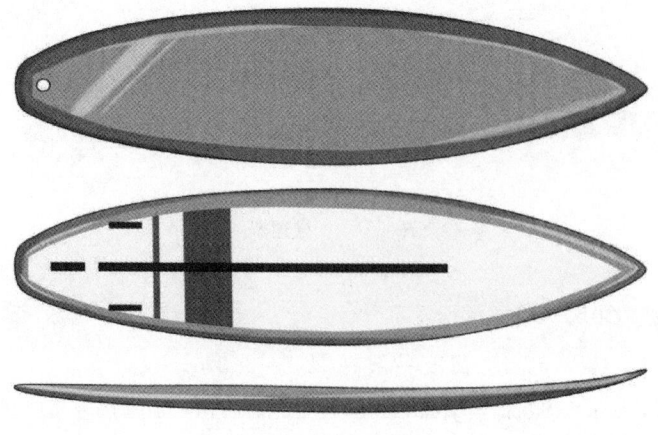

图 5-7　冲浪板

7. 多人板

特点：板体面积大，容纳人数多，稳定性非常高，灵活性较差，主要针对要求稳定性和娱乐性的团队活动。

目前市面上常见的多人板有"龙板"和"巴士板"，"龙板"为前后并排站位（图 5-8），一般可容纳 4～6 人，"巴士板"为前后左右并排站位（图 5-9），一般可容纳 8～10 人，"龙板"会有较好的速度，而"巴士板"则因为其宽大的特点，有非常优良的稳定性。

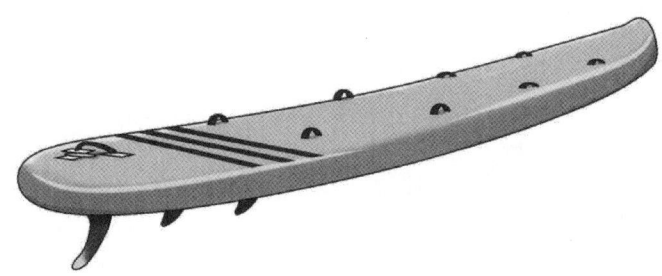

图 5-8 龙板

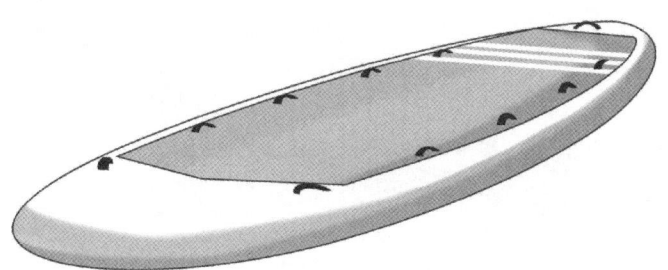

图 5-9 巴士板

8. 钓鱼板（图 5-10）

特点：与旅行板相似，宽度更宽，容积更大，可以装载很多钓鱼配件。

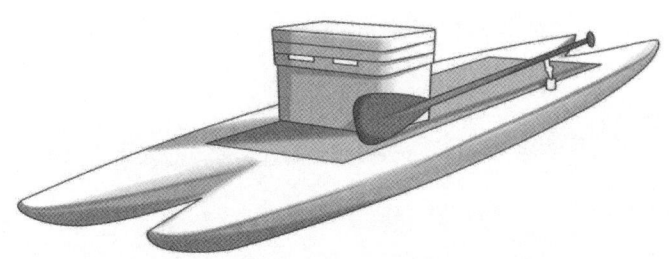

图 5-10 钓鱼板

9. 救援板（图 5-11）

特点：板体配备辅助救援装置以方便救援。

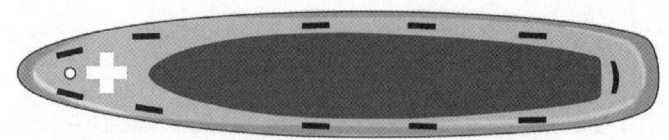

图 5-11 救援板

二、按材质划分

1. 充气板

充气板俗称软板,如图 5-12 所示。

特点:以拉丝料黏合而成,可以充放气。

优点:收纳运输方便。

缺点:与硬板相比强度略低,造型单一,寿命短,使用前后准备工作较为繁琐。

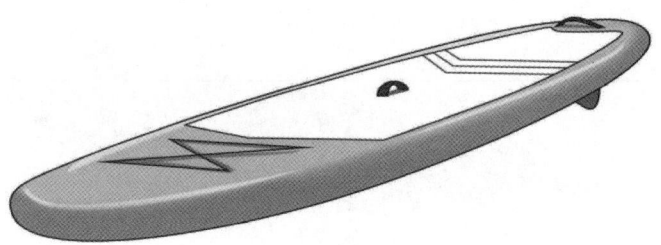

图 5-12 充气板

2. 复合材料板

复合材料板俗称硬板,如图 5-13 所示。

特点:板体内部是发泡泡沫,板体外部以复合材料制作而成,包括碳纤板、玻纤板。

优点:强度更高,体验感更强,速度、稳定性等性能表现出众。

缺点:存储运输麻烦,比较脆弱,价格略贵。

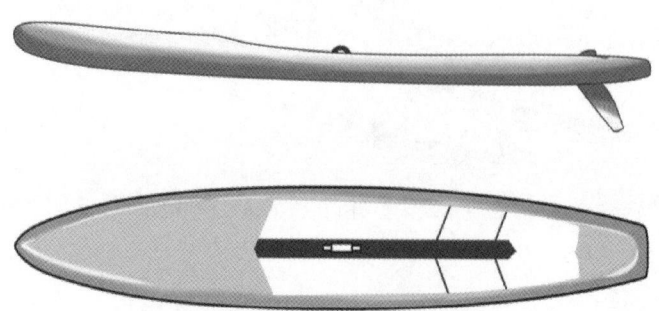

图 5-13 复合材料板(硬板)

3. 泡沫板(软板)(图 5-14)

特点：由泡沫与 EVA 材料整包制作而成，属于硬板的一种，只是因为表面是泡沫软包，所以称之为泡沫板。

优点：相对复合材料造价低，安全性能高，不易损坏。

缺点：笨重，存储运输不方便。

图 5-14 泡沫板(软板)

4. 塑料板(图 5-15)

特点：由聚乙烯材料直接用模具制作而成。

优点：造价低廉，工艺简单，皮实耐用。

缺点：笨重，性能差，存储运输麻烦。

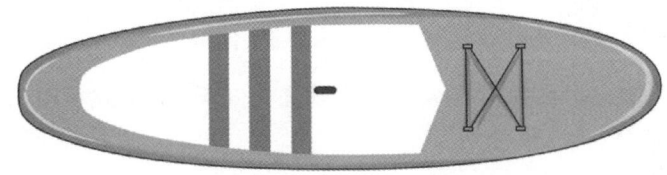

图 5-15 塑料板

5. 木质板(图 5-16)

特点：手工制作的木质板，一般以个人情怀为出发点进行订制。

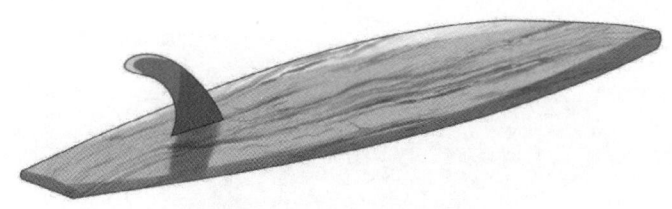

图 5-16 木质板

第二节　桨板的结构、材质与性能

一、桨板的结构

桨板的结构如图 5-17 所示。

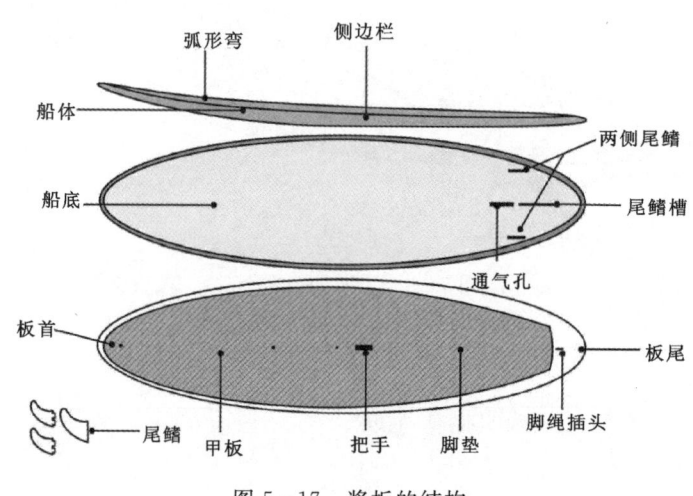

图 5-17　桨板的结构

(一)板首(Nose)

桨板的前部或顶端通常称为板首。板首可以分为 3 类:滑水式板首(Planing)、破水式板首(Displacement)、混合式板首(Hybrid)。

1. 滑水式板首(Planing)

滑水式板首宽且圆(图 5-18),这样的板首很容易在水面上滑行,也更容易保持稳定性,在速度较低时板首贴在水面上,这时水的阻力会相对变大,当板达到一定速度时,板首会在速度作用下抬高,与水面形成一定的间隙,此时阻力变小。休闲板、瑜伽板等追求稳定性的板也会采用这种设计。

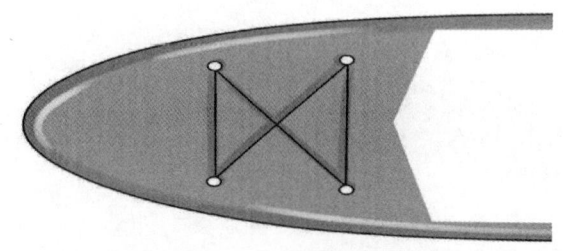

图 5-18　Planing(滑水式板首)

2. 破水式板首(Displacement)

破水式板首偏尖和窄(图5-19),这样设计的目的是很容易把水破开,在低速时阻力比滑水式板首要小很多,所以适用于竞速、长距离巡航。因为板首宽度较窄,同样宽度的板稳定性会比滑水式板首的板稍差一点。

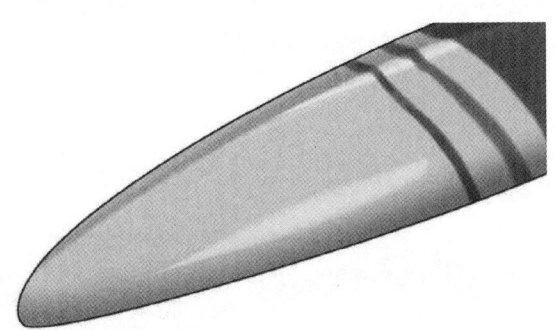

图5-19 Displacement(破水式板首)

3. 混合式板首(Hybrid)

混合式板首设计介于上面两者之间(图5-20),一般有一个尖的板首,但板首上翘,板底较平,这样能够保证有一定速度和循迹性,又能在浪区有好的表现。

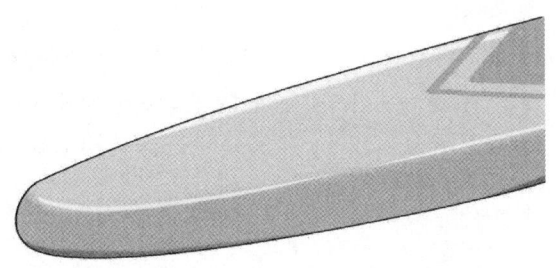

图5-20 Hybrid(混合式板首)

(二)板尾(Tail)

桨板尾部有一个公认的名称,称为板尾,桨板尾部的设计与冲浪板非常类似。板尾的类型有3种:方尾、圆尾、尖尾。

1. 方尾(Squaretail)

方尾设计是最经典的板尾设计(图5-21),冲浪板最早的板尾就是方尾设计,方尾可以给板的尾部提供稳定的浮力,提高板的稳定性。相比于圆尾设计,方尾板转向会略显笨拙。方尾多使用于竞速板、通用板、旅行板。

2. 圆尾(Roundtail)

圆尾转弯有更出色的操控性(图5-22),转弯更顺畅,通常用于通用板、冲浪板。

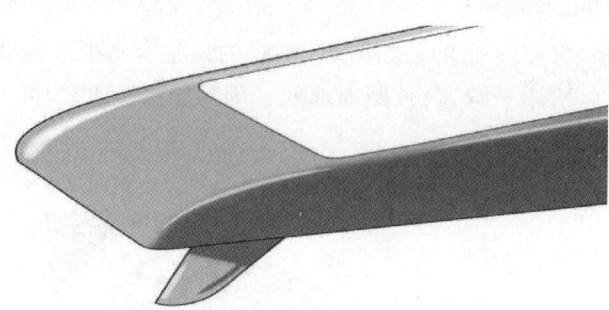

图 5-21 方尾

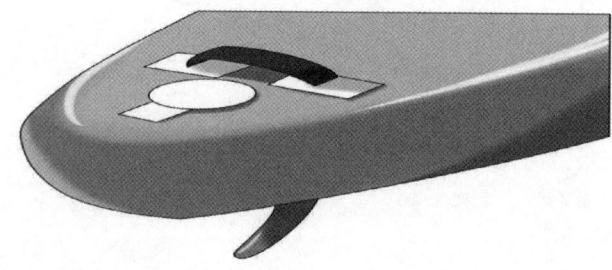

图 5-22 圆尾

3. 尖尾（Pintail）

尖尾是所有板尾中最窄的一种（图 5-23），因为板尾又尖又细，所以可以深入水中，在顺浪的顺风划（Downwind）活动中更容易抓住细小的浪，因此尖尾的设计更多出现在顺风划（Downwind）的板型中。因为板尾面积较小，能够提供的浮力也有限，所以尖尾的板在同样宽度的情况下稳定性会稍差。

图 5-23 尖尾

（三）甲板（Deck）

板的顶部，也就是通常站立的部分，就是板的甲板。甲板是桨手站立的主要部位，所以甲板的设计很重要，常见的甲板类型有 3 种：平甲板（Flat）、内凹甲板（Concave）、圆型甲板（Domed）。

1. 平甲板(Flat)

平甲板相比于圆形甲板中间略薄(图5-24),厚度会延伸到板的两侧,这使得板可以整体上更平、更薄。

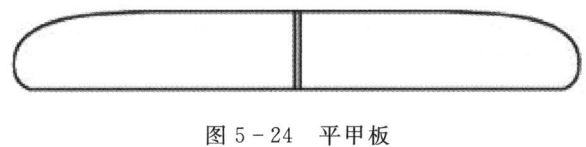

图5-24 平甲板

2. 内凹甲板(Concave)

内凹甲板是竞速板常用的设计(图5-25),内凹设计可以让重心更低,稳定性更好。

图5-25 内凹甲板

3. 圆形甲板(Domed)

圆形甲板中间会提供比较大的浮力(图5-26),两边较薄,在浪壁上的咬合力更好,使得板在浪壁上有更好的稳定性,一般冲浪板采用此设计较多。

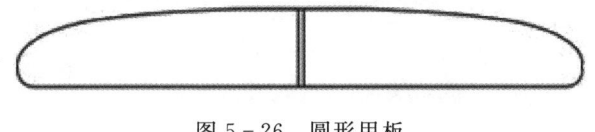

图5-26 圆形甲板

(四)板底(Bottom)

板的底部,通常是平的,也有的是内凹的,平底设计可以让板更稳定,内凹设计可以使水流在板底更快速地通过,使板达到更快地速度,一般用于竞速板。

(五)侧边(Rails)

桨板的侧面或边沿称之为侧边,厚实的侧边能给板提供很好的稳定性,板的侧边一般会作加强处理,因为在划行过程中,桨敲打板的侧边是很难避免的。

(六)曲度(Curvature)

板的曲度是指从板首到板尾的板的弯曲度,局部再划分可以分为板首曲度、板尾曲度和中间曲度(图5-27)。

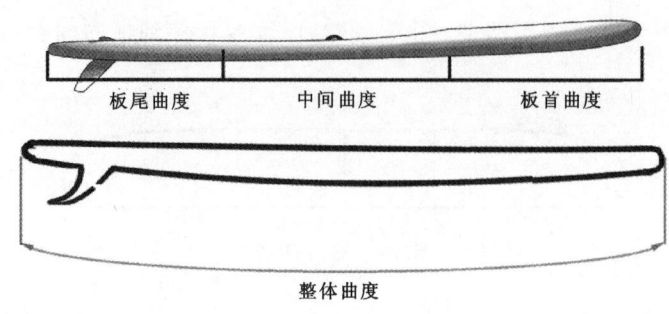

图 5-27 板的曲度

通常来说,板的整体曲度越大(图 5-28),灵活性越好,越容易转弯,更适合浪区;曲度越小,板的循迹性和速度更好,更适合竞速巡航。

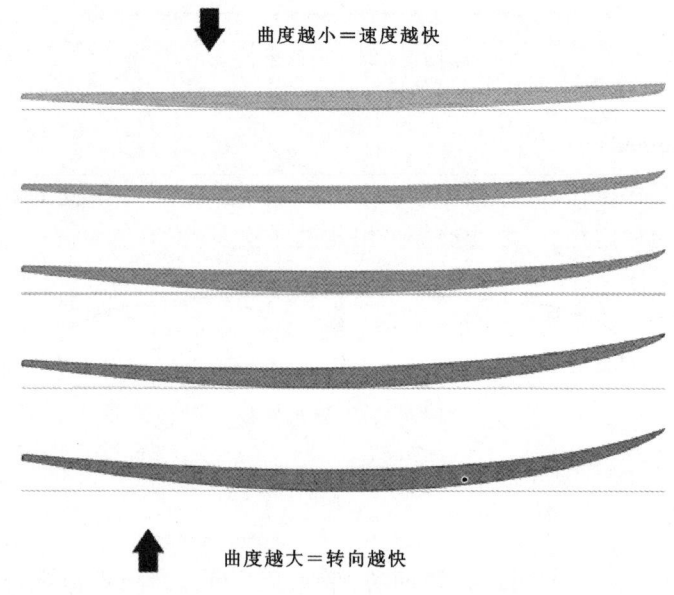

图 5-28 板的曲度对性能的影响

1. 板首曲度

不同用途的板板首曲度不同,冲浪板或在浪区使用的竞速板板首曲度会比较大,目的是为了板在一定速度下可以保持在水面之上,保持滑行,不会扎进水中;静水竞速或者旅行板板首曲度较小,多配合破水式板首,目的是保持一定速度时板首有更好的破水效果,减少阻力。

2. 中间曲度

大部分长板的中间曲度不明显,较平。

3. 板尾曲度

板尾曲度大,更容易抓浪和骑浪;板尾曲度小,板尾阻力小,速度更快。

(七)脚垫(Deck pad)

脚垫亦称甲板垫(图5-29),是甲板上的泡沫、橡胶或其他材质的垫子,主要用来防滑和增加舒适性。但冲浪选手也会在脚垫之外的其他区域打防滑蜡,目的是为了在浪里做动作时防止打滑。

图5-29 甲板垫

(八)尾鳍和尾鳍槽(Fins\Fin Box)

尾鳍是桨板必需的配件(图5-30),尾鳍会增加循迹性和稳定性,根据使用功能不同,会在不同板上设置不同样式及数量的尾鳍,可以有单尾鳍或多尾鳍,用来安装尾鳍的槽就是尾鳍槽(图5-31)。

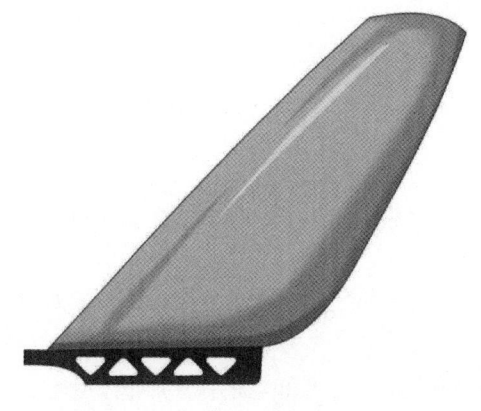

图5-30 尾鳍

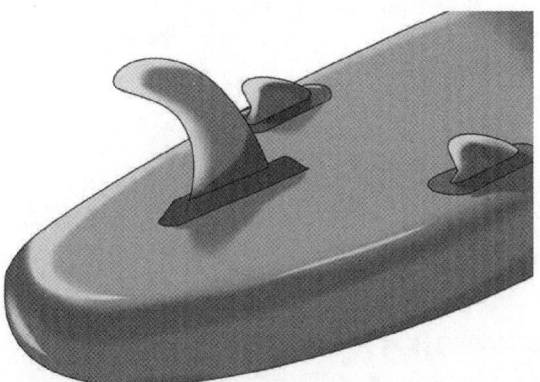

图5-31 尾鳍槽

(九)通气口和通气阀(Vent)

大部分硬板上会设置有通气口和通气阀(图5-32),通气口的目的是为了防止板内EPS泡沫内部的空气因为热胀冷缩或海拔高度出现变化时,对板的内部结构造成破坏。

图5-32 通气口和通气阀

(十)把手(Handle)

位于板的正中心,充气板的把手多为提拉式,硬板把手多为内嵌式。

二、桨板的材质

(一)拉丝料

1. 拉丝料类型

特点:制作充气板的材料就是拉丝料(图5-33),拉丝料可分为单层拉丝料、双层拉丝料、RDS/MSL(加强拉丝料)。

(1)单层拉丝料:重量轻,强度相对弱,气密性相对差一点(表面),寿命短,多用于对强度要求不高的休闲板、儿童板及团队板。

(2)双层拉丝料:具有更高的气密性,强度高,可塑性较单层更好,使用寿命长,但重量稍重,不易折叠。

(3)RDS/MSL(加强拉丝材料):重量轻,同样尺寸的板可以比双层拉丝材料轻20%左右,可塑性较好,使用寿命长,容易折叠。

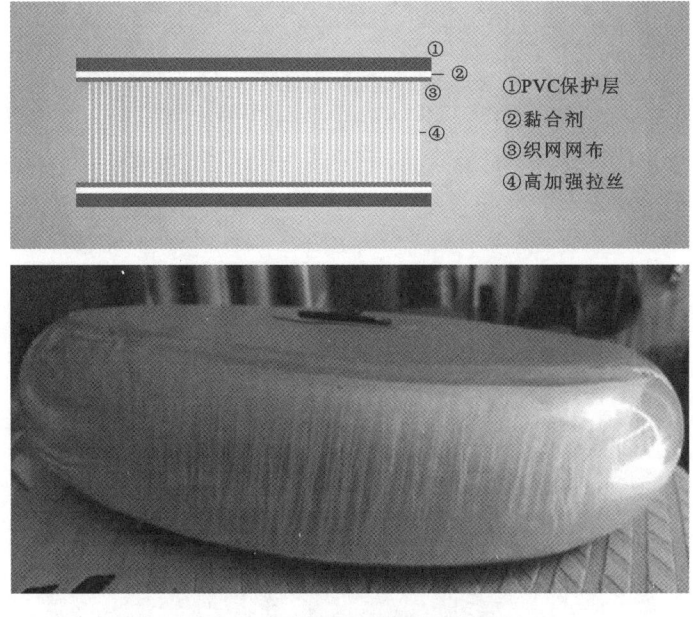

图 5-33 拉丝材料构造示意图

2. 拉丝密度

拉丝密度是单位面积内拉丝的数量,同样材质情况下,拉丝密度越高,桨板可承受的压强越大,可以直接反映在充气时的建议气压上。

当然,拉丝密度也不是越大越好,密度越大意味着重量越重,收纳折叠和携带越不方便,拉丝密度和强度需要达到一个平衡点,既能保证足够的强度,又不至于让板的重量太大。

(二)塑料

特点:塑料是由合成树脂及各种添加剂组合而成。

优点:具有优良的耐低温性能,化学稳定性好,能耐大多数酸碱的侵蚀,易成型。

缺点:不易回收,不易降解,耐热性差,易老化。

塑料品有多种,但用在板的生产上的一般为 PE 塑料(聚乙烯)和 ABS(图 5-34)。PE 塑料在加工工艺上分为滚塑成型和吸塑成型。ABS 适合注塑和挤压。ABS 相对于 PE 塑料表面更光泽漂亮,更易着色、涂装。乐高积木就是 ABS。

(三)复合材料

特点:用在板上的复合纤维材料主要包括碳纤维和玻璃纤维。

1. 碳纤维

优点:材质轻,刚度大,柔性差,碳纤维布本身的质量差异也很大(图 5-35),所以价格差别也比较大。

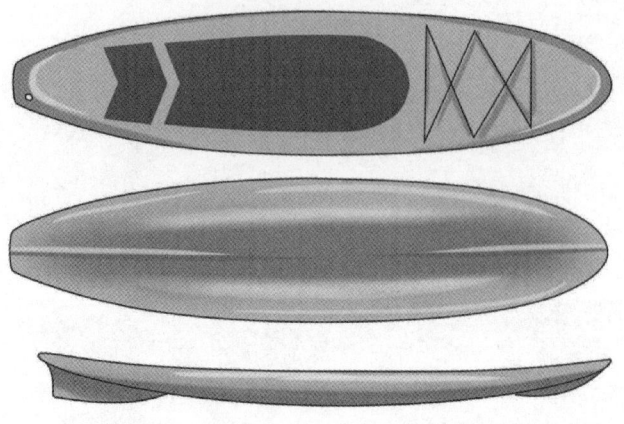

图 5-34 塑料板

图 5-35 碳纤维布

2. 玻璃纤维

优点：材质比碳纤维稍重，柔性强，刚度稍差，在硬板中，玻璃纤维一般配合碳纤维来使用（图 5-36）。

图 5-36 玻璃纤维布

(四)木制材料

手工艺人会制作木质桨板,不是为了追求板的性能,更多的是体验制作过程,感受古老木艺带来的乐趣。

三、桨板的性能

桨板的性能包括速度、稳定性、灵活性、循迹性、排量、装载能力(我们这里讨论的板的性能都是针对板的静态指标参数来讲的,不包括划手的个人因素)。

1. 速度

影响板的速度的因素有很多,板的水线长度、板的曲度、板的宽度、板头的形状、板底的形状、板尾的形状、板的重量等。

2. 稳定性

稳定性分为初始稳定性和二次稳定性,初始稳定性就是板在静止状态保持稳定的能力,二次稳定性是板在晃动中保持稳定的能力。影响稳定性的因素很多:板的宽度、长度、甲板下沉与否、板边厚度、板底形状等。

3. 灵活性

板的灵活性或可操控性在冲浪板或漂流(白水)板中是非常重要的参数,通常来说板越短,曲度越大,越灵活。

4. 循迹性

在竞速比赛中,板的循迹性至关重要,循迹性优良的板可以减少浪费在保持循迹上的人力,影响循迹性的因素有板的长度、板底设计、尾鳍样式等。

5. 排量

板的排量决定了板的承重,不同部位排量设计的不同,决定了板的表现。例如:板头排量设计较大,板在浪里出水迅速;板尾排量设计较大,绕标转弯时稳定性就高;板的两侧排量大,板的稳定性提高。

第三节 桨板配件

一、桨

(一)桨的结构

桨的结构:"T"形握把、桨杆、桨叶。

(二)桨的材质

市面上常见的桨,根据材质可以分为铝杆桨、复合纤维桨、木质桨(图5-37)。

铝杆桨:桨杆是铝合金材质,通常配备塑料把手和塑料桨叶。优点:皮实耐用,造价便宜;缺点:整体较重,易沉,塑料桨叶容易变形。

复合纤维桨:桨杆、桨叶由复合材质做成,常用的材料包括玻璃纤维、碳纤维、凯夫拉等,根据桨杆、桨叶硬度和柔韧性要求的不同,各种材料使用的比例也不同。

木质桨:手工制作的木质桨,常见于个人玩家订制。

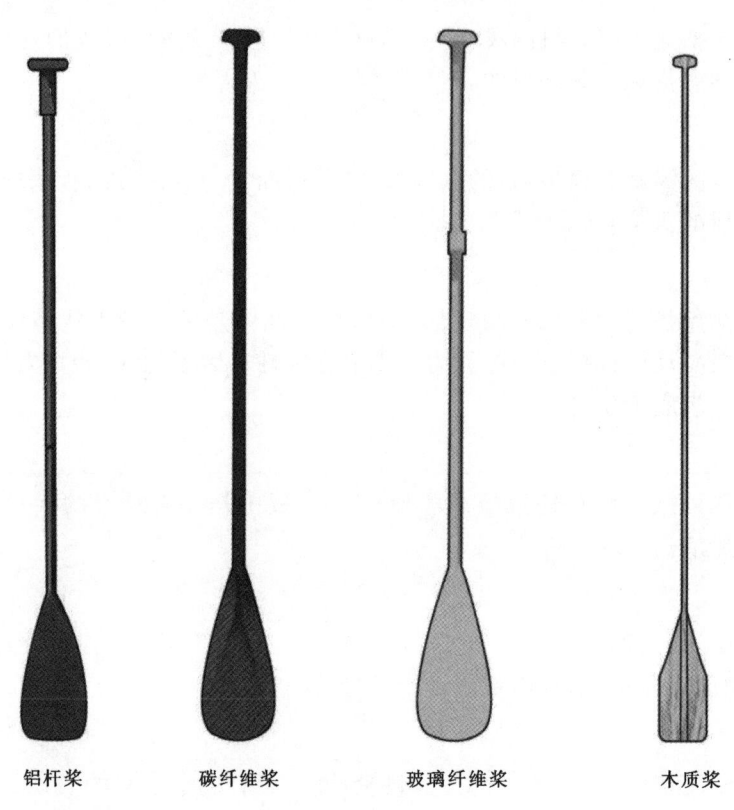

图 5-37 桨的类型

(三)桨的选择和使用

选择和使用桨需要把握的几个重要因素如下。

1. 桨的长度

一般来说,桨的选择要根据个人的身高以及个人的使用习惯还有使用环境来选择。长一些的桨在长距离的划行时对身体负荷较小(图 5-38),而短一些的桨更容易控制和加速。

2. 桨叶面积

选择桨叶面积需要重点考虑的是划手的力量和划桨频率(图 5-39),大面积的桨叶会提供更大的动力,但是会降低划桨的效率,小面积的桨叶的桨可以让划手保持一个较高的频率,需要的力量也小。

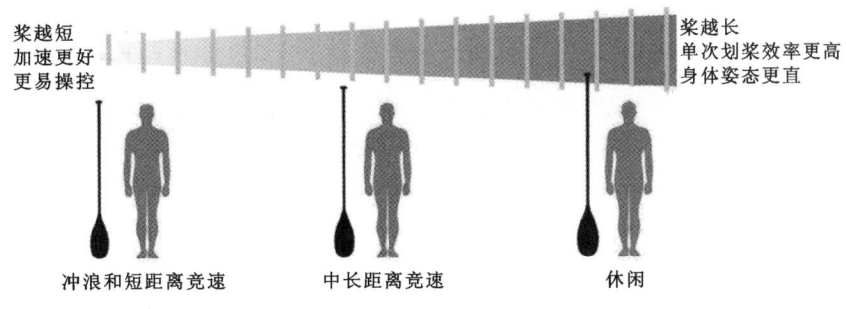

图 5-38　桨长对划桨的影响

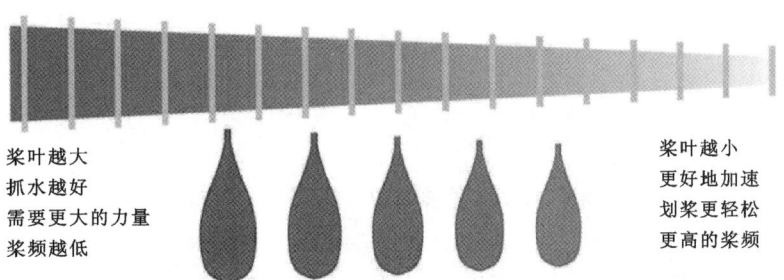

图 5-39　桨叶面积对划桨的影响

3. 设计

不同的桨杆设计会影响它的柔韧性、整体质量、耐用性和舒适性（图 5-40）。桨叶的不同设计会影响桨叶的抓水效果。

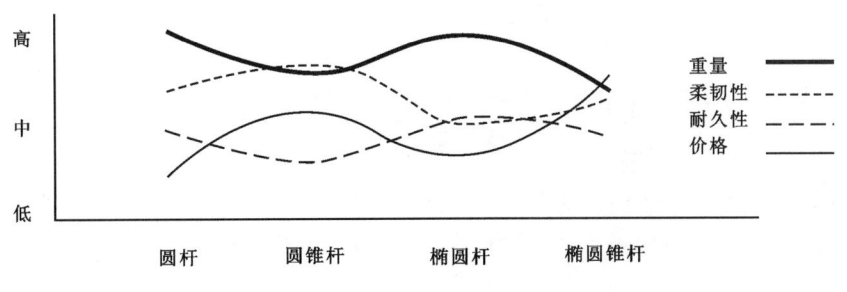

图 5-40　不同类型桨杆的特点

4. 节奏

每个人习惯的划桨节奏不同，根据自己的特点选择合适的桨叶尺寸和桨杆，并正确地使用它。

通常来讲，喜欢高桨频划行的板手可以选择小一点、韧性好的桨叶，更轻的桨杆和更短的划桨距离。喜欢低桨频划行的板手则可以选择更大的桨叶、刚性更好的桨杆、更长的划桨距离。

5. 定长桨和分段式桨

定长桨和分段式的桨各有利弊，如果是长期固定的个人使用，并且使用功能也比较单一，定长桨是不错的选择；如果一把桨会有不同的人用，用途比较广的话，分段式的桨更适合，并且分段式桨更便于携带。

二、尾鳍

尾鳍是桨板必需的配件之一，没有尾鳍的板每次划桨都会偏向，尾鳍会增加板的循迹性和稳定性，尾鳍的不同设计对板的速度、稳定性、操控性的影响均不同（图5-41）。

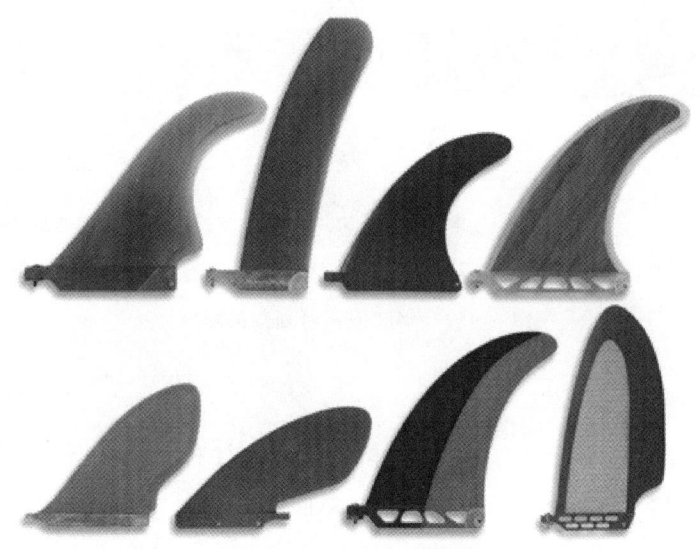

图5-41 不同款式的尾鳍

不同的板会设置不同数量的尾鳍。

1. 单尾鳍

一般竞速板、静水板、旅行板只设置一个单尾鳍（图5-42），因为尾鳍越多阻力越大。当尾鳍放置靠前时，桨板转向相对灵活；尾鳍放置靠后，桨板的循迹性更好一些。

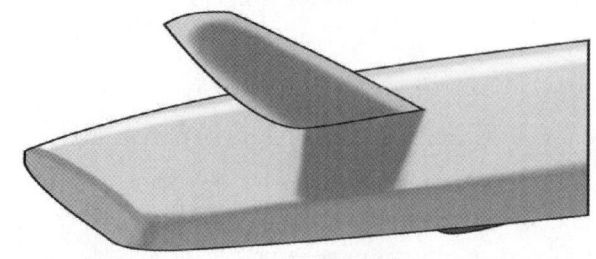

图5-42 单尾鳍

2. 双尾鳍

双尾鳍(图 5-43)通常安装两个副尾鳍,不设置中间的主尾鳍,以减小阻力,目的是为了在浪里保证一定的速度和操控。

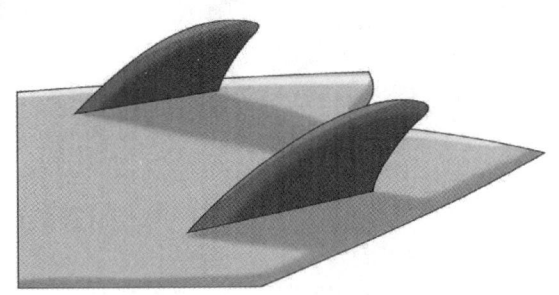

图 5-43 双尾鳍

3. 多尾鳍

多尾鳍(图 5-44)通常指 3 个以上的尾鳍,中间的主尾鳍可以保证良好的循迹性,两侧的尾鳍可以保证稳定性和操控性。根据使用的浪况和划手的水平来调整尾鳍的数量。通用板、冲浪板、漂流(白水)板、瑜伽板等通常会配备多个尾鳍。

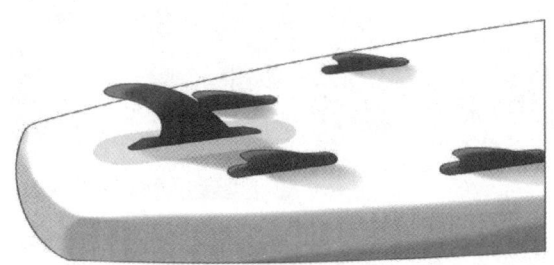

图 5-44 多尾鳍

尾鳍按照不同的材质一般分为硬尾鳍和软尾鳍。硬尾鳍一般用玻璃纤维、碳纤维等复合材料做成,重量较轻,主要用于竞速、冲浪等,不易变形,性能优异。软尾鳍一般用塑料做成,用于白水板、休闲板等容易发生尾鳍碰撞的情况,可以很好地避免尾鳍破坏,继续划行。

同一块板可以根据使用场景的不同灵活更换尾鳍,变换尾鳍位置,体会不同的尾鳍带来的不同感受。

三、救生衣

桨板的救生衣可以分为腰带式、挂肩式、背心式等。

1. 腰带式

腰带式(图 5-45):此类救生衣适合经验丰富的划手,需要定期检查救生衣冲气囊和充气装置是否完好。

优点：体积小，轻便，不影响划桨动作。

缺点：需要手动操作，存在设备损坏风险，水面上能见度小。

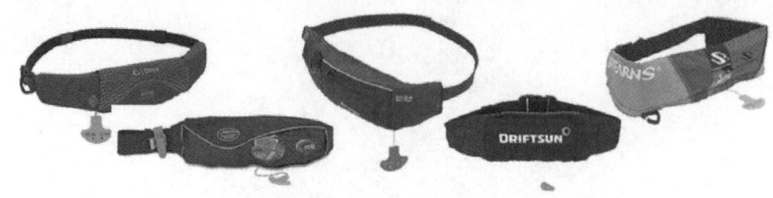

图 5-45　腰带式救生衣

2. 挂肩式（图 5-46）

此类救生衣需要手动操作快速充气。

优点：体积小，对划桨动作影响较小，对腰部干扰小。

缺点：需要手动操作，存在设备损坏风险。

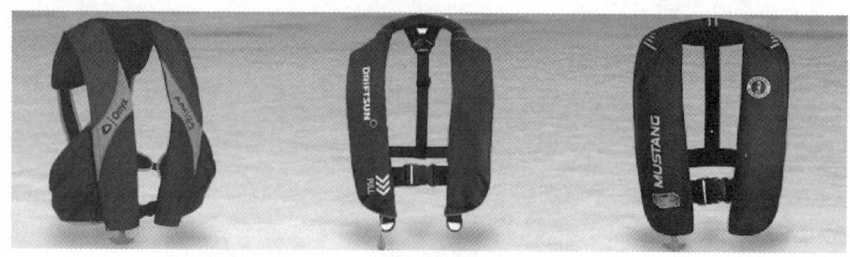

图 5-46　挂肩式救生衣

3. 背心式

背心式（图 5-47）救生衣是最常见、可靠性最好的救生衣，因为不需要任何手动操作。在水面上的可见性也是三款里面最高的。非常适合白水或者经常落入水中的人群。

优点：无需手动操作，可靠性高，可见度高。

缺点：略笨重，影响划行动作。

图 5-47　背心式救生衣

四、充气泵

充气泵是充气板必备配件之一(图5-48),分手动打气筒和电动打气泵。电动打气泵也有低压和高压之分,手动打气筒使用范围更广,不需要外接电源,但是比较耗费人力;电动打气泵节省人力,但是需要使用外接电源(也有充电式),使用有局限性。使用任何充气泵之前应了解其使用说明,避免设备因使用不当造成损坏。

图5-48 不同类型的充气泵

五、脚绳

1. 全卷绳

全卷绳这种脚绳对于桨板运动用的比较多(图5-49),常见于静水中,其最大的特点是绳子部分为全卷式。

图5-49 全卷绳

2. 冲浪绳

冲浪绳(图5-50):直绳,尺寸根据冲浪桨板长度而定,一般长度为2～3.3m,这种脚绳多用于冲浪板和冲浪桨板中。

3. 快速释放绳

快速释放绳(图5-51),这种脚绳多用于白水桨板漂流,是一种新式绳,它不允许绑在脚上,而是安装在救生衣上。因为自身有独立的快速释放系统,能在受困时快速释放。

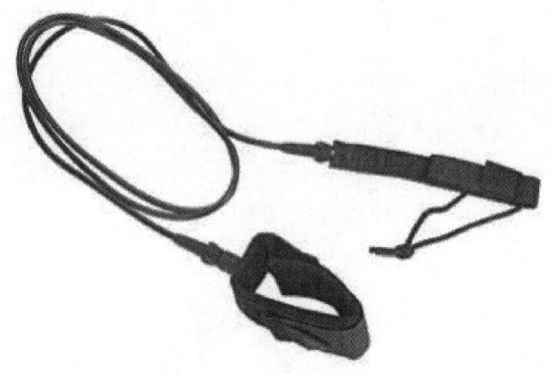

图 5-50 冲浪绳

图 5-51 快速释放绳

脚绳是连接人体和板的生命线，无论任何水平的划手，在任何水域划行，都应该佩戴脚绳。根据使用环境的不同，选择的脚绳也不同。每次下水划板的时候都应该仔细检查我们的脚绳是否完好。检查脚绳与桨板的连接处是否牢固，同时检查脚绳与我们身体的连接是否牢固，脚绳是人和板唯一的联系媒介，人一旦落水，桨板也会变成一个救生浮漂装置，对不会游泳或者水性不好的划手来说划桨的时候脱离了桨板是一件很危险的事，因此脚绳一定要佩戴好。

第四节　桨板的存储、运输与维护保养

一、桨板的存储与运输

1. 存储

存储所有类型的板都应该放置在清凉、干燥的地方，避免高温和太阳直射。充气板折叠存储时要将板表面的沙、石、泥土等清理干净，充气板长时间不使用应该将气压调低存放，不建议长时间储存在板包内。

复合材料的板比充气板和塑料板脆弱，所以存放的时候应该放置在不能够轻易被踩到或者碰撞的地方，且要平整放置，避免板的局部受力过大变形。每次用完板后应该把表面的泥土、沙子、海水等用干净的清水冲洗干净，长时间存储时应该保证板的表面是干的，且储存之前要检查板有没有损坏，并及时维修，对于住在寒冷地区的运动员这一点尤其重要，因为板子缝隙里的水结冰膨胀会使板破坏得更严重。推荐使用板包，可以避免小的损伤和紫外线暴晒。

2. 运输

用车辆运输桨板，把桨板固定在车上时（图 5-52），要保证板的底部向上，把甲板向上会在行驶过程中增加风阻和不稳定性，也会造成板底挤压变形，板首或板尾朝前都可以。板和车子之间要垫上缓冲垫，尽量使用带软垫的扁绳来捆扎板，并且不要绑得过紧。当板重叠捆绑时板与板之间要垫上缓冲垫，固定好之后一定要检查板是否牢固，以免行驶过程中发生脱落的危险。

图 5-52　车顶正确固定桨板的方法

二、桨板的维护与保养

1. 复合材料板

当复合材料板出现破损，并且裂缝已经到达泡沫芯时，需要在下次下水前维修好。当内层的防水环氧树脂破坏时，EPS 泡沫芯会吸收水分，使板变重，所以要定期检查板的外表是否存在损坏。当出现裂缝时，可以用环氧树脂胶进行修复，临时短暂的修复可以使用防水胶带，修理时应该将裂缝或洞周围的碎片清理干净。

2. 充气板

当充气板出现漏洞时，可以用买板时自带的修理包进行修理，一般会含有 PVC 补丁块和胶水。

修理步骤：

(1) 将板放气。

(2) 用外用酒精清洁泄漏处和 PVC 贴片的哑光面。两个表面必须清除水分、油和碎片。

(3) 打开胶管，去掉胶管的密封盖。

(4)将胶小心均匀地涂在板表面和 PVC 贴片表面,避免胶水直接接触皮肤和眼睛,避免吸入胶水蒸汽。

(5)将胶稍微晾置一会,干燥后,在贴片周围再涂一层薄薄的黏合剂。

(6)当板上和贴片上的胶都变得无黏性,将贴片贴在板上,并牢固地清除任何滞留的气泡。

(7)让胶水固化 8h 后将板充气检查。

第六章　静水桨板运动安全

本章通过对静水桨板运动风险要素的分析,为广大桨板运动者和从业人员提供桨板运动风险的初步判断及应变的基本方法、桨板运动安全防范的知识与技能以及桨板运动装备安全使用的方法。

第一节　静水桨板运动风险分析

随着我国经济的飞速发展和国民生活水平的不断提高,人们在健身运动项目、内容和形式上呈现出多元化的选择:从运动场馆内的锻炼到户外休闲健身;从单纯的体育运动到体育＋旅行;从单一的陆上运动到陆、空、水上运动一体。特别是桨板运动这几年有了较快的发展,从桨板冲浪到静水桨板运动以及桨板旅行,参与的人群逐步扩大。当越来越多的人们参与到这项户外水上运动中时,运动安全和防范风险就成为我们首先应当考虑的问题。静水桨板运动所面临的安全风险,主要来自自然环境、水文气象条件、器材和个人能力等几方面的因素。

一、水文气象因素

静水桨板运动作为水上运动项目,主要是在江、河、湖、海的水面上活动,所以水文气象条件对运动安全的影响很大,是我们考虑的首要因素。恶劣的水文气象条件会加大桨板运动的难度,增加运动的安全风险。影响桨板运动安全的水文气象因素主要包括以下几点。

(一)风浪

风力对桨板运动的影响是非常明显的,当风力达到一定等级时,会引起水面波浪增大,大风大浪的叠加会直接影响桨板划行者的人身安全,如因风浪过大无力返回出发点而漂流到危险的水域,或者因风浪大而落水造成人体失温、溺水等。

蒲福氏风级是描述风速等级的方法(Beaufort Scale、Beaufort Wind Scale 或 Beaufort Scale Table),它是 19 世纪初期由英国人弗朗西斯·蒲福(Francis Beaufort)于 1805 年根据风对地面物体或海面的影响程度而定出的风力等级,原系根据各种风速对于满帆战舰所产生的风帆推进效应测量而决定,其后经改进用于陆地。其对风级的划分是按风力的强弱,将风力划为"0"至"12"级,共 13 个等级,即目前世界气象组织所建议的分级。后来到 1950 年,随着科学技术的发展,人们研究出更加先进的测风仪器,使度量到自然界的风力超出了 12 级,于是就把最强风级扩展到了 17 级,即共 18 个等级。不过,至今世界气象组织航海气象服务手册采用的分级仍是 0 至 12 级(表 6-1)。

蒲福氏风级表直观地描述了在一定的风速下,陆地地面和海面波浪的情形与风力的对应关系。

表 6-1 蒲福氏风级表

风级	名称	风速(m/s)	风速(km/h)	陆地地面现象	海面波浪	浪高(m)	最高(m)
0	无风	0~0.2	<1	静,烟直上	平静	0	0
1	软风	0.3~1.5	1~5	烟示风向	微波峰无飞沫	0.1	0.1
2	轻风	1.6~3.3	6~11	感觉有风	小波峰未破碎	0.2	0.3
3	微风	3.4~5.4	12~19	旌旗展开	小波峰顶破裂	0.6	1.0
4	和风	5.5~7.9	20~28	吹起尘土	小浪白沫波峰	1.0	1.5
5	劲风	8.0~10.7	29~38	小树摇摆	中浪折沫风群	2.0	2.5
6	强风	10.8~13.8	39~49	电线有声	大浪白沫离峰	3.0	4.0
7	疾风	13.9~17.1	50~61	步行困难	破峰白沫成条	4.0	5.5
8	大风	17.2~20.7	62~74	折断树枝	浪长高有浪花	5.5	7.5
9	烈风	20.8~24.4	75~88	小损房屋	浪峰倒卷	7.0	10.0
10	狂风	24.5~28.4	89~102	拔起树木	海浪翻滚咆哮	9.0	12.5
11	暴风	28.5~32.6	103~117	损毁重大	波峰全呈飞沫	11.5	16
12	飓风	>32.6	>117	摧毁极大	海浪滔天	14	—

从表中可以看到风力和波浪的级别对照,0 级无风,水面平静如镜,5 级劲风,浪高超过 2m。对于大多数桨板运动爱好者来说,当观察到风力达到 3 级时(旌旗展开,小波峰顶破裂),此时应保持警觉,谨慎参与运动。当风力达到 5 级时,停止运动。

(二)气象环境

气象环境是指运动当时水面的气象情况,包括温度、湿度、紫外线强度、雨或雪量的大小、雾和霾的浓密程度,是否会有打雷和闪电等现象发生,这些都是在下水运动前所要考虑的安全因素。

1. 高温天气

温度在 33℃、湿度在 60% 以下的天气,属于人体对高温的适应阶段,到了 35℃、湿度高于 60% 的高温天气,就是容易中暑的临界点,高于 37℃、湿度大于 80% 的高温天气最易中暑,所以高温天气要注意防晒防暑。在进行桨板活动时,若周围的环境酷热潮湿,外加运动带来的热量,导致人体排汗量剧增,此时如未能及时补充水分和盐分以弥补排汗的损失,可能引起体温过高,从而出现中暑,因此需注意以下几个方面。

(1)在运动的前后,均需补充足够的水分。
(2)穿着防晒及透气的衣物以保护好身体。
(3)在活动中应调整好运动强度并进行适当休息。
(4)时刻注意自身身体机能发出的信号,若感到不适或晕眩时,应立即通知同伴暂停运动,尽快返回岸上并移至阴凉处,补充失去的水分和盐分,降低体温,寻求医疗援助。

2. 寒冷季节的风、雨、雪天气

经查阅有关资料了解到,当冬季气温在10℃以下时,就属于容易导致身体发生失温的寒冷季节,特别是在寒风、雨、雪天气,由于每个人的体质、所处的环境、耐受时间和身体状态的不同,会导致不同的结果,有些人在10℃以上甚至温度更高一些的天气也容易造成身体失温。因此寒冷季节特别是风、雨、雪天气要注意保暖,防止失温。

失温现象是指人体热量流失大于热量补给,从而造成人体核心区温度降低而产生的心理或生理现象,表现为一系列寒颤、迷茫、心肺功能衰竭等症状,甚至最终造成死亡。在进行桨板活动时,若沾水的身躯遭遇暴雨或强风雪,极易造成体温过低从而导致身体失温,发生生命危险。另外,雨、雪量太大,容易造成视线模糊、体力不支,在离岸较远的水域容易发生危险。因此,在进行桨板活动时需注意以下几个方面。

(1)随时留意天气转变及感受环境温度的变化,以便决定是否需要穿着胶衣或御寒衣物。
(2)可适当储备一些御寒衣物和高热量食物。
(3)当感觉到凉意时,需提高警觉,必要时应提前返回岸上取暖。
(4)运动结束后及时更换沾湿的衣物以防止体热继续散失。

3. 浓雾和雾霾天气

避免在浓雾和雾霾天气进行桨板活动。浓雾和雾霾会大大影响方向的辨别,特别是在有船只航行的水域,容易与船只相撞,造成意外危险。

(1)浓雾天气。当天气出现大雾黄色预警信号(12h 内可能出现能见度小于 500m、大于等于 200m 的雾)时,户外运动注意安全,注意雾的变化,运动人员小心划板。

当天气出现大雾橙色预警信号(6h 内可能出现能见度小于 200m 的雾、大于等于 50m 的雾)时,应减少户外活动,运动人员必须严格控制桨板的行进速度。

当天气出现红色预警信号(2h 内可能出现能见度小于 50m 的雾,或者已经出现能见度小于 50m 的雾)时,应停止进行户外活动,运动人员根据雾天环境条件采取慢速划行的方式,尽快寻找安全起水区域停靠上岸。

(2)雾霾天气。重度的雾霾天气对人体的心肺功能和呼吸系统有极大的伤害,不适合进行户外水上运动。参照《环境空气质量指数(AQI)技术规定(试行)》,对各种空气质量情况下的户外桨板划行给出建议如下:

空气污染指数为0~50,空气质量状况优,基本无污染,各类人群可正常开展桨板活动。空气污染指数为51~100,空气质量状况属于良,极少数对污染异常敏感人群应减少户外桨板活动。空气污染指数为101~150,空气质量状况属于轻度污染,对健康人群会出现刺激性症状,应减少儿童、60岁以上老年人及有心脏、呼吸系统疾病史的人员的长时间、高强度的户外桨板活动。空气污染指数为151~200,空气质量状况属于中度污染,对健康人群的心脏、呼吸系统有影响,应适量减少健康人群户外桨板活动,避免有心肺疾病史的人员长时间、高强度的户外桨板活动。空气污染指数为201~300,空气质量状况属于重度污染,健康人群普遍出现不适症状,运动耐受力降低,有心肺疾病史的人员症状显著加剧,应减少健康人群户外运动,停止儿童、老年人和有心肺疾病史的人员户外桨板活动。空气污染指数大于300,空气质量状况属于严重污染,健康人群运动耐受力降低,有明显强烈症状,出现某些疾病症状,应避免举行户外桨板活动。

4. 雷电天气

禁止在雷电天气进行桨板运动。如遇雷电天气,应停止水上运动,立即疏散人员,及时上岸寻找干燥区域躲避,千万不要在树下、电杆下、塔吊下避雨,出现雷电时应当关闭手机,避免被雷电击中造成意外伤害。此外如有台风、冰雹等恶劣天气,也应当终止桨板活动。

(三)水域环境

(1)综合评估水域环境。水域环境包括水面(水下)情况、水域内船只的数量和船只航行的路线、水流情况等,根据实际情况进行评估,有利于合理地规划安全划行的路线及划行的距离。通过对水下是否有礁石、钢管、捕鱼笼等物体的了解,可以合理选择下水上板或上岸的位置,避免在浅水区域和划行路线中碰到水下物体造成自身伤害;水域附近是否有取水口及排污管道,水质是否受到污染也是要考虑的范围,避免靠近取水管道,远离受污染的水域;观察划行水域中是否设置有航标船(灯),注意不占用航道,避开来往船只;做好自身安全划行的评估。

(2)水流也会对桨板运动安全产生影响。江、河、湖、海中的水多数处于流动状态,江、河中的水顺河道流动,特别是在雨季和丰水期,以往平静的水面此时也会变得浊浪翻滚,当流速过快、水中漂浮的杂物过多时,会给桨板划行带来安全隐患。

(3)警惕滚水坝水流隐患。滚水坝又称低溢流堰(图6-1),是一种高度较低的拦水建筑(或填充)物,其主要作用为抬高上游水位、拦蓄泥沙。国内很多的河道中都筑有滚水坝。

图6-1 滚水坝

因滚水坝的水流特征所形成的坝下水流涡流(图6-2),甚至被称为"死亡漩涡""溺亡机器"。桨板划行时,必须远离滚水坝,不要贸然穿越,否则极易造成安全事故。据2017年以来国内媒体报道,因桨板穿越滚水坝而造成的人员伤亡事故已达2起,5人溺亡;广西桂林2艘龙舟在训练时,因穿越滚水坝而倾覆,造成了17人死亡的严重后果。事故令人心痛,教训非常深刻。

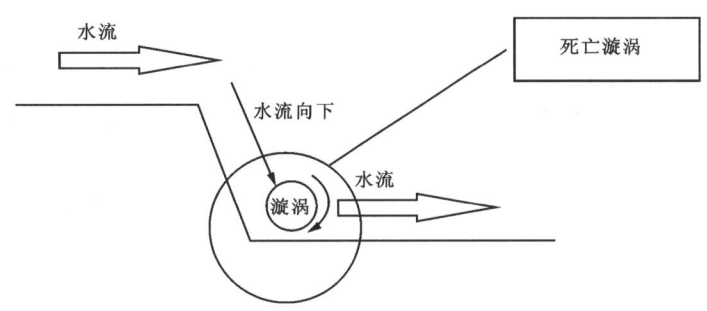

图6-2 滚水坝的水流特征

滚水坝之所以危险,是因为水流由上游冲入坝体下方之后,形成一个强烈的水体回旋(水洞),并且产生大量的气泡,气泡密集区域浮力是很小的。在桨板划行中,当桨板由上游穿越坝体进入这个区域之后,会受回旋水流的作用无法前进,导致桨板打转或倾覆,致人落水。此处气泡密集,浮力很小,水流方向复杂,没有经过严格训练的人,体力会迅速耗尽,极易发生溺亡事故。因此,桨板划行中遇见滚水坝这种表面看似安全、实则凶险异常的地段,应提前上岸搬板绕行,切不可尝试穿越,否则处置不当可能葬送性命。因此,必须警惕滚水坝这种危险水域,避免悲剧发生。

另外,海洋中的潮汐流和洋流等也同样会影响桨板的划行安全。当然,对于热衷于白水桨板运动的玩家来说,水流所带来的风险影响相对于普通桨板运动爱好者来说会小一些。当然,这不是我们目前讨论的范围。

二、人的因素

任何一项运动对运动参与者的身体素质和运动能力都有一定的要求。近几年来,我国马拉松赛场上不时会有运动员猝死事件发生,很大一部分原因是运动参与者对自身能力评估不足所造成的。另外,一个团队如果具有良好的协作能力,也可以大大降低户外水上运动的危险性。因此每一个爱好桨板运动的人员,在参加运动时都应该对自己的个人能力和团队协作能力有一个大致的、较为正确的评估,确保健康运动,避免意外发生。

1. 个人对水上运动安全的把控能力

个人对水上运动安全的把控能力主要体现在身体状况、技术能力、自救能力以及对突发情况的应急处理能力等几个方面。

(1)身体状况。身体状况包括心肺功能、力量、耐力、柔韧性、平衡性等,身体状况决定了所要划行的距离和身体所能承受运动的激烈程度,许多运动爱好者是抱着锻炼身体的态度来参加运动的,在运动量小和运动强度低的时候,身体的反应不会太激烈,如果突然间加大运动强度,或者运动量超出了自身的体能状况,就会有一定的危险,因此,安全评估自身的身体状况是安全运动健身的首要条件。

(2)技术能力。技术能力在桨板运动中主要体现在在风浪中驾驭桨板的能力,如果风浪太大,而自身的技术不太熟练的时候,要正确认识到水上运动潜在的危险性。技术能力主要包括平衡能力、抗风浪能力、落水后的上板能力和划行速度等。

(3)自救能力和应急处理能力。自救能力和处理突发情况的应急能力是自身参与水上运动的最大保障,不可盲目地高估自己在水中的游泳能力和应急能力。自救能力和应急处理能力包括游泳水平、桨板驾驭能力、伤情处理与急救技能、野外生存技能、战胜困难的意志力等。

在户外的水域中,暗流、漩涡、礁石等都是肉眼看不见的危险,因此在参与水上运动之前,一定要对自身的能力进行一个综合性评估,以免危险来临时无法妥善地处理。

2. 团体协作能力

较强的团队协作能力能有效地降低团队集体活动的风险。衡量团队抗风险能力的要素包括领队的组织指挥能力、团队成员个人应对风险的能力、团队成员的年龄和性别结构、组织纪律观念、互助意识等。随着桨板运动在全国各地的兴起,越来越多的人喜欢上桨板运动,各类桨板俱乐部和桨板社团遍地开花,所以多人参加的团队桨板活动的安全性必须引起高度重视。需要强调的是,组织团队活动时,领队要详细了解每一位参加活动人员的自救能力和应急处理能力,以便在团体活动中进行级别区分,注意加强对重点人员的看护,以避免危险情况的发生。

3. 活动计划的安全性

制订的活动计划中安全措施是否周密,是事关桨板运动风险的一个重要环节。在明确了上述水文气象风险和人的风险因素的基础上,在开展桨板活动时,应根据活动的环境条件和不同的团队制订不同的活动安全计划和措施。

(1)水域范围。在新手较多时,分组的人数不应过多,选择的水域范围不能过大,否则一组人员在水域内分散过大,出现险情不能及时救援。如果分组人员的桨板划行能力比较熟练,可以把水域范围扩大,并告知组员所有划行的路线,采取跟随划行的方式来进行。

(2)划伴制度。进行桨板划行时,划行者(特别是新手)至少需要两人以上同行,且携带手机等通信工具,尽量不独自划行,有伴可相互照应,协同应对突发风险,确保划行更安全。

(3)训练强度。训练计划的强度要根据分组人群的能力来制订,不可盲目地追寻高强度的训练计划,应当循序渐进,在确保安全划行的前提下来制订。

(4)训练时间。每次训练的时间也需要合理地掌握,如果出现天色变暗、能见度下降的情况,可以缩短训练时间及调整训练计划,提前上岸。

(5)补给及其他。如果是超长距离的划行,则要准备好补给和急救装备,注意训练的时间间歇,对训练中可能发生的应急事件能及时处理。

三、器材因素

(1)使用的桨板器材不符合安全标准,容易导致产品因出现质量问题进而影响划行安全。

(2)购买桨板器材的渠道不正规,买到的假冒伪劣产品降低了桨板器材的安全性。

(3)每次进行桨板划行之前,均要对器材进行认真细致的安全检查。

桨板质量的好坏,跟划板者的安全是息息相关的。如果划行中的充气桨板出现漏气或者爆裂现象,水会倒灌入桨板,使得桨板不但不能成为助浮救生装备,反而会成为落水者的累赘,此时要及时解开脚绳,摆脱桨板的束缚努力进行自救。

第二节 静水桨板运动装备使用安全

一、上板安全

桨板是一种对平衡能力要求比较高的水上运动,对于初学者来说,如何完成安全地上板是练习桨板运动的第一步。当桨板漂浮在水中时,由于板面比较窄且板面会沾有水渍,因而足部与桨板的接触面积和摩擦力都会相对比较小,从而导致控制平衡和保持静止状态比较难。如果浅水区域中有岩石、暗礁等硬物,极易造成严重的外伤,所以安全上板是我们安全学习桨板技巧的第一步。我们必须在上板时注意以下事项。

(1)选择在离岸较近、水深较浅、地势平缓、无锋利砂石等水下物体的地方放下桨板,保证水的深度不会让尾鳍搁浅。

(2)上板后保持平稳,用桨划水,把桨板划离岸边,划到水深处(水深深度达到2m以上的安全水域),再慢慢站起来划行。在水深较浅的地方直接站立,如果落水,极易因水底障碍而导致身体受伤。

(3)在没有熟练掌握桨板技巧的情况下,在浅水区域采用跳姿或跑姿上板,很容易因为尾鳍搁浅、左右平衡掌握不好、惯性速度控制不稳等因素导致从板上落水,造成意外伤害。

二、划行安全

平稳地划行是桨板运动所必须掌握的技巧,划行中会遇到很多不确定的因素导致落水或出现意外,在此我们特别强调如何安全地划行。

(1)初学者在没有熟练掌握划行技巧和储备充足体能的情况下,切记不可单独划行,必须有专业教练员或者熟悉桨板技巧的板友进行陪同。这样做不仅可以学习划板技巧,更重要的是在体能不支或者划不回原点的时候有人带回,防止意外发生。

(2)划行时不可划入船舶航行的航道,避免与行进中的船只发生碰撞造成危险事故。

(3)观察到水面有礁石、水下插有竹竿或棍状物体的水域,不要站立划行,采用跪姿或者坐姿划行,防止从桨板上跌落水中后造成骨折、脑外伤、穿刺等致命伤害。

(4)尽量避免肢体没入水中,防止肢体被水下不明物体划伤。在污染严重或有血吸虫疫情的水域,一定不要下水划行,避免产生皮肤病和血吸虫病等传染性疾病。

(5)如果在划行的中途遇到打雷和闪电天气,先找到最近的起水点,迅速上岸,等待雷电过后再迅速划回出发点。

(6)在遇到大风和逆风的情况下,采用坐姿划行,减少身体的阻力面,在有把握的情况下快速划行返回。如果风浪特别大,就近上岸,切不可在水中过多停留。

(7)气温、划行距离和划行线路的安全性也是安全划行的重要因素。当气温较高时要注意防晒,及时保持水分,防止中暑;当气温较低时要及时穿戴相应的运动保暖服装,防止失温;当进行长距离划行时,要携带足量的补给品,以补充体能;严格按照计划中设定的路线划行,降低因临时改变路线而带来的未知风险。

三、下板安全

由于桨板在水中滑行时板体与水的摩擦力较小,控制其急停比较困难。当划行接近岸边时,如果没有熟练掌握控制桨板方向和倒桨急停的技巧,很容易因桨板滑行的惯性撞击到岸边,此时如果划桨者站立在桨板上,由于惯性的突然停止,人体会沿着惯性的方向冲出摔倒,假如岸边有岩石、铁丝网或碎石块等坚硬物体,极易造成严重的外伤。因桨板突然停止划行而造成落水的因素有:

(1)近岸水域水深较浅,桨板尾鳍很容易挂住浅水中的砂石或水草等,造成桨板突然失去惯性而停止前进。

(2)夏季浅水区域戏水、游泳者比较多,撞上人群时失去惯性,也会伤害到其他人。

(3)因板头控制不当直接冲上岸边或者撞向岩石等坚硬物体,突然失去惯性。

(4)因操控不当与岸边其他桨板或船只相撞。

当我们还没有熟练地掌握桨板划行技巧时,如果划行中遇到前方有阻挡物或者是想靠岸,首先应该由站姿立即改为坐姿,并将自己的小腿放入桨板两侧的水中,使用倒桨划行的方法以增加前进的阻力,使桨板减速直至静止,避免因桨板前进惯性过大撞击到阻挡物、水中的人群或者直接冲上岸边而造成意外伤害。

四、落水自救与互救

进行桨板划行准备时,首先要穿戴好救生衣和安全脚绳,这是桨板运动安全划行必须遵守的安全规定。遵守划伴制度,约伴划行,尽量不独自一人划行。当划板不慎落水时切莫慌张,按照以下方法沉着冷静地应对。

(1)调整姿势使面部朝天。使用合格的救生衣能确保人体轻松浮于水面(有的专业救生衣经测试可为120kg的成年人提供足够的向上漂浮力),支撑保护划板者的生命安全。落水后应利用救生衣的浮力立刻把身体姿势调整到仰面朝天的状态,保证面部朝上使鼻腔和口腔能顺畅地呼吸,避免因呛水而导致溺水等危险情况的发生。落水时要避免头先落水或脚直立落水,正确的做法应使身体大面积先接触水面,以防头或脚触水底受伤。

(2)快速靠近桨板。一旦落水要沉着、冷静、迅速地判断桨板的位置,此时安全脚绳能确保桨板与人不会分离,在落水者借助安全脚绳的回弹力以游泳的方式靠近并抓住桨板后,桨板即成为有效的救生工具。

(3)保持人桨不分离。落水后要有意识地保护好自己的桨,一旦发现桨离手要迅速找到并拿于手中。缺少桨的桨板,就失去了前行的动力和控制方向的能力。

(4)迅速上板。落水后要迅速靠近桨板,把桨放在桨板上,然后迅速爬上桨板,再用跪姿或坐姿往岸边划行,安全上岸。如果因疲劳、伤情等其他因素不能爬上桨板,要使用救生衣上的救生哨,吹哨引起周边的船只或其他人的注意,取得他人帮助。

(5)学会互救。划伴制度是一项重要的安全划行措施,也是遇险互救的基本条件。遇紧急情况时,要及时用桨板救援桨语呼救,或者吹救生口哨请求同伴或他人协助脱离险情。如果因个人技能问题或外界原因自己无法上板,就要借助同伴的帮助,召呼附近的桨板迅速靠拢,协助落水者重新上板。

特别提醒初学者注意,在学划桨板的初期要认真练习水中上板技能,熟练掌握爬板技巧,遵守划伴制度,切实提高自救能力。

五、桨板装备安全检查与器材维护

1. 桨板装备安全

随着桨板运动的升温,桨板制造工厂和桨板销售的商家也越来越多,市场上不同材质、不同功能的桨板层出不穷,产品质量和生产工艺也有很大区别。既有大到几百人、获得欧盟生产标准的大型生产厂家,也有几个人成立的没有生产资质的生产作坊;既有专注于桨板研发生产并且经营了十多年的优秀企业,也有"打一枪换一个地方"的短期经营厂商。造成这种市场和行业乱象的原因在于桨板运动在我国刚刚起步,国家还没有出台相关产品的资格认证和检测标准。随着桨板运动在我国普及的程度越来越高,国家关于桨板的生产标准以及市场的行业规范会很快出台。那么,桨板运动者如何选购一块质量好、安全性高的放心桨板呢?

(1)产品符合认证标准。近几年全球超过70%的充气桨板都是由中国制造的,国内一些大型充气板企业生产的产品均符合欧盟产品质量认证标准。

(2)企业具备生产资质。通过查看企业的注册时间、生产许可、质量标准检测报告等,可以了解企业生产资质情况。通常情况下,企业从事桨板生产的时间越长,产品质量也越稳定。

(3)产品库存期不宜过长。购买桨板时要关注产品的生产日期,一般情况下产品的生产日期距离买卖日期以一年左右为宜。随着产品的库存时间变长,产品的质量也会下降,使用的安全性也会受到影响。

2. 桨板安全检查

当拿到一块全新的桨板特别是新的充气桨板后,需要进行如下检查和测试。

(1)检查桨板的外表。检查表面是否有破损面、结合面的连接是否牢固。如果表面有破损面、结合面连接不牢固,要及时与销售单位联系,进行更换。

(2)检查桨板的充气部件是否完好。在外表面完好的情况下,首先取出修补桶(配件)中的固定器,对桨板充气阀门进行拧转,防止阀门因松动而漏气。然后再拿出打气筒,检查打气筒外表面是否有破损漏气的现象,没有破损则可将打气筒的气阀口与桨板的阀门对接进行充气,检测打气筒上的气压指针是否有读数显示。当充气至安全气压时(按使用说明书上的提示进行充气,通常充气安全值为103.4kPa左右),检查板面和阀门是否有沙眼漏气的现象。检查的方法是:把充好气的桨板放置一天,第二天用打气筒的气压表进行检查,若气压没有变化,说明桨板没有漏气现象。

(3)检查尾鳍及插件是否完好。对于插入式尾鳍,主要检查尾鳍插口是否变形、插入尾鳍是否顺畅、固定尾鳍的小插销连接绳是否松动。对于螺丝式尾鳍,要检查螺丝和螺帽是否齐全、滑道是否顺畅。

(4)桨的检查。检查桨叶与桨杆的连接处是否牢固。对于伸缩式多节桨而言,要拧紧桨杆连接处的螺丝,否则会出现把手滑动的现象。

(5)检查脚绳。脚绳配套的固定件是否牢固,有没有生锈及松动现象。

(6)救生衣的检查。救生衣是否符合浮力标准,救生衣的大小是否合身,救生衣上的救生哨是否配备,功能是否正常。

3. 器材维护

充气桨板的使用寿命一般是3~5年时间,正确使用并合理维护保养有利于延长桨板的使用寿命,反之则会降低桨板的使用寿命。

(1)若短时间内不使用桨板,应把桨板的气压值降至34.5kPa左右,并存放于没有阳光直射的地方。如果桨板存放时一直保持在正常使用状态(103.4kPa左右)而不减压,这样长时间放置后,容易导致接口处的胶水脱胶。充气桨板亦不可在阳光下暴晒,防止因暴晒时温度过高而引起桨板内的气压压力增强,最后导致桨板脱胶、爆裂。

(2)桨板收纳存放前,先清洗桨板板面,再使用双向气筒将桨板内的空气抽干,抽气至扁平状后,按照每一折50cm左右的长度从板头至板尾进行折叠,然后装入桨板包中。要注意的是,当桨板收纳折叠至尾鳍滑道处时,要按照滑道的大小尺寸进行覆盖式折叠,避免滑道因折叠而受损。

(3)如果发现桨板有沙眼或者破损处漏气,使用修补桶里的修补材料和胶水,按照破损面的大小进行裁剪,用胶水进行黏合即可。插销尾鳍和螺丝尾鳍的滑道要用清水冲洗,避免因沙土依附在表面导致安装受阻。

(4)桨的维护,首先是擦洗桨面和桨杆上的沙土,如果是两节或三节桨,分拆开后进行杆内的冲洗,避免因砂石过多造成桨杆的磨损,导致桨杆在使用时折断。清洗完后,擦干桨杆和桨叶,放入桨包内存放。

(5)脚绳和救生衣,每次使用完后,也需要用清水冲洗,检查脚绳的固定接口有没有松动,救生衣的绑绳和扣件是否损坏。

(6)碳纤维板和玻璃钢板的维护相对简单,保持外部清洁,存放于干燥透气的地方。这两种类型的桨板比较怕碰撞,碰撞后的破损面也会比较大,要及时找专业人员或者返回工厂进行修补。

第三节　静水桨板运动安全管理

桨板运动安全管理,是指为达成桨板活动安全的目标,运用现代安全管理原理、方法和手段,分析和研究开展桨板活动中可能出现的各种不安全因素,从技术上、组织上和管理上采取有力的措施,解决和消除各种不安全因素,防止事故的发生而进行的一系列决策、计划、组织和控制等方面的活动。健康安全的桨板运动,需要广大桨板运动者建立安全观念,增强安全意识,遵守安全守则,掌握必要的安全防范知识与技能,提高自我保护能力,科学合理地进行桨板运动,最大限度地预防运动事故的发生,减少安全事件对人员造成的伤害。

一、桨板运动培训(教学)中的安全管理

专业的桨板培训(教学)活动能够提高桨板运动者的运动技能,更好地促进桨板运动的发展,而良好的安全管理对于提高培训(教学)效益至关重要。

1. 场地和器材的安全管理

(1)选择安全可靠的培训(教学)场地和装备器材。场地和装备器材是桨板培训(教学)的重要基础性保障,场地和装备器材本身的安全使用与否直接影响教学效果。

(2)注重检查场地和器材。在培训(教学)活动开始前要认真检查运动水域、下水点、起水点等,消除安全隐患;注意观察场地和水域中的不安全因素,如风浪、水下地貌、岸边是否平整,清除石头、土块等;检查桨板运动装备和器材是否牢固安全可靠,器材的完好度等,消除不安全的环节。教导学员如何正确使用、安装、维护、保养桨板及相关器材,这与学员的安全息息相关,是桨板培训(教学)活动中安全管理的重要内容。

2. 人员的风险管控

(1)辨识运动风险。进行桨板运动的风险识别和安全守则教育,是每一位参加培训(教学)活动学员的第一堂必修课。只有让每一位学员充分了解水上运动的风险,认清安全工作的重要性,掌握桨板器材安全操作的基本技能,规避不必要的危险动作,找准容易发生危险情况的根源,熟悉水域划行安全守则和相关安全操作规程,正确评估自身的应急自救能力,明确什么样的环境条件、什么样的行为举止容易发生安全风险,提高准确判断潜在运动风险的能力。

(2)设置水域风险标志。认真摸排培训(教学)活动区域存在的不安全因素,有针对性地制订防范措施。对教学活动中存在安全风险的区域和具体位置设置明显的告知标志,将风险的基本标志、危害特性、可能引发的事故后果和应急措施等信息,告知学员以及在该区域活动的各类保障人员,做好深入细致的预防工作,提高应对已知安全风险的能力。

(3)制订应对风险的应急预案。根据水域面积、地形条件和教练的能力确定培训(教学)规模,制订应对人员生病、意外受伤、火灾事故、打架斗殴、交通事故、物品丢失、天气突变、训练受伤、食物中毒等随时可能发生的各种意外情况的应急处理预案,做到有备无患。

3. 科学管理运动负荷

在桨板运动培训(教学)过程中,授课(教练)人员应随时了解和掌握学员的身体状况,根据课程内容和教学进度,检视教学内容的难易程度与学员的运动能力是否相符。了解并注意学员运动能力的个体差异,选择与之相匹配的运动负荷和运动难度,循序渐进,从弱到强,由易到难。组织水中教学时要随时注意学员的活动状况,确实了解入水学员人数并根据人员情况予以合理编组,便于学员之间相互照应,增强培训(教学)的安全性。

二、桨板竞赛活动中的安全管理

1. 活动前的安全管理

桨板竞赛和桨板活动是体验、学习和参与桨板运动最直接的方式,由于桨板竞赛或活动的水域均在户外,除了相关行政单位提出的安全要求外,活动承办单位的资质以及活动水域的合法性都是保障活动安全顺利进行的前提条件,桨板竞赛和活动必须经过主管部门审批或者备案后才能举办。

(1)组织活动前,需要有详细的活动方案,包括活动流程、活动项目、水上应急救援计划、陆上安全保障计划、补给计划等。

(2)活动进行前要对当时的气象条件和参加活动人员的健康状况进行安全评估,根据评估的结果来执行或调整活动计划。

(3)应组织相关人员建立安全评估小组,现场考察活动当地水域气候、潮汐变化、风速、风向、流速、水温等条件,并评估这些因素对活动的安全所产生的影响。

(4)加强对参与人员的安全管理,包括参与者的身体条件、身体机能和安全器材配置情况等。身体条件是指身高、体重、力量、耐力等素质,身体机能主要指健康状况和游泳能力,安全器材是指参与水域活动时,是否穿戴合格的救生衣等。

(5)所有参与活动的人员必须购买相关意外保险。

2. 活动中的安全管理

桨板竞赛或活动进行中,在安全管理上我们需要注意以下几点:

(1)竞赛或活动进行时,桨板须按照指定的安全线路划行,不可随意更改线路。同行人员要关注自己和队友的活动路线,绝不进入航道、激流区、礁岩区、码头等区域。

(2)靠近岸边时,应避免冲击、滑倒造成伤害。

(3)随时注意观察气象状况,遇到突发雷雨风暴天气,按照竞赛或活动预案进行调整,绝不轻视任何自然环境的突然变化。

(4)随时注意自己和队友的心理变化,及时调整心理状态。若划行中感到身体不适或发生抽筋等现象,应立即停止活动并请求援助。

(5)在长距离划行时,提前设定休息点,集体集中休整补给,待所有人员休息完毕后,再集体出发。

(6)当参加竞赛或活动的人数较多时,按照每8人设置小组,以小组为单位行动,小组中由组长统一指挥,组长之间保持通讯联络。领队要及时掌握各组的情况,遇有紧急情况,及时报告并按照预案进行处置。

3. 活动后的安全管理

活动结束人员上岸后,并不表示安全管理结束,还需把握以下几点:

(1)活动结束时,应有专门人员负责清点人数、回收整理器材、留守巡视,以确保所有参与人员全部安全地离开活动区域。

(2)检查各项运动器材是否妥善放置,避免器材因受到不必要的碰撞或磨损,从而影响使用效果,减少使用年限。

(3)将使用过的器材用清水冲洗并放置于通风、干燥处储存。

(4)巡查每个参加竞赛或活动人员的身体状况,如发现有身体不适者,及时送医院就诊。

三、桨板基地安全管理

桨板基地是各类人群接触桨板运动、学习桨板技巧、提高桨板能力的综合性场所,所以桨板基地必须要有相应的安全制度和安全工作流程来保障桨板活动的顺利进行。

(1)基地要有醒目的安全标识牌、安全管理事项、学员安全守则等详细明确的安全告示,在基地的水域范围内也要有明确的安全指示牌,包括线路提醒、水深提醒、危险水域提醒等。

(2)基地每天要在公示牌上显示当日的风力大小、风向位置、浪涌高度,以便参与者做到更细致的安全评估。

(3)定时定点检查救生和使用的装备,包括救生衣、安全脚绳和桨板装备,确保在使用前都能检查到位,合格使用,避免在使用时,因装备问题造成安全事故。

(4)按时进行某地内相关场馆的消毒工作,避免因人群密集造成病毒传播。

(5)公示基地的安全应急预案,定期演练紧急事件的处理流程,所有基地管理人员要牢记于心,在发生危险事件时,按照应急预案的程序进行处理。

(6)所有教练员及安全员具有该行业内国家级相关认证资质,有丰富的教学管理及安全管理经验。

四、桨板划行安全管理制度案例

随着桨板运动的发展,参与桨板活动的人越来越多,安全管理已成为组织者的头等大事。各地俱乐部为加强水上划行安全管理,相继出台了各具特色的安全管理规定。这里简单介绍几个水上运动俱乐部制订的安全管理制度,供大家参考。

案例一　湖北省桨板联盟《桨板安全划行八项规定》

1.桨板划行,组织者(领队)必须充分计划,规划路线,了解水域(水质、水深、流速、流量和疫情),关注气象(风速、风向、气温和雨雪),询问健康状况,搞好后勤保障,备有处突预案;三级风以上不组织划板,雷电天气不出板,确保划行安全。

2.新手划行自觉遵行"划伴制度",至少两人以上同行,且携带手机等通信工具,尽量不独自划行,有伴更安全。

3.除官方组织外,桨板划行必须避开船舶航道,不得从行驶的船舶或快艇前强行通过;不得靠近趸船或从趸船近岸内侧穿行,防止强流吸入遇险。

4.流水中或长距离划行时,必须穿戴救生衣和安全脚绳,二者不可缺一。

5.静水近岸划行时,救生衣或安全浮漂(跟屁虫)必须强制穿戴一种。

6.不发表不遵守安全规定的桨板划行图片或视频(表演、瑜伽、艺术摄影等特殊情况除外)。

7.俱乐部负责人必须持有国家颁发的桨板(水上运动)项目社会体育指导员资质证书,具备初级救援技能,对加入桨板团队的新人,必须履行安全教育和宣传指导职能,利用集体活动时机,指导其了解桨板自救、互救常识。

8. 对自由散漫、不遵守安全规定的个人,或者因违反安全划行规定在社会上造成恶劣影响者,俱乐部对其进行重点教育引导,对不听劝告者,劝其退出桨板团队,坚决防止因一人违规出事而损害来之不易的良好划行环境。

案例二 浙江杭州水尚皮划艇俱乐部《皮划艇活动场所安全管理制度》

1. 对活动者加强安全意识教育,确立"安全第一"的思想,向每个活动者进行安全警示。

2. 如发现心脏病、高血压等疾病患者,有权禁止此活动者下水活动。酒后、饱食后不得擅自下水划艇。

3. 设置安全标志,提醒活动者注意安全。

4. 凡是下水活动者必须穿着救生衣。

5. 青少年(14岁周岁以下)必须由成人陪同方可参加活动。

6. 爱护俱乐部的一切运动设施。

7. 在规定的区域内活动,严禁未经审批进入航运水域。

案例三 浙江杭州水尚皮划艇俱乐部《救生员管理职责》

1. 要牢牢树立安全意识,把活动者的安全放在首位。

2. 要具备较熟练的皮划艇的技能,能够独立在所属活动区域内划着皮划艇参与水上救护。

3. 开放期间救生员应在指定位置监督划艇者正确穿着救生衣,在岗位上保持思想高度集中,全面观察,发现问题及时制止,并向当班负责人汇报。

4. 上班时穿着救生衣,佩戴好口哨,在规定的岗位职责区内上岗及巡岗。在岗期间不得相互闲谈,玩手机,有事离岗要通知当班负责人。

5. 在营业前做好开放前准备工作,抬艇出库,检查器材,协助清洁场地。

6. 活动结束后,及时对所负责区域进行检查,确定全部安全上岸后,通知当班负责人复查,协助整理器材入库。

7. 对违反活动其他管理规定的活动者,应给与劝阻、警告,不服从管理可驱逐出场。

案例四 湖北黄石仙岛湖乘风浪水上运动俱乐部《水上运动须知》

1. 患有心脏病、高血压、眩晕症等身体疾病,不适合进行水上运动者,谢绝参加各类水上运动项目。

2. 饮用含酒精的饮料、身体不适或服用可能导致反应能力降低的药物时,不得参加水上运动项目。

3. 参加水上运动项目,必须正确穿着救生衣,在工作人员指导下在指定区域进行水上运动。运动过程中不得打闹嬉戏或做各类危险动作。

4. 驾驶(操作)各类水上非动力艇(板),必须远离机动船只航道,并与其他渔船、观光船、快艇和游艇等水面航行的船只保持50m以上的安全距离。及时预判对方船只的航向、航速,做到提前转向避让,或从对方船尾后方50m以上的距离安全通过。

5. 船只驶离、靠泊岸边浮动平台,必须低速缓行。靠泊浮动平台时,必须以艇(板)的侧面贴近,防止艇(板)损坏。不得将身体的任何部位置于艇(板)与浮动平台之间,防止夹伤。

6. 游客请勿随身携带贵重物品(手机、相机、摄像机、现金、票据、证件、首饰、钥匙等)参加水上运动,戴眼镜的游客须在眼镜上安装浮力眼镜绳。违者造成丢失或损坏,与本公司无关。

7. 损坏运动器材须照价赔偿。

8. 因违反上述须知中的规定,导致俱乐部各项损失、伤害到游客本身或伤害到其他人,以及由此造成的一切损失由游客本人负责,并承担相应的赔偿责任。

案例五　深圳市飞鱼皮划艇/桨板俱乐部

1. 教练最多只能同时教导 8 位学员(具备国家认可或权威性机构颁发的教练和救援证书)。

2. 提前到达教学现场以便了解相关情况,与救生员保持联系。

3. 课程开始前应记录好学员的姓名、联系方式,办理好保险并签订责任声明书。

4. 计划并安排好学员的桨板和装备,指导学员如何正确搬运桨板和使用救生衣。

5. 携带医疗急救箱、信号哨子(或喇叭),配置救生船艇。

6. 针对当天的天气和水域环境,讲解安全须知,检查学员个人装备。

7. 详细陈述课程的目标和要求。

8. 加强团队管控,确保所有学员处于教练的视野之内。

9. 计划好课程和教学区域,告诫学员不要离开指导教练,避免因强风或水流而走失。

10. 告知学员练习时应保持安全距离,以免碰撞造成损伤。

11. 告知学员需要求助时或教练召回时,所使用的信号和手势等方式。

12. 示范教学时要将学员安排在便于观看的位置。

13. 对重要的内容和技巧,要加以强调或提示。

14. 教学时采用讲解示范—体会练习—反馈验收等教学方法。

第七章 静水桨板运动的相关活动

第一节 静水桨板旅行

静水桨板运动除了运动健身功能之外，还具备强大的旅行探险功能，在这点上和传统的水上运动项目皮划艇、独木舟很相似。虽然桨板运动在中国是一项新兴水上运动项目，但是由于它更具便捷性、时尚性和亲水性等特点，我们相信随着时间的推移和越来越多的人喜爱这项运动，桨板在旅行探险方面必定会积累更多的实践经验，展现其别具一格的魅力，从而形成一种独特的体育旅行文化。

一、静水桨板旅行——"体育＋旅游"的新需求

静水桨板旅行是以旅行为目的、以康体健身为主题、以运动社交为牵引、以探索自然为需求、以桨板运动为媒介的一种休闲旅行方式，也是一种现代生活方式。桨板作为一项新兴的大众体育项目，其休闲功能被快速发掘，桨板旅行作为"体育＋旅游"所展现的全新生活方式开始受到水上运动爱好者们的关注。相信静水桨板旅行在今后一段时间内，将会受到桨板运动爱好者的青睐，其主要原因可以归纳为以下几点：

（1）旅游的需求。人们在紧张的工作、生活之余，需要利用一定的空余时间来放松心情、缓解工作压力。而结合桨板这个独特的载体，即可安排有特色的休闲旅行活动。

（2）运动的需求，在旅行中结合自己的爱好进行桨板技术训练，寓运动于快乐之中，达到强身健体、提高竞技水平的目的。

（3）探索自然的需求。在旅行中即可体验"两岸猿声啼不住、轻舟已过万重山"的美妙意境，又可独辟蹊径近距离地融入青山绿水，尽情领略大自然的秀丽风景，探索自然界的无限奥秘。

（4）社交的需求。桨板旅行团队中大多数是桨板运动的爱好者，彼此间志向相近、爱好相投，在桨板运动＋旅游活动中，由于其亲水的特色，在各自荡桨、百舸争流、团队互助、击水观景的欢愉氛围中，更能建立温馨和谐的人际关系，结识更多志趣相投的朋友。

桨板旅行作为桨板运动中一项独具特色的运动活动方式，它的存在成就了部分水上运动爱好者对现代生活方式的个性化需求。随着桨板运动的普及发展，桨板旅行人群的体量也会逐步增大，桨板旅行活动的方式、方法也会更加多样化。

二、静水桨板旅行活动的筹划

由于自然环境的复杂性和气象条件的不确定性,水上运动具有一定的风险,因此桨板旅行活动通常由领队召集、以团队集体行动的形式进行组织。一个合格的领队要组织实施高质量的、愉快安全的桨板旅行活动,必须进行周密筹划,做好、做实前期各项准备工作,制订详细的旅行组织计划、团队队员个人信息分析评估和紧急安全处置方案,避免安全责任事故的发生,确保桨板旅行活动目标的实现。

(一)合理制订桨板旅行活动方案

桨板旅行活动方案,也称为桨板旅行活动设计,其内容包括:活动的时间、地点、主题、路线、难度、交通、所需费用、器材、生活保障、领队(教练)、人员分工、职责划分,以及活动的规则、要求、内容、程序和方法,以及突发情况的应急处理办法等。制订桨板旅行方案时,应把握以下几点:

1. 明确桨板旅行活动的主题

桨板旅行活动的主题,是桨板旅行活动计划的重要组成部分,是旅行领队要按照自己设定的目标来开展活动的依据,决定着桨板旅行活动的目的和结果。在计划桨板旅行活动主题时,要结合社会潮流、自然景观、特色文化、人文历史、地域风情和旅行人群特点等因素综合考虑,以此来安排桨板旅行活动的内容,使得参加者能用眼睛、用桨板、用心认识大自然,体验中华文化的博大精深,了解社会机构与民众生活,在潜移默化中形成对大自然和水上运动的喜爱,收获心理和身体上的健康。

2. 做好活动资源的测评

制订桨板旅行活动方案时,对活动线路的环境、场地设施及装备方面要有充分的认识,了解季节与天气对活动可能造成的影响,保证所带的装备、食品等能满足本次活动的要求,确定途中补给的方式。所选择的旅行线路应有较高的安全性,远离滑坡、滚水坝、泄洪闸等高危水域。

在制订活动计划时,首先要确定领队、协助人员与参加者的比例,强度不同、人群不同、主题不同,参加者的比例各不相同,既要保证团队安全又要保证活动的质量。

3. 做好参与活动队员的个人信息分析

它是活动是否安全和顺利开展的基础。例如,高强度、长距离的长途水上旅行活动,不适合体力较差、技术水平一般的人参加。参加激流桨板漂流者,必须要有一定的漂流经验和水平。活动参与人群分析要分析目标人群的需求、类型特征和技术水平。每一位参与活动者都有自己的需求,是否能满足自己的需求是他们选择活动的主要因素。

一项活动什么样的人适合参加,这是领队必须考虑的问题。参与活动者的年龄、性别、身体状况及团队规模等群体结构特征对桨板旅行活动是否成功有很大的影响,领队在制订桨板旅行实施计划时,必须根据这些具体的因素,设定合理的活动目标,通过分析、因人而异的设定方案,控制合理的规模。

4. 组织好后勤保障

制订方案前要提前了解活动地区的吃、住、行等生活保障的基本条件,了解当地的天气、水文和地质情况,妥善安排活动中的各个环节,做好预定休整等各项后勤工作。

5. 评估活动方案

制订好活动方案后,修订、确认方案中涉及的各项事务并进行评估,是桨板旅行活动准备中必不可少的环节。评估通常经由水上运动的同行来进行,会更容易发现方案中的问题,效果会更好。

(二)配备富有活动组织经验的领队

1. 领队的重要性

领队是桨板旅行活动流程的总控。领队负责桨板旅行活动全程的控制,是行程安排的最高现场指挥人员,主要任务是安排和协调桨板旅行活动中各部门负责人的任务,全面管理桨板旅行活动参与者的咨询应答、往返交通安排、当地餐饮住宿、目的地协作联络、应急事件处理、助兴节目安排、现场流程变更等。

2. 领队应具备的能力和素质

桨板旅行,是在江、河、湖、海中进行的水上活动,注定了它有别于其他休闲体育项目。水能载舟,也能覆舟,它能给人带来欢乐,但把控不当也能给人带来痛苦。如何掌握水的习性,活动中防患于未然,这些都是水上活动组织者、领导者、执行者首先要思考的问题。

领队作为一个团队的灵魂,不仅要具有很强的桨板运动技能,还要具备良好的组织管理能力,必须集专业知识、桨板技能和管理经验于一体,具备以下几个方面的素质和能力:①良好的身体和心理素质;②过硬的桨板运动技能;③丰富的团队管理经验;④较好的沟通能力;⑤较强的应对突发事件和风险管理能力;⑥正确判断和果断决策的能力;⑦良好的环保意识;⑧遵纪守法,熟知法律法规;⑨其他相关知识。

三、桨板旅行活动的组织实施

(一)桨板旅行活动组织实施的基本原则

1. 安全为重

进行水上运动项目最重要的是要保障参加活动人员的安全。组织活动的责任主体要具备法人资质,活动领队必须是经过社会体育指导员培训或者其他相关专业培训,具备较强的专业知识和很强的安全意识,以强烈的责任心周密细致地筹划旅行中各种形式的桨板活动,制订旅行纪律,对参加活动的人员在出行前进行安全培训,做好旅行活动中的安全防护,对于可能出现的突发事件有可靠的处置预案,确保旅行的全程安全顺利。

2. 体验为本

通过桨板旅行活动,引导参与者在水上旅行中充分接触大自然,享受驾驭桨板在自然水

第七章　静水桨板运动的相关活动

域中旅行的乐趣,运用所学的桨板知识和技能应对划行中所遇到的各种情况,鼓励大家互动交流、相互学习、互帮互助,培训参加人员之间互助协作的团队精神。

3. 注重环保

秉承保护环境的理念,领队和团队骨干要以身作则,提高环保意识,把环保的理念与意识传达给活动的参与者,共同担当环保的责任。领队除了带领大家清理垃圾以外,还要宣讲保护土地、水资源、动植物和当地文化风俗的意义和要求,倡导享受自然、保护自然的理念。

(二)桨板旅行活动组织实施的基本方法

1. 发布行前须知

利用微信群或者QQ群等组建网络信息交流平台,及时发布旅行方案、有关器材准备、需携带的生活保障必需品及相关证件和费用、集合出发的时间和地点、领队的联络方式、交通信息及气象情况等相关信息,告知出行前注意事项和活动可能存在的风险,并进行安全教育,签订安全协议,做好出行前的准备工作。必要时提供提前准备好的《桨板旅行活动须知》。

2. 进行安全评估

根据参加活动人员的具体情况,结合本次桨板旅行活动的路线,有针对性地做好旅行活动的安全评估,主要内容包括:旅行活动场所、餐饮、住宿、交通等方面的安全系数;应急突发事件处置方案的可操作性;旅行活动的全程安全监控体系;预先踩点选定安全卫生合格的交通、住宿、餐饮等相关单位;除此之外,还应该关注出发地和目的地即时的水域、天气、交通等可能影响到桨板旅行安全的相关信息;针对不同年龄、不同性别所采取的活动强度是否适当、安全保障措施是否到位;领队对于预防安全事故的措施和要求是否明确知晓等。对于存在的安全隐患要及时整改,对于气象预警或者突然出现的雷暴、降温、雾霾等恶劣天气,要果断取消活动行程。

3. 确定领队和保障人员的数量

根据准备阶段制订方案时所掌握的旅行路线、难度系数,以及参加活动人员的数量、年龄和性别结构、对桨板划行技术的掌握程度等情况,配备随队保障人员。原则上,旅行团队有一名总领队,负责整个活动的组织指挥。采取编组方式,可将每10位参加者编为一组,每组配一名领队(或者领队助理),便于桨板旅行途中的管理。人数超过50人时,建议配1名持有执业医师资格的随队医护人员,同时指定一名领队作为专门的安全员,负责专门处置与安全相关的问题。根据实际情况,配备一定数量的后勤保障人员。

4. 组织开展旅行活动

(1)依据方案组织旅行。领队应严格按照活动方案所明确的桨板划行路线、休息(补给)地点、登岸参观点以及食宿点等,带领大家按照计划进行旅行,无特殊情况不擅自改变旅行路线。

(2)针对特点开展活动。因为桨板是大众休闲旅行活动,运动强度不大,老少皆宜,参与活动人员的年龄从6岁到70岁,从似懂非懂的儿童到头发花白的老者均可参加,人群年龄跨度大。要掌控好如此年龄跨度的群体,领队在旅行活动安排上必须从旅行的时间、活动强度、专业技能指导等的方式、方法上因地制宜、区别对待,根据活动人员的目的和要求完成预定行程,达成桨板运动＋休闲旅游的双重目的。

(3)突出体现旅行价值。在组织桨板旅行过程中除了确保旅行活动的安全之外,还要帮助桨板旅行者达到活动的目的,获得体验价值。一是领队要充当多重角色,不仅要组织好桨板旅行活动,还要充当好桨板运动的技术教练,帮助参与者提高技能水平去迎接挑战,使桨板旅行者在技术水平上有所提升,获得成功的价值体验;二是注重在团队中建立良好和谐的关系,形成相互关心、互相帮助、共同克服困难的良好氛围,及时地调节划行途中的气氛,轻松、愉快地完成行程,达到桨板旅行愉悦身心的活动目的;三是行程中适时地介绍旅途中所经过不同地域的风土人情、地质地貌和人文特点,在欣赏大自然中陶冶情操,从而获得美的享受,缓解旅途疲劳。

(4)做好旅行中的安全管理。领队在旅行途中要随时观察划行水域的风力、风向、水流、气温和雨、雪强度等气候情况,并及时地进行风险预测评估,依据评估结果做出继续旅行还是中断旅行的决定。领队要特别注意照顾划行中掉队落单的人员,适时调整划行速度。划行途中要随机进行安全巡查,每次休息后出发前,要清点人数,防止人员滞留或走失。

5. 做好综合性保障工作

(1)按照旅行计划,携带适量的途中就餐方便食品和饮用水,提前联系好(或准备好)休整地点或露营地的餐饮、住宿、交通等事宜,有条件时督促餐饮服务提供方,尽可能地提供地方特色餐饮服务,并按照有关规定做好食品48h留样工作。

(2)选择住宿营地时,应首先考虑选择交通便捷、进出方便的住宿地点,并有安全保障措施,尽可能不远离医院或急救中心。同时,要加强住宿营地的安全管理,条件允许时划分男女住宿区域,开展巡查、夜查工作。住宿营地要尽可能有健全的生活保障措施、消防设施和公共信息导向系统。

(3)休整时,领队要根据不同人员的特点,组织一些具有一定知识性、趣味性、互动性和创新性的体验活动,如文化体验、手工制作、体能训练、科学考察、社会实践等活动。领队还可以对当地的人文历史、民俗风情等做生动有趣的讲解,活跃桨板旅行的氛围。

四、组织桨板旅行活动应注意把握的几个问题

1. 活动组织要具有合法性

桨板旅行活动要实现健康有序的发展,责任主体(企业或俱乐部)自身应具有合法经营资质,在遵守国家法规的基础上组织开展活动,并对活动进行规范化管理。一是组织桨板旅行活动的责任主体必须具有与组织旅行活动相对应的经营资质和诚信度;二是组织活动的主体在注册资金、持证专职工作人员、行业工作经验和主体责任保险方面,需符合当地监管部门的规定和要求;三是尽量避免利用户外俱乐部、社区社团、网上平台(微信群、QQ群)和公众号等没有旅游资质的责任主体组织桨板旅行,这种组织出游方式存在极大安全隐患,一旦出现意外或者纠纷,处理程序十分复杂。因此,促进桨板旅行活动的发展,首先必须强调组织活动的责任主体必须合法。

2. 突发情况处置预案要有很强的可操作性

根据桨板旅行活动的实际,至少应制订以下几种突发紧急情况应急处置预案:地震、火灾、泥石流等自然灾害的应急处理;食物中毒的预防及应急处理;中暑或者落水失温的预防及应急处理;发病的应急处理;交通事故的预防及应急处理;溺水事故的应急处理;人员走失情况的应急处理;财物丢失情况的应急处理;旅行保险应急处理等。制订的预案要确保切实可行,具有很强的可操作性,通常在旅行开始前,总领队应组织相关保障人员进行一次模拟预演。

3. 组织活动要遵守活动区域的法规

需要经过审批、报备的水域或区域,一定要在活动前做好相关审批手续。活动领队要了解、遵守户外场所的相关规定,并引导参与者共同遵守。

4. 为参加活动者购买保险

责任主体要建立桨板旅行保险工作制度,建议统一购买旅行保险,包括主体责任险(每次事故责任限额不低于600万元人民币、单次事故每人人身伤亡责任不低于60万元人民币)和为参加活动的成员购买保险,主要是购买旅游人身意外险。国内旅游人身意外险保额每人不低于25万元人民币,境外旅游人身意外险保额每人不低于40万元人民币;未满18周岁的学生,人身意外险保额每人不低于15万元人民币。

5. 建立意见反馈机制

(1)旅行活动结束返程后,按照参加活动人数20%~30%的比例收集征求意见和建议。

(2)对收集到的反馈信息进行分类整理,形成旅行活动问题与矛盾汇总报告,并研究制订改进的办法。

(3)遇有投诉信息时,要做到专人负责、妥善处理、及时改进,建立投诉信息归档和回访反馈制度,接受参与活动人员的监督。

第二节 静水桨板瑜伽

桨板瑜伽(SUP YOGA)指的是在桨板上进行瑜伽习练,在传统瑜伽的基础上结合桨板与水的特性整合而来的运动方式。静水桨板瑜伽是将瑜伽的习练从瑜伽垫上带到静水中的桨板上,建立人与自我、人与他人、人与大自然的连接。合理的训练组合能有效提高身体的稳定性、灵活性、协调性、心肺功能和耐力。静水桨板瑜伽(以下简称桨板瑜伽)不单是桨板以及瑜伽非常好的延展运动,也是对日常运动极其有益的补充。

现有的科学已证明水与人的身、心、灵之间有良性的互动。人类与水形成特殊的关系并不奇怪,我们在出生前被羊水包围,我们的身体90%是由水组成的。科学研究已证明人类在水中有利于降低血压,帮助缓解抑郁症,甚至增加多巴胺。桨板瑜伽运动不仅仅是一个健身项目,更是一项将运动与水结合,有助于进一步提高情感和心理健康的运动。

一、桨板瑜伽的装备

在桨板上习练瑜伽或健身训练最重要的器材是桨板(SUP)。桨板兴起于夏威夷,是从冲浪运动中演变而来的一项水上运动。桨板对水域的适应性很强,因此也衍生出了包括平静水域休闲或以观光为目的的休闲式站立划桨,还有竞速、桨板冲浪、白水桨板、桨板瑜伽、桨板垂钓以及集体划龙板等多种多样的方式。原则上讲,桨板瑜伽或健身不需要特殊的桨板,当然为获得更舒适和稳定的习练,带大面积防滑垫并且宽度在 80cm 以上的充气板更加适合习练桨板瑜伽。在开放水域习练桨板瑜伽,还必须配有桨、脚绳及救生衣(PFD)。

桨板瑜伽在 21 世纪初的北美开始发展起来,近年来随着参与人群的多样化以及桨板厂家的大力推动,带动了这项运动在全球的发展。全球第一款专为瑜伽设计的桨板诞生于 2010 年。目前国内外许多知名品牌已经出产了专门用于桨板瑜伽及健身的桨板或适用于泳池的充气健身板。

二、习练桨板瑜伽的益处

(1)在浮动的瑜伽健身板上身体会自行启动核心肌群,并强化平时难以训练到的小肌肉群。

(2)赤脚训练有效刺激足底核心(Foot Core)肌群,激活足弓刺激足底神经。

(3)为维持平衡,身体调动更多肌群,高效燃脂、提高肌肉力量。

(4)增强稳定性和控制能力。

(5)增强心肺功能。

(6)提高灵活性。

(7)释放压力、精神愉悦。

(8)在更短的时间内燃烧更多的脂肪。

(9)在水中以及在气垫上大大减低了运动对肢体的冲击,避免运动损伤。

(10)本体感受(Proprioception)能力的提高。

三、桨板瑜伽及桨板健身团体课的应用

1. 应用于提升个人体能

(1)提升体能,健身效果提速,最大程度地避免肢体劳损和运动损伤。

(2)身体肌肉的全面塑形,练到平时不易训练到的小肌肉群。

(3)增强体能和灵活性以及平衡性,有效地帮助康复训练。

(4)让枯燥的健身运动变得有趣和愉悦。

2. 健身机构的应用

(1)丰富课程种类:小团体课、私教、泳池 Party。

(2)将引领时尚、科学有效的健身方式带给会员。

(3)丰富室内外泳池课程内容,提高泳池利用率。

(4)与最时尚的桨板运动接轨,把桨板运动传入传统健身群体。

3. 专业训练机构的应用

(1)配合运动员进行体能训练。
(2)帮助运动员进行康复训练。
(3)增强运动员的体能、协调性,提高核心能力。

四、桨板瑜伽及桨板健身团体课的教学

(一)安全的课堂设置

桨板瑜伽及健身团体课,无论是选择在泳池还是开放水域上课,都需要提前进行场地安全评估,确保安全(此处不赘述,参考教程第六章"静水桨板运动安全"的相关内容)。在确保环境安全的前提下,所有的桨板必须固定(图7-1),防止因桨板漂移造成危险。

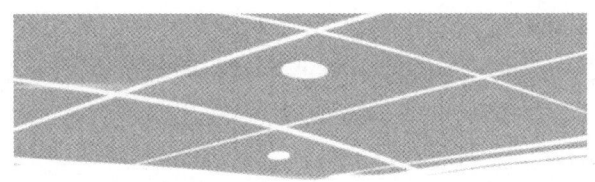

图7-1 桨板的固定

(二)最重要的动作

瑜伽最重要的动作是呼吸,桨板瑜伽的习练也是如此。每一个体式都由有觉知的呼吸带领。深长、稳定、均匀地呼吸是瑜伽练习的基础。鼻吸鼻呼,让呼吸更加顺畅和深长,能够安定思绪,提升专注力。在桨板上,深长均匀的瑜伽呼吸对于保持平衡尤为重要。

(三)第一个必须学习的动作

如何正确上、下板。

习练桨板瑜伽必须充分热身,为确保安全,首先要学会正确上、下板,落水后才能迅速回到桨板上。

动作要领:面向板的长侧中心的位置,双手大大张开,略宽于肩膀,放在板中轴线的方向,手向下推,腿向下蹬水,靠爆发力把身体推高并抛上板,双腿相继上板,身体摆正,面向板头方向。

(四)第一次站在板上

第一次在桨板上站立对许多初学者来说具有一定的挑战性。

1. 保持平衡

最重要的是稳定地呼吸,目光在一个凝视点。

动作要领:从双手双膝着地的动作起始,肚脐对准桨板正中的位置,保持膝盖与髋关节同宽,手腕在肩膀的正下方,手指完全张开,压实板面(图7-2)。

可以先练习一些低重心、多点支撑、对称的动作,以逐步掌握板上平衡技术。从双手和膝盖接触垫子的动作中找到稳定的核心。

图7-2 第一次上板

2. 学会站立

动作要领：要学会站立，从双手双膝式准备，用双脚替换膝盖，保持双脚与臀部同宽，慢慢地双手离地，慢慢地脊柱一节一节向上抬起直到完全站直。

注意脚的位置，脚趾向前，双脚平行。一旦站立，注视前方（图7-3）。

图7-3 板上站立的方法

站立起来后，可以面朝板头方向，小幅度移动脚步。向前向后移动，感受随之带来的左右摇晃，体会在板上稳定与不稳定的感觉，以及在动态下如何与桨板连接，在水的波动上保持平衡。

（五）从简单的基础动作开始

热身是整个课程中至关重要的部分，从低重心的动作开始热身，鉴于 FITMAT 手和脚是板上保持稳定的支点，务必确保足底、脚腕、手掌、手腕的充分热身（图7-4～图7-7）。

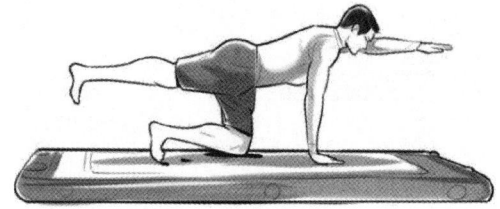
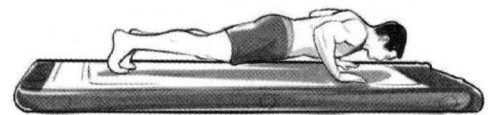

图 7-4　板上热身（一）　　　　　　图 7-5　板上热身（二）

接下来的练习将演示在桨板不稳定的情况下，身体如何自动调整偏倚和调动腹部斜肌（图 7-6、图 7-7）。

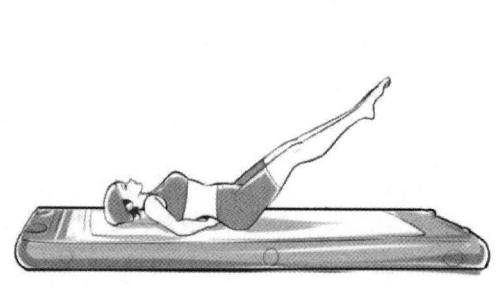

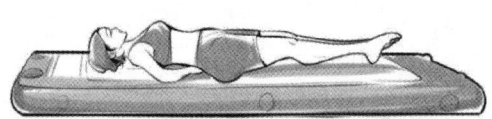
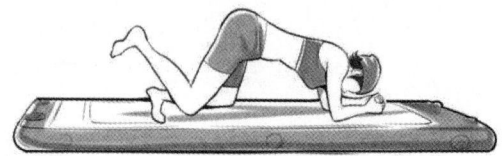

图 7-6　自动调整偏倚和调动腹部斜肌（一）　　　　图 7-7　自动调整偏倚和调动腹部斜肌（二）

持续地用呼吸带动动作，动作的准确顺位和稳定的核心及小腹是在板上保持稳定的关键（图 7-8、图 7-9）。

图 7-8　在板上保持身体稳定(一)　　　　图 7-9　在板上保持身体稳定(二)

(六)瑜伽拜日式

瑜伽拜日式,不论是初学者还是资深习练者、老师或是大师,在世界各地都按同样的瑜伽动作串联习练,这是全球统一的瑜伽套路。这套动作包含前屈、后弯、倒置,展现了力量和柔韧度,既可以作为桨板运动前的热身和运动后的拉伸放松,也可以作为正式的桨板瑜伽习练动作。瑜伽拜日 A、B 式(Sun Salutation A&B)及传统拜日式(Classic Sun Salutation)都很适合在桨板上练习。唯一需要调整的是山式站立(Tadasanai)的位置,为了保持稳定,所有的山式站立(Tadasanai)都站在桨板的中心点,而不是板的前端。

桨板瑜伽或是桨板健身团体课在众多的不断推陈出新的运动中依然属于小众运动中的小众,但它有着不可替代的益处和魅力。在美丽的大自然中,我们可以深切感受到在江、河、湖、海里的一叶桨板上天人合一地进行瑜伽习练,这项运动正在不断地吸引着越来越多的瑜伽爱好者和桨板爱好者加入其中。

第三节　静水桨板救援

欧美等国家桨板运动起步较早,人们在享受桨板带来的健身、娱乐功能的同时,桨板的自然水域救援功能也得到了发掘和应用,经过不断地改进发展,成为一项独具特色的水域救援技术。

国内桨板运动虽然起步较晚,但近年来桨板因其在水域救援方面的优势,使得桨板救援技术发展很快,在一些地方举办的大型水上活动如公开水域游泳赛、铁人三项赛和龙舟表演赛等赛事上,桨板作为救援器材逐步受到重视,桨板救援与其他救援方式相结合,为水上活动提供了很好的安全保障。同时,根据媒体报道,全国多地出现过多起桨板爱好者对水中游泳或意外溺水者实施成功救援的案例。

静水桨板救援突发性强、救援难度大、技术要求高、具有一定的危险性,为了更好更快地开展桨板救援工作,相关团体已经开始尝试进行桨板救援技能培训,并且组织桨板救援专业比赛,以提高广大桨板救援人员的理论水平和实践技能。

一、静水桨板救援概述

(一)静水桨板救援的含义

静水桨板救援是指在平静水域运用桨板运动器材,针对突发的水上紧急事件采取预防、预备、响应和恢复的计划与行动,是保障水上活动安全的一项基本措施。

(二)静水桨板救援的分类

根据救援任务和事件的不同,静水桨板救援可分为桨板救生和桨板巡护两种类别。

桨板救生:是指在自然水域环境中突发危及生命安全的意外事件时,运用桨板实施救生的行动。

桨板巡护:指有计划、有组织地以桨板作为救生器材,以巡查和护航的方式参加水上活动的安全保障行动。

(三)静水桨板救援的优势

1. 环保、无污染

桨板制作材料环保安全,依靠人力划桨驱动,不使用燃油,对水域环境而言,体现出零排放、零污染的环保特性。

2. 救生安全性相对较高

人力划桨驱动控制,方便灵活,无机械动力,施救过程中不用担心水下螺旋桨潜在的危险性。同时,由于充气桨板表面是柔软的PVC材料,避免板体与被施救者发生硬接触产生二次伤害。

3. 视野开阔、救援手段多样

站立划板视野开阔,可以方便地观察水上安全情况。发现遇险人员时,可抛投救生绳包、救生圈等救生器材,可对遇险者进行零接触救援。

4. 便于携带、机动性强

充气桨板通常折叠后体积不大,可放入家用汽车后备箱中或者背在肩上,能快速到达指定区域执行任务。在水中救援时,到达被救者身边后,5s内可使其脱离危险水域,10s后可进行桨板上的紧急救护(数据来源于《重庆桨板救援实践数据分析》)。

5. 对活动现场的干扰和影响较小

特别是在进行公开水域游泳和水上马拉松比赛等水面安保任务时,桨板可以伴随在运动员一侧安静地前行,或者进行水域定点接力巡查,既可担负方向引导、游程督察和安全瞭望任务,又可防止像冲锋舟那样产生过大的尾波和侧浪,影响运动员的比赛成绩。

(四)静水桨板救援的基本原则

树立"防患于未然"的安全意识,消除一切可能发生的事故隐患,这是所有水上活动对于安全工作的基本要求。在实施水上救援的过程中,要实现"以防为主、防救结合、迅速准确"的要求,救援行动必须遵循以下原则:

1. 安全教育先行

担负水上救援任务时,要在活动开始前安排专门的时间,对参加水上活动的人员进行安全教育,使其牢固建立任何水上活动都必须遵守"安全第一"的安全意识,不麻痹大意,做到"不安全的事不做,有危险的地方不去"。

2. 救生能力达标

救生能力达标,指参加静水桨板救援行动的人员必须拥有国家或者国际上认可的游泳(或公开水域)救生员资质,使用符合安全质量标准的桨板救援器材,确保救生能力满足救援行动的要求。

当一般桨板运动爱好者遇见突发的危及生命安全的意外事件时,首先应评估自己的救生能力,在确保自身安全的情况下才能进行施救。

3. 综合运用器材

实施救援行动时,在救援器材的使用上,要综合运用水域漂浮救生绳、水面救生拖板、水面抛绳包、水陆两用远距离多功能抛投器、自动充气救生衣、救生频闪灯等器材,根据救援需要发挥综合效率。发挥救生艇、冲锋舟等动力救生装备速度快的优势,密切配合实现快速转运。

4. 先近后远原则

救援行动中,如果出现多人同时陷入危情需要救援的情况时,救生人员应先救助距离自己较近的人员,后救助距离自己较远的人员。同时观察水面人员情况,先救助有意识的人员,后救助无意识的人员。

5. 水岸联动原则

发现水域事故后应立即报告相关部门,同时组织力量就近展开救援行动。注意合理调配救援力量,确保水上救援与岸上救援力量相互配合,提高救援响应速度和救援效率。

二、静水桨板救援的基本方法

静水桨板救援包括静水桨板救生和静水桨板巡护两个方面的内容,下面介绍基本实施方法。

(一)静水桨板救生的基本方法

1. 桨板救生人员和器材的准备

(1)把握"安全第一"的救生原则。桨板救生是在水中这个特殊环境中进行的,除了自己使用的桨板器材必须符合安全技术要求外,安全意识一定要放在首位。水上情况千变万化,遇到紧急情况进行救生行动时,必须集中注意力,牢记"安全第一",切实做到"以人为本""安全优先"。

(2)观察水域状况。注意观察救生水域的环境、天气、水文情况;观察被救生对象的离岸距离,大致判断其性别、年龄等基本情况,据此判断自身的身体状况和救生技术,是否能够安全顺利地施救;观察周边是否有其他人员可请求支援、协助照看个人物品;拨打"110"报警电话,告知事发地域和发生的情况。

(3)做好自身的安全防护。下水时必须穿好救生衣或戴上脚绳。根据不同的季节,夏天要做好防暑,冬季要防止自身失温。

若施救者本身在水上划板,则迅速靠近,采取相应的措施施救。

2. 桨板救生的技术与方法

(1)快速接近目标(到达技术)。

抱板快速下水接近目标(以右手为例,图7-10):出发时,身体应前倾,膝盖和腰部略微弯曲。用右手握在携带板子中间的凹槽,将救生板置于腰处。入水后快速跑到水深及膝处,就可上板开始划行。

图7-10 抱板快速下水接近目标

上板(图7-11):身体臀部以上弯曲,以略微弯曲的手将板子往下压,将板子以双脚的力量向前推和向上推,同时双脚也要跃出水面。眼睛注视双膝要跪的地方,沿着右手,从救生板左侧跪上救生板。双脚在救生板要撞及水面之际,必须离开水面。

无桨情况下趴板划行接近目标(图7-12):①趴板卧姿划行重心较稳定,救生板不易翻覆;②划板者的视野较差,而且速度也较跪姿划行慢;③卧姿划行时头部稍微抬起,以身体的胸腹部贴于板上,双手采用蝶泳的划手交替划行;④双脚置于救生板上,且自膝部处弯起,并配合划手动作上下交替地打腿。

第七章 静水桨板运动的相关活动

图 7-11 上板

图 7-12 无桨情况下趴板划行接近目标

无桨情况下跪姿划行接近目标（图 7-13）：①采用跪姿划行，也是一种较快接近目标的方法。划行时，双脚跪于板上，双手采用类似蝶泳划手划行前进；②尽量弯下上半身，以臀部为最高点，头部应抬起以注视前进方向，双手应尽量前伸后才入水；③双手在水中划行时，双手前臂最少需有一半在水中，双手划超过臀部最后方时，即应提出水面前伸续划；④跪姿划行速度较快，视野也较好；⑤跪姿划行较不稳定。

图 7-13 无桨情况下跪姿划行接近目标

有桨情况下跪姿划行接近目标（图7-14）：①将桨横于板上，桨与板垂直90°；②双手压住桨杆，移动双膝在板中线的中心位置呈跪姿，与肩同宽；③双手握桨下移30cm划行，左右换手划桨；④转弯采用拨板头和板尾的方法加速转向。

（2）进行施救（救生技术）。发生需要救生的紧急情况时，救生人员迅速划桨板接近遇险人员，查看实际情况，与需要救援者交流，有必要时进行心理辅导，稳定其情绪，以便采取相应的救生方法。

被救对象主动上板（图7-15）：此时被救对象神志清醒，身体未受伤，尚有体力。救生员靠近被救者，引导被救者抓住桨板边的救生把手，救生员坐在桨板中心偏后的位置，引导被救者双手拉住把手，利用双脚打腿抬起下半身于水面，用一个比较大的力度打一下水，随着用力打水的这一下双手同时把桨板往肚子下面推，将身体窜到桨板上，然后手臂往前伸过桨板。当肚子在桨板上之后，腿继续拍打水面，先让一条腿挂上来，再将另一条腿挪上板然后趴在桨板上，听从救生员指挥。整个上板救生过程，救生员除了引导外，要保持住桨板的平衡。完成上板后，救生员跪着划桨将被救者运送到就近安全的地方。

帮助被救对象上板（图7-16～图7-19）：此时被救对象神志清醒，身体状况不太好，没有力气、没有能力主动上板。

图7-14 有桨情况下跪姿划行接近目标

图7-15 被救对象主动上板

图7-16 帮助被救对象上板（一）

第七章 静水桨板运动的相关活动

图 7-17 帮助被救对象上板(二)

图 7-18 帮助被救对象上板(三)

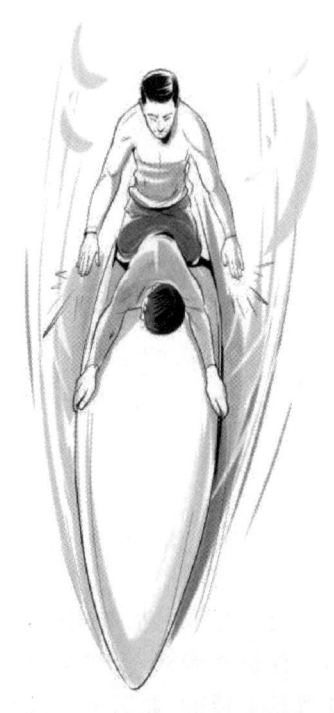

图 7-19 帮助被救对象上板(四)

救生员靠近被救者并跳入水中,将桨板翻过来底面朝上,再爬上桨板,双脚跪在板面,让被救者双手趴在板上,救生员双手扳住板沿(或一只手扳住板沿,另一只手抓住被救者的救生衣),身体向后把桨板扳正,把被救者翻上板面,此时救生员在水中爬上桨板的后部稳住板体,让被救者下半身挪上板,救生员双膝分开跪在被救者的腰两侧作为保护,将被救者运送到就近安全的地方。

多人协助被救对象上板(图7-20):此时被救对象神志清醒,身体未受伤,但没有能力主动上板。多人救生桨板(4人)靠近被救者,救生板上的一号、四号位救生员负责保持桨板的平衡,二号、三号位救生员拉着被救者的胳膊拖拽到救生板上,将其安顿好并将被救者运送到就近安全的地方。

图7-20 多人协助被救对象上板

水中拖带(图7-21):此时被救对象神志清醒,身体未受伤,没有力气、没有能力主动上板。救生员让被救者双手拉住桨板尾部的把手,利用双脚打腿使身体浮在水面,救生员在桨板上或跪姿或卧姿划,将被救者运送到就近安全的地方。

图7-21 水中拖带技术

(3)当被救对象处于无意识状态时。采取翻板方式(图7-22),救生员将桨板翻过来底面朝上,再爬上桨板,双脚跪在板面,抓住被救者双臂(肘关节处以上部位),然后自己身体向后,通过重力作用把桨板扳正,将被救者翻上板面,此后救生员在水中爬上桨板的后部稳住板体,把被救者下半身挪上板,救生员双膝分开跪在被救者的腰两侧作为保护,将被救者运送到就近安全的地方。

图 7-22 对无意识者采取翻板救援的方法

(二)静水桨板巡护的基本方法

近年来,很多地方在举办公开水域游泳赛、水上马拉松、铁人三项赛以及龙舟表演等水上赛事和活动中,把桨板巡护作为水上救援措施之一,与动力摩托艇(冲锋舟等)相结合,取得了很好的安保效果。

1. 周密地进行桨板巡护行动准备

受领桨板巡护任务后,应根据赛事活动规模、巡护对象和水域情况等,结合指挥部的要求,制订详细的救援巡航方案,培训救援人员,分配巡护任务,检查救援器材,进行救援准备,以提高救援行动的质量和效率,避免发生安全事故。

(1)制订救援巡护方案。方案内容包括:救援机构的组成和分工;救生人员的组成和物资分配;救援装备的配备;救援的通信保障;突发事件危害评估;救援巡护行动方案示意图等。

(2)设立巡护行动现场总指挥。参加赛事活动协调会,明确救援巡护的任务,科学合理地确定救生人员的数量,统一指挥和协调本队担任各区域、各部位巡护任务人员的行动。对救援巡护行动按任务进行编组并明确分工,制订警戒保卫、水域救生、医疗救护、后勤保障、桨板保养、通信联络、善后工作等详细行动预案,在赛事活动现场总指挥的统一指挥下,围绕自己的任务,协调一致地做好各项准备工作。

(3)做好救援器材及物资的准备。根据活动现场情况、活动规模大小、时间长短、活动强度等配备合理的救援器材。要使用专业救援桨板参加巡护活动(图7-23)。没有专业救援板时,可使用经过质量检测符合安全标准、板体宽窄适度、浮力较大的桨板,同时选择轻便的桨和符合浮力要求的救生衣。

(4)详细编排并明确救生人员的任务定位,活动区域安全责任分片包干到人。做好水上、陆上的安全救援接应和衔接工作,做好陆上医疗急救准备。

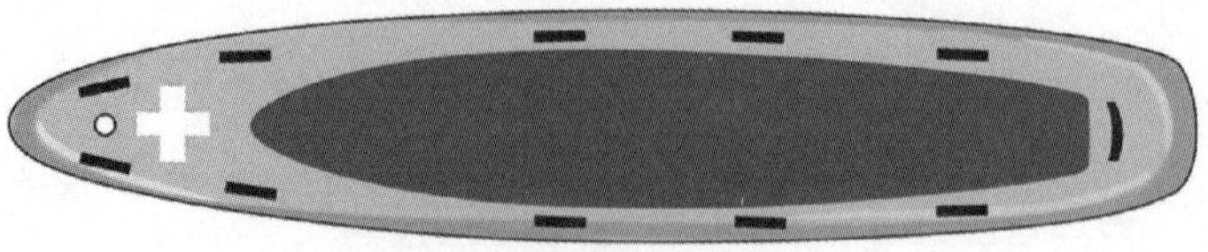

图 7-23 专业救援桨板

2. 培训参加巡护行动的救生人员

参加救援巡护行动的救生员,除了具备良好的桨板技术之外,还必须接受过桨板救生专业培训,掌握巡护和救生技能,具有较强的桨板巡护和救生能力,能完成不同情况下的救生任务。对于临时抽调参加巡护行动的少数辅助巡护人员,必须桨板技术过硬,具备 500m 以上游泳能力,并至少参加 8h 以上的巡护和救生技能培训,完成上述培训后方可参加救援巡护行动。

3. 提前到达活动区域做好准备

任何救生行为和救援活动作业前应先评估环境,包括水流方向、水速、水域深浅、气象、风浪等,为顺利组织救援巡护提供决策依据。组织巡护人员提前 2h 进入活动现场,进行桨板充气、熟悉环境、人员编组、热身活动等准备工作。同时要对照活动方案中的桨板救援定点巡护任务示意图(图 7-24,摘自 2019 武汉水上马拉松桨板救援方案),明确巡护任务,熟悉行动路线,对水岸协调、通信联系、救援预案和特殊情况的处置方案要做到心中有数。

图 7-24 桨板救援定点巡护任务示意图

4. 组织巡护时的一般方法

（1）按照事先明确的桨板巡护安保任务，组织巡护行动。桨板救生人员在进行救生行动时，必须集中精力观察巡护水域情况，力争做到第一时间发现情况，立刻响应施救。

（2）巡护行动中观察与判断的具体方法：

扫视法：对自己责任区的左、右、远、近进行直线、不间断的观察。

环视法：对自己责任区以某一点为起点，进行圆周、不间断的观察。

跟踪法：对自己责任区内水平不佳、有异常者应进行重点跟踪观察。

在观察的同时，还要进一步进行判断，做出正确的反应，如：被救者是否有意识、被救者是否受伤、被救者是否需要立即施救。判断后根据不同情况，采取及时、规范的桨板救生技术。

5. 公开水域游泳赛时桨板巡护的具体步骤

（1）观察：行列扫视，装备系带，动作节奏，落后掉队者。

（2）询问：感觉还好吗？需要帮助吗？

（3）发现：接近观察，抵近询查；抵近时，从方队后方纵向进入，并提示泳者。

（4）报告：发现动作异常、询问无应答、主动要求救助者，发出救援信号（连续短促哨声或无线对讲机呼叫），相邻救援板应主动协助。

（5）救援：坐姿骑板，从队列后侧或者告周边泳者协助行动。对有意识者实施递救生圈、协助上板休息，并就近转运至救生浮台，视情况协同配合冲锋舟救援人员，快速转运；对无意识者，协同配合冲锋舟救援人员快速转运。

三、静水桨板救援善后注意事项

（1）桨板救生员把被救者救护上岸后，若被救者处于昏迷状态，在没有医务专业人员在场的情况下，必须将被救者放置在平坦的地方，及时采用心肺复苏进行抢救（具体方法见第四章"桨板运动损伤与防治"中的相关内容）。其他人员则做好周边的通风、安全保护工作，疏散周边的围观人员，避免无关人员拥挤落水。

（2）当有医护人员在场时，经过现场采取急救措施后，应指派人员配合医护人员将被救者送往附近的医院，做进一步的救护和观察直至结束。

（3）配合赛事活动主办单位和现场指挥人员，协助查明事故发生的原因及过程，详细报告事件经过及相关具体情况。

（4）做好救援器材的清点、检查、维护保养工作。

四、桨板救援中桨语、口哨的运用

在组织桨板活动的过程中，若没有更便捷的通信设备可供使用，我们通常可以利用手中的桨，或者利用救生衣上佩戴的口哨作为通信交流工具，这在出现紧急安全情况时，会起到一定的作用。

（一）桨语的运用

桨板运动，包括团队旅行活动和长途探险活动都会遇到通讯和救援的情况，通常使用手机、对讲机、无线电信号发射器等,但在特殊情况下使用简单、方便的桨语会更实用。因此,熟练掌握桨语的应用,对顺利、安全完成桨板活动能起到很好的保障作用。常见的桨板桨语传达的信号意思有以下几种。

(1)向我的方向前进、集合。双手握桨杆,桨叶向上,竖立在人体中间(图7-25)。

图7-25 向我的方向前进、集合

(2)紧急求救。双手握桨杆,竖立在人体中间,桨叶向上,以下手为轴心,上手左右连续做摆动动作(图7-26)。

(3)停止,不要再前进。双手握桨杆,横在头顶连续做屈臂动作(图7-27)。

 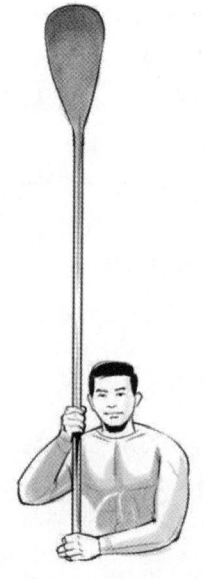

图7-26 紧急求救　　　　　图7-27 停止,不要再前进

(4)直线前进、向左、向右(图7-28)。

图7-28 直线进行、向左、向右

(5)我很好,一切正常(图7-29)。

图7-29 我很好,一切正常

(二)口哨的运用

在户外运动、水上运动中,口哨也叫"求生哨",它可以作为联络使用,也可以在遇险的时候使用。在联络方面作为简单通讯和方向定位,当发生紧急情况或有安全隐患时作为救援呼叫的工具。在桨板活动中,配备一个求生哨(通常配套于救生衣中),遇到紧急情况时是非常有用的。

1. 常用口哨信号记述符号

符号说明如下。

(1)●短音(1s内)。

(2)■■■长音(3s以上)。指令内哨音间隔2~3s,指令间的间隔30s以上(比如重复发送指令需要间隔 30s 以上)。

2. 求生哨使用规范

(1)通讯(T):■■■(一长音)用于队伍的声音通讯联系,以确定相互之间的哨音方位,在收到哨音指令后发出代表收到指令(同喊话喂～～～～～相似)。

(2)集合(U):●●■■(两短一长)向哨音的方向集合(同喊话集合啦～～～～相似)。

(3)前进(V):●■■(一短一长)休息时发出代表全队出发、行进中发出代表加速前进(同喊话冲啊～～～～相似)。

(4)前队等待(W):●■■ ■■(一短两长)用于队伍行进距离过长时,要求前队等待后队(同喊话请等～～～等～～～～相似)。

(5)请求支援(S):●●●(三短)当遇到困难需要寻求帮助时发出,收到信号者以通讯音(T)回复表示将前往支援(同喊话急！急！急！相似)。

(6)求救(SOS):●●●■■ ■■ ■■ ●●●(三短三长三短)这是国际通用的SOS代码,请大家熟记。

第八章　静水桨板技术培训课程

　　由于桨板运动近两年处于快速发展阶段，国内目前有关技术培训中尚未形成一套完整的课程体系和等级制度。本章从研究探讨的角度，结合近年来作者多次组织静水桨板技能培训和社会体育指导员技术等级培训的实践，对静水桨板项目社会体育指导员技术培训的课程设置和考核评定内容进行了初步的探索，供相关培训主体参考。

　　静水桨板技术培训，是提高静水桨板爱好者技术水平、操控能力和专业素质的重要途径，是静水桨板运动普及和推广工作中的一项重要内容。培训依据静水桨板的技术特点和人们对于运动技能的掌握规律，按照国家技能培训教育和社会体育指导员技术等级培训规划、要求和标准，在培训主体单位（政府体育技能培训主管部门或单项体育运动协会以及俱乐部）的指导下，由社会体育指导部门、单项体育运动协会或俱乐部结合本地实际具体组织实施。

　　本章所涉及的社会体育指导员培训的组织管理、培训教育、申请审批、注册办理、服务规范等内容，均遵照《社会体育指导员管理办法》（国家体育总局 2011 年 11 月 9 日颁布实施）中的有关规定执行。

第一节　静水桨板技术培训概述

　　静水桨板技术培训，包括静水桨板爱好者技能培训和静水桨板社会体育指导员技术等级培训两方面。静水桨板爱好者技能培训的目的，是提升桨板爱好者的理论认知、划行能力和技术水平。静水社会体育指导员技术等级培训的目的，是培养桨板运动的教学和活动组织人才。这是静水桨板爱好者技能培训和社会体育指导员技术等级培训的区别所在。

一、静水桨板技术培训的组织结构

1. 培训主体

　　培训主体是指当地体育主管部门，或者经批准的协会或委托的群众性体育社会团体，或者是经注册的、年审合格的、具备独立法人资格的体育组织或者体育企业。培训主体的培训宗旨是普及桨板运动、增强全民的参与性和促进桨板运动技术水平的提高。若培训主体是体育单项协会，还可结合协会工作计划定期组织举办各类桨板竞赛、拟定竞赛规程、比赛规则和本地区社会指导员的管理制度，按照政府体育管理部门的要求组织社会指导员、运动员、裁判员的培训工作，制订相关技术等级考证细则，培训相应的技术等级桨板爱好者等。

2. 机构设置

　　组织静水桨板爱好者技能培训和社会体育指导员技术等级培训，通常情况下是培训主体成立培训委员会,由培训委员会负责组织实施。培训委员会根据需要设立考核委员会、教练团队、场地器材和生活保障等机构,负责培训中的各项具体工作。培训实施过程中根据自身实际情况可按以下方法安排教学力量:教练团队负责组织社会体育指导员技术等级培训;社会体育指导员负责桨板爱好者的技能培训。

机构设置的目的是明确分工、各负其责,提高静水桨板爱好者技能培训和静水桨板社会体育指导员培训的效率,促进静水桨板技术培训工作的健康发展。静水桨板技术培训组织结构如图8-1所示。

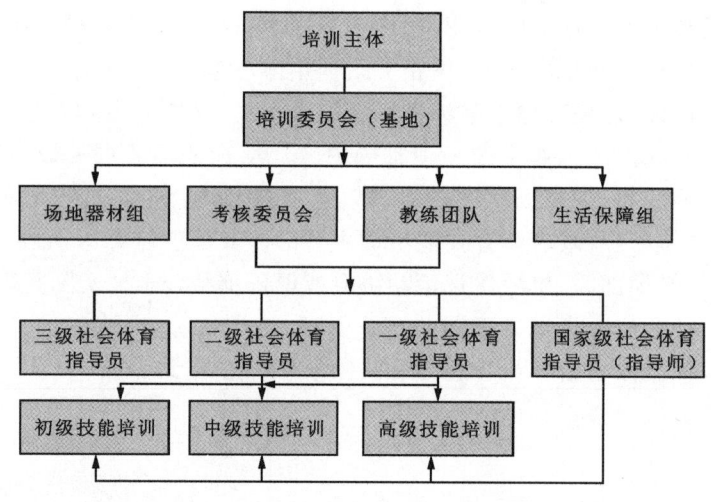

图8-1　静水桨板技术培训组织结构

二、静水桨板技术培训的管理

(一)静水桨板技能培训的管理

1. 静水桨板技能培训的目的

(1)增强桨板运动团队的综合实力。对于桨板运动社会组织(协会、联盟或者俱乐部等团队)而言,分期分批组织所属队员参加桨板技能培训,学习掌握桨板运动的基本技能和安全知识,能够满足团队战略发展对人才资源的需求,提高队员的运动水平和技能,增强队员们的团结奉献精神,提高团队的核心竞争力,增强团队凝聚力,减少水上安全事故的发生,提高团队安全管理效率。如果团队包含有体旅运营业务,则有利于紧跟市场需求,提高投资回报率。

(2)提高桨板爱好者个人技术水平。对于参加培训的个人而言,接受正规、系统、专业的培训和教练言传身教式的技术指导,能够满足桨板爱好者开阔眼界、增长知识、提高技能、丰富阅历和经验的需要,有利于提高自身的划行水平和技术指导能力,增强运动自信心和乐趣,减少安全事故的发生。通过技能培训,还可以丰富自己的个人经历,提高自身的社会竞争力。

(3)有效扩大桨板运动人口。通过技能培训,一方面向桨板爱好者系统地传授桨板运动知识和技能,提高其运动兴趣和技能自信,打造桨板运动爱好者群体的运动文化,增强桨板运动的凝聚力。另一方面充分发挥培训的"播种机"作用,使受训者在受训后能带动更多的人群参加到桨板运动中来,促进群众性桨板运动的普及和全民健身活动的发展。

2. 静水桨板技能培训主体应具备的基本条件

(1)培训主体必须具备相应的资质。培训主体(单项体育协会、俱乐部或者企业)必须是经注册的体育组织或者企业。

(2)培训授课人员必须具备相应的资格证书。承担技能培训任务的授课人员,必须是经培训的国家社会体育指导员(教练员),并且持有与技能培训内容相适应的技术等级证书。持有经合法注册的国际体育组织颁发的(在有效期内)桨板专业教练证书者,经培训主体单位批准,方可承担技能培训授课任务。

(3)具有较好的培训保障条件。在培训基地设施、培训装备器材、培训生活保障、培训安全管理等方面,能满足技能培训的相关要求。

3. 静水桨板技能培训的管理机制

(1)国内技能培训组织管理现状。从培训的组织管理机制上来讲,目前国内桨板技能培训还没有纳入到国家职业技能培训体系之中,多数培训主体、特别是俱乐部和体育企业缺乏政府体育管理部门的支持和指导,从培训内容、培训方法、培训手段和等级标准的认定等方面缺乏系统性、规范性和统一性,总的来说尚处于自成体系、自我管理的独立分散状态。从培训的组织管理制度上来讲,今后应创造条件将桨板爱好者技能培训纳入国家职业技能培训的范畴,按照《国务院关于推行终身职业技能培训制度的意见》中的要求进行组织管理。

(2)创新技能培训管理模式。建立以培训主体为平台的多元化培训管理模式,按照技能培训市场化、社会化改革的思路,充分发挥单项体育运动协会和俱乐部(企业)的主体作用。一是培训资源多元化,吸纳社会力量参与培训,优化配置培训资源;二是培训载体多元化,充分发挥培训基地、公开水域、网络平台、远程教学、慕课等培训载体的作用,为爱好者提供多种形式的培训活动;三是培训内容多元化,组织各种培训资源让爱好者按需选择,按照爱好者的需求和意愿组织各种培训;四是配合政府部门探索"政府加强监管服务"的管理机制。

(3)技能培训管理的目标。通过规范化和制度化的管理,实现"强化静水桨板技能培训,促进全民健身发展和增强就业创业能力"的基本目标。一方面通过设计严格规范的管理制度,采取人性化的管理措施,合理调配培训强度,使人们在参加技能培训时既能提高身体素质,又享受到桨板运动所带来的健康和快乐。另一方面通过建立正规化的管理秩序,指导和帮助参加技能培训的人们集中精力学习培训课程,增强就业创业能力,为提高培训后的就业、创业成功率发挥更加积极的作用。

(二)静水桨板社会体育指导员技术等级培训的管理

社会体育一般是指社会公民自愿参加的,以增进身心健康为主要目的的群众性体育活动。社会体育是我国体育事业的重要组织部分,它与竞技体育、学校体育和体育产业共同组成了我国体育运动的主体。随着我国社会体育健身活动和体育产业的不断发展,国家着手加强群众体育骨干力量的培养和业余体育技术辅导队伍的建设,社会体育指导员应运而生。

2018年5月,湖北省水上运动管理中心首次举办桨板项目二级社会指导员培训,以此拉开了国内由政府体育主管部门主导桨板培训的序幕,此后重庆、浙江宁波、广东佛山、湖南长沙等地相继组织开展培训活动。目前,桨板国家社会体育指导员培训已成为国内桨板骨干力量技能培训的重要形式和主要途径。

1. 社会体育指导员的含义和分类

社会体育指导员根据其服务属性,分为志愿服务型和职业服务型两种类型。

(1)志愿服务型社会体育指导员。国家体育总局于2011年颁布了《社会体育指导员管理办法》,其中指出:社会体育指导员是指不以收取报酬为目的,向公众提供传授健身技能、组织健身活动、宣传科学健身知识等全民健身志愿服务(以下简称志愿服务),并获得技术等级称号的人员。管理上由国家体育总局主管全国的社会体育指导员工作,县级以上地方体育主管部门负责本行政区域内社会体育指导员工作。

(2)职业服务型社会体育指导员。《中华人民共和国职业分类大典》对职业服务型社会体育指导员的定义是,在群众性体育活动中从事运动技术传授、健身指导和组织管理工作的人员。随着我国社会主义市场经济的深入发展,群众体育的运行机制发生相应变化,社会迫切需要具有深厚的专业功底和职业素养的人员担任社会体育指导工作。越来越多的社会体育指导员开始尝试进行体育指导的有偿收费服务。由此,国家劳动和社会保障部制订颁发了《社会体育指导员国家职业标准》,并开始实施职业鉴定工作,这标志着我国社会体育指导员培养向职业化方面迈出了重要一步。

目前政府体育主管部门组织的静水桨板社会体育指导员培训,主要培训的是志愿服务型社会体育指导员。由于桨板运动是一项新兴水上体育运动,且发展时间短、参与人群还不够普及,因此国内桨板社会体育指导员(有偿服务型)职业技能鉴定培训尚未启动,未来是否纳入国家职业技术培训体系目前尚无定论。随着桨板运动人口的不断增加,也许在不远的将来,桨板职业技能鉴定工作会进入管理层的视野。

2. 静水桨板社会体育指导员应具备的基本条件

依据国家体育总局颁布的《社会体育指导员管理办法》,结合桨板运动特点,提出如下基本条件:

(1)具有完全民事能力的中华人民共和国公民,这是基本身份方面的要求。目前社会体育指导员称号只授予中国公民,而且必须具有完全民事行为能力,即年龄达到18周岁且智力状况完全正常。

(2)遵纪守法且具有良好的道德素养,这是思想道德方面的要求。社会体育指导员首先从事的是全民健身志愿服务,要对全民健身具有深刻的认识和深厚的情感,能够实际投入全民健身志愿服务之中,坚持经常开展指导服务工作。必须具有勇于奉献、热心助人、不求功利的志愿服务精神,具有从事志愿服务所需要的高尚情操、道德境界以及法纪观念。

(3)接受组织管理并能够承担指派的工作任务,这是管理制度方面的要求。社会体育指导员志愿服务是有组织的工作行为,要服从有关组织、单位的领导和管理,主动进行登记和参加这些组织或单位组织的集体活动,并完成他们交给的指导服务工作。

(4)经培训考核达到相应的技术等级,这是业务能力方面的要求。静水桨板社会体育指导员从事桨板运动的指导工作,自身必须经过正规、严格的培训,掌握从基础理论到实操技等方面的知识和技能,经考核获得相应的技术等级,再根据自身技术等级从事相应层次的指导工作。

3. 静水桨板社会体育指导员的作用

(1)促进身心健康,提高生活质量。静水桨板社会体育指导员是桨板社会体育团体和组织的一线教练员,活跃于全民健身活动的最前沿,直接服务于广大桨板运动爱好者,是促进民众身心健康、增强民众体质和愉悦心情的基层重要力量,在推进国家倡导的建立科学文明健康的生活方式、不断提高民众生活质量和获得感方面发挥着重要作用。

(2)拉动体育消费,推进水上运动产业发展。2010年以来,国家先后颁布了《国务院关于加快发展体育产业的指导意见》《水上运动产业发展规划》和《完善促进消费体制机制实施方案》等一系列促进体育产业发展的指导性文件,以科学发展观为统领,坚持以人为本,努力满足广大人民群众日益增长的多元化、多层次的体育需求,在强调坚持体育事业与体育产业协调发展的同时,提出了不断增加体育市场供给,努力向人民群众提供健康丰富的体育产品,坚持开拓创新,加快建立完善有利于体育产业健康发展的体制机制。就桨板运动产业而言,充分发展社会体育指导员在市场推广宣传方面的"宣传队"作用,在引进体育资本寻求合作、做大做强经济实体方面,按照"政府引导、社会组织、大众参与、市场运作"的国家体育产业发展思路,实现市场推广、品牌包装、营销策略、人才培训基地建设、赛事组织策划等方面与体育资本的深度合作,推动桨板装备器材市场和赛事消费等水上运动产业发展。

(3)创建和谐社会,促进精神文明建设。所有体育活动都是一种社会文化活动,开展丰富多彩、形式多样的体育活动,有利于培养人们热爱祖国、热爱生活、团结友爱、互助奉献等高尚情操,有益于促进社会主义精神文明建设。桨板社会体育指导员在组织训练、表演和竞赛等水上活动时,还同时进行着现代体育观念和科学健身知识的传播,一方面帮助广大板友强身健体、提高技能;另一方面传授体育道德风尚,增进彼此友谊,发扬无私奉献精神。这些在促进社会主义精神文明建设、构建和谐社会方面发挥着重要作用。

4. 静水桨板社会体育指导员培训的管理

(1)静水桨板社会体育指导员培训类别有以下2种,分别介绍如下。

技术等级培训:我国目前选拔社会体育指导员参加技术等级培训,采取的是基层组织、单项体育协会(社会团体)推荐和个人报名相结合的方法进行。报名后在指定的社会体育指导员培训基地参加相应的技术等级培训。

继续培训:是指对已经获得等级证书的社会体育指导员,每年要组织进行一次以上的业务学习和岗位培训,这是《社会体育指导员管理办法》提出的明确要求。其目的是提高社会体育指导员的思想素质和业务能力,使之紧跟时代步伐,在指导站点建设及全民健身活动中发挥重要作用。对不能继续履行指导义务的社会体育指导员,应劝其退离。

各级体育主管部门、经批准的协会和委托的组织,每年举办一次以上社会体育指导员继续培训,并举办社会体育指导员工作交流和展示活动,为参加人员颁发结业证书或证明。

(2)静水桨板社会体育指导员培训的管理体制分为以下2种,分别介绍如下。

志愿服务型社会体育指导员培训管理体制。国家体育总局主管全国的社会体育指导员工作,县级以上地方体育主管部门负责本行政区域内社会体育指导员工作。各级体育主管部门、经批准的协会或委托的组织应当对报名参加社会体育指导员技术等级培训的人员进行审查,对符合条件的人员进行培训,对培训合格人员颁发证书。县级体育主管部门批准授予三级社会体育指导员技术等级称号;地(市)级体育主管部门或经批准的省级协会批准授予二级社会体育指导员技术等级称号;省级体育主管部门或经批准的全国性协会批准授予一级社会体育指导员技术等级称号;国家体育总局批准授予国家级社会体育指导员技术等级称号。

职业服务型社会体育指导员培训(职业技能鉴定)管理体制:是实行国家职业资格证书制度,职业资格包括从业资格和执业资格。《劳动法》第八章第六十九条规定"国家确定职业分类,对规定的职业制定职业技能标准,实行职业资格证书制度,由经过政府批准的考核鉴定机构负责对劳动者实施职业技能考核鉴定"。国家职业资格证书制度是劳动就业制度的一项重要内容,也是一种特殊形式的国家考试制度。它是指按照国家制定的职业技能标准或任职资格条件,通过政府认定的考核鉴定机构,对劳动者的技能水平或职业资格进行客观公正、科学规范的鉴定,对合格者授予相应的国家职业资格证书。职业技能鉴定所(站)将考核合格人员名单报经当地职业技能鉴定指导中心审核,再报经同级劳动保障行政部门或行业部门劳动保障工作机构批准后,由职业技能鉴定指导中心按照国家规定的证书编码方案和填写格式要求统一办理证书,加盖职业技能鉴定机构专用印章,经同级劳动保障行政部门或行业部门劳动保障工作机构验印后,由职业技能鉴定所(站)送交本人。

第二节 静水桨板技能培训课程

一、静水桨板技能培训等级设置

依据国家相关职业技能培训制度的规定和要求,结合国内开始静水桨板运动的实际情况,静水桨板技能等级设置分为三级,由低级别到高级别依次为:

初级(三级)、中级(二级)、高级(一级)。

二、静水桨板技能培训等级认证与晋升

1. 等级认证

参加静水桨板技能等级培训,在规定的时间内完成相应的学习课程,经技能等级考核合格,培训主体颁发静水桨板技能等级认证证书。

2. 逐级晋级

为了确保技能等级的质量,级别晋升培训和考核原则上从初级开始,逐级进阶,不得越级晋级。初级技能等级必须由三级及以上社会体育指导员担任指导,中级技能等级必须由二级及以上社会体育指导员担任指导,高级技能等级和指导师级必须由一级或国家级社会体育指导员担任指导(图8-1)。

3. 获奖晋级

这是一种带有鼓励性质的晋级方法。有些培训主体单位为了鼓励在桨板竞赛中取得较

好成绩的个人,制订了获奖晋级规则,现作如下介绍(获奖晋级案例,仅供参考)。

满足以下三个条件之一者,经培训主体批准,可直接晋升技能等级:

(1)获得地(市)级静水桨板比赛(赛事规模 50 人以上、参赛项目组别人数 30 人以上)前三名者,可直接申报初级技能等级。

(2)获得省级静水桨板比赛(赛事规模 100 人以上、参赛项目组别人数 50 人以上)前三名者,可直接申报中级技能等级。

(3)获得全国桨板比赛或全国分站赛(赛事规模 150 人以上、参赛项目组别人数 50 人以上)前六名,可直接由中级晋级到高级。

4. 颁发技能等级证书

培训主体对于考核合格者所颁发的技能等级证书,由全国单项体育协会或省级培训主体统一印制,其作用如下。

(1)荣誉象征,证明接受过正规、系统的静水桨板技能培训。

(2)技能证明,达到了一定的技术水平,凭证可参加相关桨板活动。

(3)推荐参加社会体育指导员培训。持二级技能等级证书,可直接申请参加三级社会体育指导员培训;持一级技能等级证书可申请直接参加二级社会体育指导员培训。

三、静水桨板技能培训课程设置

(一)初级(三级)技能培训课程

1. 教学目的

完成桨板爱好者的入门级培训工作。

2. 培训课时

共 8 学时。其中,4 个学时理论教学和实操课程,4 个学时复习与考核。

3. 开课条件

(1)培训场地:培训可在相对封闭和平静的水域,考核必须在开阔的公开水域。

(2)师生配比:1 位三级或以上社会体育指导员最多可同时指导 6 名学员。如果配有教学助理,最多可同时指导 10 名学员。

(3)培训器材:休闲桨板、救生衣。

4. 学员条件

(1)年满 8 周岁,能在无救生衣或救生衣辅助的情况下游泳 100m。

(2)无心脏病、高血压等不适宜剧烈运动的疾病。

(3)购买有效人身意外险,签署免责声明。

5. 理论课学习内容

(1)桨板运动的历史。

(2)国内、国际桨板机构和赛事。

(3)桨板技能等级证书的意义。

(4)桨板运动安全基本知识。

(5)环境保护意识教育。

(6)桨板及其附属装备的分类与结构。

(7)正确地选桨、确定桨的长度和握桨距离。

6. 实操课练习内容

(1)救生衣的正确穿戴方法。

(2)桨板装备的使用常识。

(3)桨板搬运的方法。

(4)安全上、下桨板的方法。

(5)板上站位。

(6)直线划行的方法。

(7)倒划、紧急停板以及转向。

(8)落水后在他人帮助下重新上板的方法。

(9)落水后重新自行上板的方法。

(二)中级(二级)技能培训课程

1. 教学目的

提升个人桨板技术、技巧的能力,掌握自我救援的方法。

2. 培训课时

共16学时。其中,2学时理论学习,8学时实操练习,2学时5km长划拉练,4学时复习与考核。

3. 开课条件

(1)培训场地:培训、考核必须在开阔的公开水域。

(2)师生配比:1位二级或以上社会体育指导员最多同时带6名学员。如果配有教学助理,最多可同时指导10名学员。

(3)培训器材:竞速桨板、救生衣。

4. 学员条件

(1)已取得静水桨板初级(三级)技能证书。

(2)年满10周岁,能在无救生衣或救生衣辅助的情况下游泳100m。

(3)无心脏病、高血压等不适宜剧烈运动的疾病。

(4)购买有效人身意外险,签署免责声明。

5. 理论课学习内容

(1)复习三级技能等级理论课内容。

(2)桨板的车辆运输。

(3)桨板的存放、修补。

(4)水上运动的礼节。

(5)判断、规避和处理风险的方法,包括冷水休克、失温、中暑等。

6. 实操课练习内容

(1)复习三级技能等级内容。

(2)有效向前划行:单边直线向前划行100m。

(3)有效后退划行。

(4)低位支撑。

(5)前后扫桨。

(6)桨板横移(提拉式横移)5m。

(7)十字弓法。

(8)踩板尾原地单向轴转,用多种桨法完成8字环绕划行。

(9)完成一次连续、不少于5km的桨板划行。

7. 安全与救援

(1)团队协作下的桨语、手势和口哨的运用。

(2)水中脱、系脚绳。

(3)游泳救援:拖带桨板装备游泳50m。

(4)协助他人上板要领。

(三)高级(一级)技能培训课程

1. 教学目的

提升个人桨板技术、技巧,提高个人和团队的救援能力。

2. 培训课时

共16学时。其中,2学时理论学习,8学时实操练习,2学时10km长划拉练,4学时复习与考核。

3. 开课条件

(1)培训场地:培训及考核均需在近岸公开水域。

(2)师生配比:1位二级以上社会体育指导员最多同时带8名学员。

(3)培训器材:竞速桨板、救生衣。

4. 学员条件

(1)已取得静水桨板中级(二级)技能证书。

(2)年满12周岁,能在无救生衣或救生衣辅助的情况下游泳100m。

(3)无心脏病、高血压等不适宜剧烈运动的疾病。

(4)购买有效人身意外险,签署免责声明。

5. 理论课学习内容

(1)复习中级(二级)技能等级理论课内容。

(2)身体、器材、天气、水文等因素对桨板运动的影响。

(3)预防防止桨板运动损伤。

6. 实操课练习内容

(1)复习二级技能等级实操课内容。

(2)前后走板。

(3)码头跳板。

(4)桨板横移(切水式横移、8字式横移)两边各5m。

(5)快速换手。

(6)踩板尾原地前扫桨、后扫桨绕圈(轴转、双向)。

(7)完成一次连续、不少于20km的桨板旅行。

(8)使用规格为426cm×71cm×15cm的充气桨板,静水划行1000m距离、绕3个固定浮标(绕向为90°),男子成绩9min以内,女子成绩10min以内。

7. 安全与救援

(1)复习二级技能等级安全与救援课程内容。

(2)水上多人救援。

(3)落水者无法上板情况下的救援。

四、静水桨板技能等级考核

1. 考核科目

(1)初级(三级),设置考核2个科目,分别为理论考核(科目一,口试)、实操考核(科目二)。

(2)中级(二级),设置考核3个科目,分别为理论考核(科目一,闭卷)、桨板技术(科目二)、桨板救援(科目三)。

(3)高级(一级),设置考核4个科目,分别为理论考核(科目一,闭卷)、桨板技术(科目二)、桨板技巧(科目三)、桨板救援(科目四)。

2. 考核内容

静水桨板技能各等级的考核,在考核内容的设置上以实际操作为主、理论考核为辅,注重考察学员的基本操作技能。各等级考核科目的名称、考核内容设置以及考核分值的分配等见表8-1～表8-3。

3. 评分方式

(1)考核成绩满分为100分。其中,理论考核占20分,实操考核占80分。

(2)实操考核80分,3个技能等级分值分配如下。

初级:科目一20分,科目二80分。

中级:科目一20分,科目二60分,科目三20分。

高级:科目一20分,科目二40分,科目三30分,科目四10分。

(3)考试合格要求为:考核成绩总分不低于70分,且各科目总分得分不低于该科目的60%。如初级技能考核:科目一成绩不低于12分,科目二成绩不低于48分。

第八章　静水桨板技术培训课程

表 8-1　静水桨板初级（三级）技能等级考核评分表

序号	科目名称	考核内容	分值	得分	备注
一	理论考核	培训课程内容	20		
二	实操考核	1. 桨板搬运	5		
		2. 救生衣、脚绳的正确穿戴	5		
		3. 安全上、下板	5		
		4. 板上跪姿划行	5		
		5. 板上站立划桨	5		
		6. 直线划行	20		
		7. 后退划行	10		
		8. 停板与转向	10		
		9. 水中在他人帮助下上板	5		
		10. 落水后自行上板（20s内）	10		
		科目二总分	80		
		总分	100		

表 8-2　静水桨板中级（二级）技能等级考核评定表

序号	科目名称	考核内容	分值	得分	备注
一	理论考核	培训课程内容	20		
二	桨板技术	桨板横移（提拉横移法）两侧各5m	5		
		前后扫桨	5		
		两侧低位支撑	5		
		紧急停板	5		
		踩板尾原地轴转3圈以上	10		
		两侧十字弓桨法	10		
		单边直线划行100m（两侧）	20		
		科目二总分	60		
三	桨板救援	水中快速上板（10s内）	5		
		水中脱、系脚绳	5		
		桨语、手势、口哨的应用	5		
		拖带桨板装备游泳50m	5		
		科目三总分	20		
		总分	100		

表 8-3　静水桨板高级(一级)技能等级考核评定表

序号	科目名称	考核内容	分值	得分	备注
一	理论考核	培训课程内容	20		
二	桨板技术	桨板横移(切水横移法、8字横移法)两侧各5m	10		
		动作节奏	10		
		掌握桨板技术的分解动作要领	10		
		1000m绕标成绩	10		
		科目一总分	40		
三	桨板技巧	前后走板	10		
		用各种桨法8字绕标	10		
		踩板尾原地前扫桨、后扫桨(轴转4圈以上,双向各2圈)	10		
		科目二总分	30		
四	桨板救援	拖带落水者上岸	5		
		协助他人水中主动上板	5		
		科目三总分	10		
		总分	100		

(4)总分不低于70分,但有一项科目成绩低于该科目总分的60%,给予一次补考机会,补考时间为该次培训之后两年内的任何一次公开培训,该学员可就近报名培训班参加补考,申请补考时,需在培训前告知培训承办方。

(5)考核成绩总分低于70分为不合格。

第三节　静水桨板社会体育指导员培训课程

本节从研究探索的角度,依据国家颁布的《社会体育指导员国家职业标准》和《社会体育指导员管理办法》等相关法规制度和标准,结合目前全国多个地区、特别是湖北省开展静水桨板社会体育指导员技术等级培训的实际,以促进专业技术水平的提高为目的,尝试提出社会体育指导员技术等级培训课程,仅供参考。

一、静水桨板社会体育指导员技术等级设置

静水桨板社会体育指导员技术等级设置为四级,由低到高依次为:三级社会体育指导员(初级技术等级)、二级社会体育指导员(中级技术等级)、一级社会体育指导员(高级技术等级)、国家级社会体育指导员(指导师级)。

二、静水桨板社会体育指导员各技术等级的评定条件

静水桨板社会体育指导员技术等级考核评定,由开展服务指导工作的时间、静水桨板技能指导能力和活动组织能力3个方面的内容所构成。评定的等级越高,评定的内容就越多,难度也就越大。

1. 三级社会体育指导员(初级技术等级)

符合《社会体育指导员管理办法》中关于三级社会体育指导员的等级条件,能够运用基本技能指导练习对象学习静水桨板基本技术动作和提高基本运动素质,能够针对不同年龄和性别的练习对象,指导其提高静水桨板技术水平、进行健身活动。

2. 二级社会体育指导员(中级技术等级)

符合《社会体育指导员管理办法》中关于二级社会体育指导员的等级条件,能够熟练运用静水桨板基本技能和进阶技能指导练习对象提高技能,能进行健身指导活动,能够针对不同运动对象的要求提供不同的服务。

3. 一级社会体育指导员(高级技术等级)

符合《社会体育指导员管理办法》中关于一级社会体育指导员的等级条件,能够熟练运用各种静水桨板基本技能和进阶技能完成技术指导工作,具备三级风力情况下的公开水域划行能力和一定的海划能力,能够为不同职业者、残障人士和需控制体重者提供健身指导服务,能够组织开展体育活动,具有一定的组织培训和管理能力。

4. 国家级社会体育指导员(指导师级)

符合《社会体育指导员管理办法》中关于国家级社会体育指导员的等级条件,能够独立解决技术指导过程中遇到的各种问题,能够胜任桨板康复锻炼指导工作,能够组织开展专业技术培训,具有一定的水上(桨板)运动基地经营、管理和运动科研能力。

三、静水桨板社会体育指导员晋级培训与注册

1. 逐级晋升

依据《社会体育指导员管理办法》中的相关规定进行技术等级晋升培训和考核。为了确保技术等级的质量,原则上从三级开始培训和考核,逐级晋级,不越级评定。

对于做出突出贡献的社会体育指导员,根据相关规定在申请晋升等级称号时,可以适当放宽连续开展志愿服务年限的要求;贡献特别突出的经报请相关部门批准,可以破格或越级晋升。

2. 考核委员会把关

培训主体应建立由培训指导师和高(中)级社会体育指导员组成的专家库,在培训开始前从专家库中抽取专家成立委员会,组成桨板社会体育指导员技术等级考核小组,负责培训和考核三级、二级、一级体育社会指导员。培训主体可以指派监督员指导培训和考核工作。

3. 颁发证书

考核成绩合格,并提供20学时(含)以上的实习证明(实习单位在提供文字证明的同时,

个人还要提供标注或记录有日期信息的相关影像证明资料),才能取得相应的技术等级证书。

依据《社会体育指导员管理办法》中的相关规定,被批准授予或晋升技术等级称号的社会体育指导员,由体育主管部门或经批准的协会颁发证书。社会体育指导员技术等级证书由国家体育总局统一制作(图8-2)。

图8-2　社会体育指导员证书

4. 注册管理

获得等级证书的社会体育指导员,由培训主体统一在国家体育总局社会体育指导员信息管理系统进行注册登记。每年第四季度进行年度工作注册审核,对于一个年度内未参加过指导活动者,不予年度工作注册。未进行工作注册的,不得申请晋升社会体育指导员技术等级。连续五年未进行工作注册者,培训主体单位报请主管部门,取消其社会体育指导员资格。

四、静水桨板社会体育指导员技术等级培训课程设置

(一)三级静水桨板社会体育指导员培训课程

1. 教学目的

提高个人桨板技术、技巧,初步掌握桨板教学、领队能力,能安全有效地组织开展桨板活动。

2. 培训课时

共24学时,各部分课程时间可根据实际情况灵活安排。其中,4学时理论学习,8学时桨板技术练习,4学时桨板技巧与救援技能练习,4学时公开水域旅行带队实操练习,4学时考核。

3. 开课条件

(1)开课场地:水域长度达10km以上的公开水域。培训及考核在近岸安全水域进行。

(2)师生配比:1位指导师最多可带6名学员进行培训。

(3)考核由考核委员会负责完成。考核委员会由3名及以上指导师和社会体育指导员

(二级或以上)组成。培训机构可根据需要派出1名督导对培训过程和考试过程进行监督。

(4)培训器材:竞速桨板、救生衣。

4. 学员条件

(1)持三级技能等级证书一年以上者方可参加。鉴于目前桨板运动的发展现状,本条件经培训主体批准可适当放宽。

(2)年满18周岁,能在无救生衣或有救生衣辅助的情况下游泳200m。

(3)无心脏病、高血压等不适宜剧烈运动的疾病。

(4)购买有效人身意外险,签署免责声明。

5. 理论课学习内容

(1)桨板运动概述。

(2)桨板运动安全。

(3)桨板的基本技术动作解析。

(4)桨板运动装备与器材。

(5)桨板运动安全。

(6)桨板运动的相关活动(桨板旅行)。

(7)《社会体育指导员技术等级培训教材》相关内容。

6. 桨板技术实操内容

(1)熟练掌握初级(三级)技能等级所要求的划桨技术。

(2)桨法与划桨节奏。

(3)掌握桨板技术的分解动作要领。

(4)使用规格为426cm×71cm×15cm的充气桨板,静水划行1000m距离、绕一个固定浮标(绕向为180°),男子成绩10min以内,女子成绩12min以内。

7. 桨板技巧实操内容

(1)熟练掌握三级技能等级划桨技巧。

(2)跳板出发。

(3)后撤步。

(4)高位支撑。

(5)踩板尾绕标(轴转绕标)。

8. 桨板救援实操内容

(1)熟练掌握一级技术等级水上救援技能。

(2)掌握公开水域救援他人及组织团队救援的能力。

(3)绳包救援("V"字拖与一字拖)。

(4)绳结打法:布林结、8字结等。

(5)落水者无法上板情况下的救援等。

(6)掌握落水者的心理辅导技能。

9. 领队能力

(1)掌握判断水文、气候、地形、水面交通等方面的基本常识。

(2)掌握团队组织工作。

(3)领队的职责。

(4)桨语、手势、口哨的熟练运用。

(5)野外环境的休整与补充食物。

(6)户外营地搭建知识。

(7)带队完成一次不少于5人,不少于1h,不少于5km的桨板旅行。

10. 教学实习

参加教学实习20学时,掌握培训桨板初级(三级)技能等级学员的技能,会讲解桨板基本技术动作要领。

(二)二级静水桨板社会体育指导员培训课程

1. 教学目的

(1)进一步加强个人桨板技术、技巧,提高桨板教学、领队能力。

(2)具备安全组织100人左右中小型桨板活动的能力。

2. 培训课时

共24学时,各部分课程教学时间可根据实际情况灵活安排。其中,4学时理论学习,8学时桨板技术练习,4学时桨板技巧与救援技能练习,4学时公开水域旅行带队实操练习,4学时考核。

3. 开课条件

(1)开课场地:水域长度达10km以上的公开水域。培训及考核在近岸安全水域进行。

(2)师生配比:1位指导师最多可带6名学员进行培训。考核由考核委员会负责完成。考核委员会由3名及以上指导师和社会体育指导员(二级或以上)组成。培训机构可根据需要派出1名督导对培训过程和考试过程进行监督。

(3)培训器材:竞速桨板、救生衣。

4. 学员条件

(1)获得三级(初级)桨板社会体育指导员技术等级2年以上者方可参加。鉴于目前桨板运动的发展现状,本条件经培训主体批准可适当放宽。

(2)年满18周岁,能在无救生衣或有救生衣辅助的情况下游泳200m。

(3)无心脏病、高血压等不适宜剧烈运动的疾病。

(4)购买有效人身意外险,签署免责声明。

5. 理论课学习内容

(1)桨板技术教学。

(2)桨板运动的相关活动(桨板瑜伽、桨板救援等)。

(3)《社会体育指导员技术等级培训教材》相关内容。

6. 桨板技术实操内容

(1)熟练掌握初级社会体育指导员划桨技术。
(2)比赛中的起航、冲刺技术。
(3)比赛中技术、战术的运用。
(4)使用规格为 426cm×71cm×15cm 的充气桨板,静水划行 1000m 距离,绕 3 个固定浮标(绕向为 90°),男子成绩 9min 以内,女子成绩 11min 以内。

7. 桨板技巧实操内容

(1)熟练掌握三级(初级)社会体育指导员划桨技巧内容。
(2)板尾反桨支撑。
(3)踩板尾快速绕标(左旋、右旋双向轴转)。

8. 熟练掌握桨板救援技能

(1)熟练掌握三级(初级)社会体育指导员救援技能。
(2)有意识伤员的水上及陆上救援。

9. 领队技能

(1)掌握判断水文、气候、地形、水面交通等方面的技能。
(2)精通团队组织工作。
(3)掌握野外环境下的休整与补充食物的方法。
(4)熟练掌握户外营地搭建技能。
(5)实际带队完成一次不少于 5 人,不少于 2h,不少于 10km 的旅程。

10. 教学实习

参加教学实习 20 学时,掌握培训桨板中级(二级)技能等级的学员的方法,会讲解桨板基本技术动作、桨板技巧动作要领,了解容易出现的问题及纠正的方法。

(三)一级静水桨板社会体育指导员培训课程

1. 教学目的

进一步加强个人桨板技术、技巧教学能力,提高桨板活动的组织、领队能力,具备安全组织 200 人左右中等规模桨板活动的能力,具备指导和组织参与大型桨板赛事筹划的能力。

2. 培训课时

共 24 学时,各部分课程教学时间可根据实际情况灵活安排。其中,8 学时理论学习,4 学时桨板技术练习,4 学时桨板技巧与救援技能练习,4 学时公开水域旅行带队实操练习与交流,4 学时考核。

3. 开课条件

(1)开课场地:水域长度达 10km 以上的公开水域。培训及考核在近岸安全水域进行。
(2)师生配比:1 位指导师可带 6 名学员进行培训,考核由考核委员会负责完成。考核委员会由3名及以上指导师和社会体育指导员(二级或以上)组成。培训机构可根据需要派出1名督导对培训过程和考试过程进行监督。

(3)培训器材:竞速桨板、救生衣。

4. 学员条件

(1)持二级(中级)桨板社会体育指导员证3年以上者方可参加。鉴于目前桨板运动的发展现状,本条件经培训主体批准可适当放宽。

(2)年满18周岁,能在无救生衣或有救生衣辅助的情况下游泳200m。

(3)无心脏病、高血压等不适宜剧烈运动的疾病。

(4)购买有效人身意外险,签署免责声明。

5. 理论课学习内容

(1)桨板训练方法。

(2)运动损伤与恢复。

(3)静水桨板竞赛组织与管理。

(4)静水桨板裁判工作指南。

(5)桨板赛事组织案例。

(6)《社会体育指导员培训教材》相关内容。

6. 桨板技术实操内容

(1)熟练掌握中级社会体育指导员划桨技术。

(2)1000m绕标成绩。使用规格为426cm×71cm×15cm的充气桨板,静水划行1000m距离、绕3个固定浮标(绕向为90°),男子成绩7′30″以内,女子成绩8′30″以内。

7. 桨板技巧实操内容

(1)熟练掌握二级(中级)社会体育指导员划桨技巧。

(2)熟练掌握桨板训练与组织活动中常见问题及解决的办法。

8. 领队技能

(1)熟知举办大型比赛的相关知识,能有序组织200人左右的中等规模桨板比赛。

(2)带队参加大型桨板比赛的能力。

(3)实际带队完成一次不少于5人,不少于4h,不少于20km的旅行。

9. 教学实习

参加教学实习20学时,掌握培训桨板高级(一级)技能等级学员的能力,会讲解桨板基本技术动作、桨板技巧动作要领,掌握容易出现的问题及纠正的方法。

(四)国家级静水桨板社会体育指导员(指导师)考核评定

1. 评定条件

(1)获得一级社会体育指导员称号后,累计(以工作注册为准)开展志愿服务4年以上。

(2)较系统地掌握体育健身和竞赛的理论与方法,在一项体育健身技能传授和指导中具有较高的水平或者特殊造诣。

(3)较系统地掌握全民健身活动组织管理的理论与方法,具有丰富的实践经验和突出的组织能力,能够承担大规模(500人以上)全民健身活动的组织工作,能够撰写有关全民健身工作报告或调研报告。

(4)在县级以上区域开展志愿服务产生突出的效果和影响;在地(市)级以上区域开展的志愿服务产生良好的效果和影响。

(5)具有指导一级、二级和三级社会体育指导员的能力。

2. 培训主体

国家体育总局组织实施国家级静水桨板社会体育指导员(指导师)技术等级评定,并批准授予国家级社会体育指导员技术等级称号。

五、培训指导师的聘任

组织实施静水桨板社会体育指导员培训,其培训指导师分为内部指导师和外部指导师两类。

1. 内部指导师的聘任

内部指导师,是指由培训主体聘任的国家级社会体育指导员(指导师),担任桨板社会体育指导员的培训督导或者考核工作。根据我国公开水域和静水桨板的发展现状,内部指导师由国内静水桨板资深人士推荐,并由培训机构最终审核确定内部指导师名单,培训班指导师必须从此名单中选择。随着培训体系的进一步发展和完善,将逐步制订相应的指导师资格及入选管理办法。

2. 外部指导师的聘任

外部指导师,是指由培训管理部门聘任的,由知名水上运动的专家、海事部门、红十字会、运动医学、运动损伤等相关行业和学科的具有一定资质的专家担任桨板社会体育指导员的培训督导或者考核工作。

六、静水桨板社会体育指导员技术等级考核

1. 考核科目

(1)科目设置。三级(初级)、二级(中级)和一级(高级)共设置6个考核科目,分别为理论考核(科目一,闭卷)、桨板技术(科目二)、桨板技巧(科目三)、桨板救援(科目四)、教学能力(科目五)和领队能力(科目六)。

(2)国家级(指导师级)社会体育指导员考核科目的设置,按照国家体育总局的相关规定执行。

(3)教学实习环节不列为考核内容,但须持有实习单位的证明并提供标注(记录)有日期信息的相关影像资料,才能取得相应证书。

2. 考核内容

静水桨板社会体育指导员技术等级考核,在考核内容的设置上遵循"以突出教学能力为主,理论知识、技术技巧、救援能力和领队能力并重"的原则,既强调提高教学能力,又注重培养系统规范的实际操作能力,注重考察学员的基本操作技能。各等级考核科目的名称、考核内容设置以及考核分值的分配等见表8-4~表8-6。

表8-4 静水桨板社会体育指导员技术等级考核评分表(三级)

序号	科目名称	考核内容	分值	得分	备注
一	理论考核	培训课程内容	10		
二	桨板技术	初步掌握桨板技术动作要领	5		
		1000m绕标成绩	5		
		科目二总分	10		
三	桨板技巧	前后走板	5		
		单边直线划行	5		
		后退、急停桨法	5		
		两侧十字弓桨法及踩板尾原地双向轴转	5		
		科目三总分	20		
四	桨板救援	水中上板	2		
		水中脱、系脚绳	2		
		协助他人水中主动上板	2		
		桨板水中相互拖带	2		
		拖带桨板装备游泳50m	2		
		科目四总分	10		
五	教学能力	桨板技术动作示范的标准性	10		
		桨板授课语言表达能力、沟通能力	10		
		对错误动作的纠错能力	5		
		调节活跃教学氛围能力	2.5		
		桨板教案的编写能力	2.5		
		科目五总分	30		
六	领队能力	桨板旅行带队能力	2		
		桨板旅行方案的制订能力	4		
		桨板旅行方案的执行能力	2		
		桨板旅行途中的应变能力	2		
		科目六总分	10		
		总分	100		

表 8-5 静水桨板社会体育指导员技术等级考核评分表(二级)

序号	科目名称	考核内容	分值	得分	备注
一	理论考核	培训课程内容	10		
二	桨板技术	基本掌握桨板技术动作要领	5		
		1000m 绕标成绩	5		
		科目二总分	10		
三	桨板技巧	正面翘板头、正面翘板尾走板	5		
		跳板出发	5		
		后撤跳步	5		
		踩板尾原地前扫桨、后扫桨、原地双向轴转各 2 圈	5		
		科目三总分	20		
四	桨板救援	绳包救援(拖板、抛绳)	2		
		多种绳结打法	2		
		协助他人水中主动上板	2		
		拖带桨板装备游泳 50m	2		
		划板救助落水者上岸	2		
		科目四总分	10		
五	教学能力	桨板技术动作示范的标准性	10		
		桨板授课语言表达能力、沟通能力	10		
		对错误动作的纠错能力	5		
		调节活跃教学氛围能力	2.5		
		桨板教案的编写能力	2.5		
		科目五总分	30		
六	领队能力	桨板旅行带队能力	2		
		桨板旅行方案的制订能力	4		
		桨板旅行方案的执行能力	2		
		桨板旅行途中的应变能力	2		
		科目六总分	10		
		总分	100		

3. 评分方式

(1)考核成绩满分为 100 分。其中,理论考核占 10 分,实操考核占 90 分。

(2)实操考核 90 分,从三级至一级 3 个技术等级相应的科目分值分配如下:科目一 10 分、科目二 10 分、科目三 20 分、科目四 10 分、科目五 30 分、科目六 10 分。

(3)考试合格要求为:考核成绩总分不低于70分,且各科目总分得分不低于该科目的60%。如三级(初级)技术等级考核,科目一成绩不低于6分,科目五成绩不低于18分。

(4)总分不低于70分,但有一项科目成绩低于该科目总分的60%,给予一次补考机会,补考时间为该次培训之后两年内的任何一次公开培训,该学员可就近报名培训班参加补考,申请补考时需在培训前告知培训承办方。

(5)考核成绩总分低于70分为不合格。

表8-6 静水桨板社会体育指导员技术等级考核评分表(一级)

序号	科目名称	考核内容	分值	得分	备注
一	理论考核	培训课程内容	10		
二	桨板技术	掌握桨板技术动作要领	5		
		1000m绕标成绩	5		
		科目二总分	10		
三	桨板技巧	正面翘板头、正面翘板尾走板	5		
		跳板出发	5		
		板尾反桨支撑	5		
		踩板尾原地双向轴转各3圈	5		
		科目三总分	20		
四	桨板救援	协助他人水中被动上板	5		
		有意识伤员的水上及陆上救援	5		
		科目四总分	10		
五	教学能力	桨板技术动作示范的标准性	10		
		桨板授课语言表达能力、沟通能力	10		
		对错误动作的纠错能力	5		
		调节活跃教学氛围能力	2.5		
		桨板教案的编写能力	2.5		
		科目五总分	30		
六	领队能力	桨板旅行带队能力	2		
		桨板旅行方案的制订能力	4		
		桨板旅行方案的执行能力	2		
		桨板旅行途中的应变能力	2		
		科目六总分	10		
		总分	100		

第九章 静水桨板赛事组织与管理

静水桨板赛事是指在流速较缓、风浪较小的江、河、湖、海湾、水库、溪流和运河等相对平静的水域按照一定的规则和方法所开展的桨板竞赛活动,是桨板运动中的一种独特现象和重要表现形式,其目的是检验桨板运动的开展情况和运动员技术水平,同时可以宣传、推广、促进和交流桨板运动技术,推动桨板运动项目的发展。桨板赛事通常由政府体育管理部门、社会体育组织(协会或者俱乐部)或企(事)业单位组织实施。

静水桨板赛事的组织与管理,是指依据国家《体育赛事活动管理办法》(2020年1月17日颁布实施)的相关要求,制订赛事的目标与计划、确定赛事的组织方案(组织机构、竞赛场地和施设、赛事规程、裁判规则、安全保障)和后勤保障计划等,确保竞赛顺利进行的整个过程。随着我国静水桨板运动的逐步发展,桨板赛事活动将不断增多,对办赛地区的体育、旅游、文化、经贸和娱乐消费活动必将产生重要影响,因此静水桨板赛事也将会越来越受到社会的广泛关注。研究静水桨板赛事活动的组织管理,对于科学、规范、有序地组织好静水桨板赛事活动,扩大赛事的社会影响力和顺利办赛具有重要意义。

第一节 静水桨板赛事组织程序

组织静水桨板赛事的办赛主体(政府部门、协会、俱乐部或者赛事机构)筹办赛事时,要综合考虑赛事对本地区社会和文化、自然和环境、经济和旅游等多个领域所产生的影响,以及能够产生的社会效益、经济效益等综合效益,结合实际确定本次赛事的基本类型和赛事规模,熟悉申办赛事的路径和报批(报备)的流程,判断预测赛事受自然环境、竞赛规则、传统习俗和其他多种因素的制约可能带来的影响,全面细致地组织筹划赛事工作。

一、静水桨板赛事概述

(一)静水桨板赛事的基本类型

根据办赛主体的办赛目的和参赛运动员范围等要素的不同,静水桨板赛事分为:
国际性赛事、全国性赛事、地方性赛事,以及群众性赛事和商业性赛事。

1. 国际性桨板赛事

由国际水上运动组织、国家体育总局主办,或交由中国单项运动协会主办或承办的重要国际性比赛。

2. 全国性桨板赛事

国家体育总局主办的全国综合性运动会桨板比赛或全国单项运动协会主办的全国性桨板比赛。

3. 地方性桨板赛事

由地方人民政府体育主管部门或其委托地方性单项运动协会主办的综合性运动会或桨板比赛。

4. 群众性赛事和商业性赛事

由地方单项运动协会或社会有关机构自筹资金举办的其他桨板比赛。

(二)静水桨板赛事的基本形式

根据办赛目的和办赛方式的不同,静水桨板赛事通常有下几种基本形式。

1. 综合性水上运动会(桨板分项赛)

综合性水上运动会(桨板分项赛),通常包括皮划艇、帆船、帆板、游泳、桨板、龙舟、赛艇等若干类水上运动项目,以及趣味运动项目在内的规模较大的综合性竞赛活动。其特点是比赛项目多,参赛人数多,场面宏大,影响面广泛,组织工作比较复杂。

2. 单项桨板赛事

单项桨板赛事是指赛事中只设立桨板项目的比赛,竞赛目的性和专业性较强,项目设置比较规范,器材保障相对简单,参与的人群相对稳定,是目前静水桨板赛事中最常见的组织形式。

(1)锦标赛。锦标赛亦称"单项锦标赛"或"冠军赛",是指在不同的国家或地区(或竞赛大组)的优胜者之间进行的一系列比赛,是桨板运动中规格最高的一种竞赛形式。通常在桨板运动圈内排名在一定位置或者具有一定的技术水平的运动员(种子选手)才可以参加,而且会限制每个参赛地区的选手数量,其目的是检验桨板运动的发展情况和技术水平。

锦标赛的办赛规格、地位、规模、运动员水准、个人积分和获得的荣誉等,通常情况下要高于公开赛,是桨板赛中目前级别最高的个人赛事,如2018年海南万宁ISA世界冲浪桨板锦标赛、2019年山东青岛ICF世界桨板锦标赛等。锦标赛的含金量通常比较高,获得世界或者全国锦标赛的冠军选手,被誉为"世界冠军",或者"全国冠军"。

锦标赛通常定期举办。国际桨板锦标赛由各类桨板运动国际组织定期举办。国内锦标赛由国家体育总局水上运动管理中心或全国性的体育单项协会定期举行。省级的锦标赛,由省级主管体育运动的机关或者省级协会定期举办。

(2)公开赛。公开赛这种比赛形式,通常运用于单人或双人为主体的运动项目中,其特点是不限制参加人员的身份和职业,业余选手或职业选手均可参赛。比赛时选手可以携带符合竞赛规程要求的比赛器材参加,但是部分公开赛会对参赛选手的比赛成绩和自带器材提出限制条件,比如限制选手必须在资格赛中取得一定的名次或在该领域具备一定的水平,才能获得参赛的资格。

(3)邀请赛。由一个或几个单位(俱乐部)组织实施,或者由知名人物发起,邀请其他单位

(俱乐部)参加发起者所举办的竞赛活动。这也是单项桨板赛事中比较常见、比较灵活的竞赛形式。

(4)挑战赛。以展示速度和技巧为主要目的的比赛。通常要求运动员在规定的比赛距离和时间内,或者在设定了距离、路线、浮标的水域内,按照规则完成赛程所规定的技巧动作。

(5)表演赛。为了宣传和倡导推广桨板运动,或是为某项公益事业征集资金扩大影响等特定目的,或是为了桨板运动教学示范等而举办的表演性竞赛等。表演赛的特点是通常注重表现场面的精彩性,但并不一定记录比赛成绩或进行排名。为增添节日气氛或运动氛围,在节假日或某些庆典活动中,也常常举办这样的表演赛。

(6)友谊赛。以相互交流和增进友谊为目的的一种非正式的比赛形式。一些地区企(事)业单位或者部分民间团体为丰富本地节假日文化体育活动氛围,通常组织相互走访、进行交流比赛,比赛时双方约定比赛时间、地点和比赛方法,组织简便,形式多样,是民间桨板社会体育组织中常见的一种比赛形式。

(7)特色赛。指根据本地区的地理和环境条件等特点而举办的桨板竞赛活动,如春(冬)桨板季赛、泳池桨板赛、运河桨板马拉松赛、特色小镇桨板赛、长江桨板横渡赛等。

(8)联赛(分站赛)。在一个或者多个行政区域内,赛事牵头单位统一组织计划、统一赛事规则,协调不同的赛事承办单位,在不同的时间、不同的地点逐一开展桨板赛事活动,并对个人或者单位进行积分累计。联赛的时间周期通常是一个年度,最后通常以年度总决赛的形式进行个人或者单位的成绩排名。

(三)静水桨板赛事级别区分

赛事级别,也称赛事层级,是赛事规格的体现。赛事级别通常根据赛事主办和承办单位的级别、赛事规模和影响力、赛事管理水平、裁判团队以及参赛运动员的水平等因素进行综合评判。成熟体育项目的赛事级别分类都有着较为严格的认证标准。

1. 国际性桨板赛事的级别区分

参照中国赛艇协会和中国皮划艇协会关于国际赛事的分类方法,按照主办方、比赛性质和重要程度分为 A、B、C 三类(三个级别)。

(1)A 类国际性桨板赛事:由国际划联、国际冲浪协会等国际性水上运动组织和国家体育总局主办,或交由中国单项运动协会主办或承办的重要国际性桨板比赛。

(2)B 类国际性桨板赛事:由中国单项运动协会主导,与地方政府共同主办或交由地方政府承办的一般国际性桨板比赛。

(3)C 类国际性桨板赛事:由地方自行举办的,或者由地方政府主导、全国性单项运动协会根据比赛主办方需要,给予技术指导和支持的一般国际性桨板比赛。

目前在国内举办的国际类桨板赛事,主要有国际皮划艇联合会(ICF)主办的世界桨板锦标赛、国际冲浪协会(ISA)主办的世界桨板冲浪锦标赛、世界桨板协会(WPA)主办的国际桨板公开赛(或邀请赛),承办单位为国家体育总局水上运动管理中心,或者中国皮划艇协会与办赛地省级体育主管部门联合承办。赛事组织、场地条件、参赛运动员条件等按照国际运动组织的办赛要求进行。

2. 国内桨板赛事的级别区分

由于国内桨板运动起步较晚,2016 年才开始出现规模型赛事,虽然 2019 年全国静水桨板赛事数量呈快速增长的态势,但规模大的赛事仍然不多,全国静水桨板比赛 100 人以上规模的赛事未超过 30 场,因此桨板赛事级别的认证时机暂时还不够成熟,目前尚没有国家层面的或者国内权威性的桨板赛事级别认证标准。

3. 湖北省静水桨板赛事的级别区分

湖北省桨板联盟结合省内静水桨板赛事组织的实践,于 2019 年推出《湖北省静水桨板赛事级别认证条件》(表 9-1),将省内静水桨板赛事的级别区分为一类赛事(金牌赛事)、二类赛事(银牌赛事)和三类赛事(铜牌赛事)。

《湖北省静水桨板赛事级别认证条件》中设置了 8 项认证条件,每个赛事类别都有与之相对应的认证条件。此部分内容属于探索性研究,仅供大家参考。

表 9-1 湖北省静水桨板赛事级别认证条件

项目设置	赛事级别		
	一类赛事(金牌赛事)	二类赛事(银牌赛事)	三类赛事(铜牌赛事)
主办单位	国家体育总局或全国单项体育协会	省级或省会城市人民政府;体育主管部门;省级单项体育协会	地市县人民政府;体育主管部门;地市单项体育协会
承办单位	省级或省会城市人民政府,以及体育主管部门;省级单项体育协会	地市(区)人民政府;体育主管部门;单项体育协会	地市县体育主管部门,或者单项运动协会
赛事管理	组委会主要成员具有组织过本项目或其他项目国家级赛事的经历;赛事安保工作计划周密,竞赛组织顺畅	组委会主要成员具有组织过本项目或其他项目的省级赛事经历;赛事安保工作计划周密,竞赛组织顺畅	组委会主要成员具有组织过本项目或其他项目的地市级赛事经历;赛事安保工作计划周密,竞赛组织顺畅
裁判团队	技术代表或总裁判长具有担任过本项目国际类或国家级赛事的经历;裁判员执裁公平公正	技术代表或总裁判长具有担任过本项目一般性国际赛事或省级赛事的经历;裁判员执裁公平公正	裁判长具有担任过本项目省级赛事的经历;裁判员执裁公平公正
参赛规模	大众参赛者 500 人以上,或资深选手 300 人以上	大众参赛者 300 人以上,或资深选手 200 人以上	大众参赛者 120 人以上;或资深选手 80 人以上
精英运动员占比	全国各类桨板赛事中排名前 50 名选手中,至少有 30 人以上参赛	全国各类桨板赛事中排名前 30 名选手至少有 10 人以上参赛	全省各类赛桨板事中排名前 50 名选手,至少有 30 人以上参赛

续表 9-1

项目设置	赛事级别		
	一类赛事(金牌赛事)	二类赛事(银牌赛事)	三类赛事(铜牌赛事)
场地条件	基本达到国际一般赛事标准	满足省级或者省级城市赛事要求	能满足一般赛事要求
媒体宣传	央视新闻或体育频道、国家和省级广播电视、报刊媒体、知名网络媒体均有报道	国家级报刊媒体、省级或者省会城市广播电视、报刊媒体和知名网络媒体均有报道	地市(区)广播电视、报刊媒体和知名网络媒体均有报道
备注	1.赛事级别评定必须同时满足上述8项评定条件,具体评定方法详见《实施细则》。 2.非官方组织的桨板专项赛事,可参照上述标准进行综合评定。 3.资深选手是指参加各类桨板赛事5场以上、具有较丰富的比赛经验的选手。		

(四)静水桨板比赛中常见赛项的设置

在上述各种类别、各种形式的桨板比赛中,赛事主办方根据本地的自然环境、水域条件、赛事规模、保障条件以及竞赛目的等,设置不同的竞赛项目,通常有直道竞速(冲刺)赛、折返竞速赛、绕标技术赛、接力赛、追逐赛、亲子赛、龙板赛、水上马拉松赛(12~50km)、长距离拉力赛或者接力赛(多日赛,100km以上)等。

二、静水桨板赛事的申办

(一)国家关于赛事活动管理的相关政策规定

《中华人民共和国体育法》(2016年修订)第四章第三十一条规定:国家对体育竞赛实行分级分类管理;全国综合性运动会由国务院体育行政部门管理或者由国务院体育行政部门会同有关体育组织管理;全国单项体育竞赛由该项运动的全国性协会负责管理;地方综合性运动会和地方单项体育竞赛的管理办法由地方人民政府制定。同时第三十九条进一步明确,全国性的单项体育协会管理该项运动的普及与提高工作,代表中国参加相应的国际单项体育组织。

(二)国家体育总局关于体育赛事管理的相关政策

国家体育总局2020年1月颁布《体育赛事活动管理办法》,2020年5月1日起正式实施。其主要政策摘录如下。

1.关于体育赛事活动管理原则

体育赛事活动应当坚持政府监管与行业自律相结合的原则,实行分级分类管理;体育赛事活动举办应当遵循合法、安全、公开、公平、公正、诚信、文明、绿色的原则。

2. 关于体育赛事活动申办和审批

（1）国家体育总局以及中华全国体育总会、中国奥林匹克委员会主办的全国综合性运动会，由省、自治区、直辖市人民政府按照综合性运动会申办管理规定申办，报国务院批准后举办；地方体育部门以及地方体育总会主办的所辖区域内的综合性运动会自行确定申办办法；申办国际体育赛事活动，应当按照程序报批，未经批准，不得申办。

（2）地方自行主办，或与国家体育总局相关单位（全国性单项体育协会）共同主办，但由地方主导的国际体育赛事活动，由有外事审批权的地方人民政府或其有关部门审批，不列入国家体育总局外事活动计划，但应统一向国家体育总局备案；全国性单项体育协会代表中国参加相应的国际单项体育组织，任何组织和个人在中国境内主办或承办相应的国际单项体育组织的体育赛事活动，应当与全国性单项体育协会协商一致。

（3）国家体育总局对体育赛事活动一律不做审批，公安、市场监管、卫生健康、交通运输、海事、无线电管理、外事等部门另有规定的，主办方或承办方应按规定办理。地方体育部门应当按照国务院、地方人大和政府的相关规定，减少体育赛事活动审批；对保留的审批事项，不断优化服务。

（4）地方体育部门应当积极协调，推动地方人民政府根据实际需要建立体育、公安、卫生等多部门对商业性、群众性大型体育赛事活动联合"一站式"服务机制或部门协同工作机制。

（5）机关、企事业单位、社会组织和个人均可依法组织和举办体育赛事活动。

3. 关于体育赛事活动名称的管理

体育赛事活动的名称应当符合以下规定：与举办地域和体育赛事活动的项目内容相一致；与主办方开展活动的行业领域和人群范围相一致；与他人或其他组织举办的体育赛事活动名称有实质性区别；不得侵犯他人或其他组织的合法权益；不得含有欺骗或可能造成公众误解的文字；不得使用具有宗教含义的文字；按照国家法律法规和政策的要求使用"一带一路""金砖国家""上合组织"等含有政治、外交、国防属性的文字。

同时要求：中央和国家机关及其事业单位、全国性社会组织主办或承办的国际性、全国性体育赛事活动，名称中可以使用"世界""国际""亚洲""中国""全国""国家"等字样或具有类似含义的词汇，其他体育赛事活动不得使用与其相同或类似的名称。

4. 关于体育赛事活动服务

地方体育主管部门和体育运动单项协会，可以选配体育赛事活动组织经验丰富的专家担任体育赛事活动指导员，参与体育赛事活动现场指导，并按照项目分类组建专家库；鼓励主办方在举办体育赛事活动前主动向地方体育主管部门备案；地方体育主管部门可以制订所辖区域的年度《体育赛事活动服务指导目录》，明确每年度可由社会力量申办的体育赛事活动，优先给予扶持的体育赛事活动，以及提供公共服务的范围、服务内容、收费标准等事项；地方体育主管部门经过评估，可以将其中社会效益好、影响力大的体育赛事活动列入《体育赛事活动服务指导目录》，通过政府购买服务、提供专业技术指导等方式给予支持。

5. 关于赛事活动监管

地方体育主管部门应当建立健全体育赛事活动监管工作机制，综合运用多种监管手段，充分发挥"互联网＋监管"的功能,加快实现各相关部门、各层级和各领域监管信息共享和统一应用,实现综合监管、智慧监管、动态监管。

6. 关于赛事活动评估

地方体育协会可以依照体育赛事活动组织整体水平、人数规模、层次规格、服务保障、社会影响力等因素,对所辖区域内的体育赛事活动,实施等级评定或进行体育赛事活动评估。

上述国家关于体育赛事活动的管理规定,为赛事申办与管理指明了方向。

(三)申办静水桨板赛事应具备的基本条件

无论是申办国际性桨板赛事,还是举办国内桨板赛事,为确保赛事申办的顺畅,赛事筹办方应当具备以下办赛条件:

(1)申请承办赛事的资格主体,必须是经注册的、年审合格的、具备独立法人资格的体育组织(企业),或者是县级以上人民政府及其相关职能部门。个人办赛要依据地方体育管理部门的相关规定履行办赛手续。

(2)拥有赛事期间对比赛陆上区域和水域的使用权。比赛所使用的水域,在水域面积、水质、水下地貌、水流、风浪等自然条件方面满足办赛要求,易于组织陆地和水面的安全保卫工作。

(3)拥有与赛事等级、规模相匹配的办赛经费,有专业竞赛团队提供服务。

(4)具备与赛事等级、规模、场地相匹配的比赛用器材、交通、食宿、安全和医疗保障条件。

(5)积极主动地与政府相关体育主管部门就办赛规模、级别、经费来源和赛事组织团队等办赛信息进行沟通,取得意向性支持,将有利于推动赛事申办工作更加顺畅地进行。

(四)申办静水桨板赛事的基本程序

1. 国际性桨板赛事的申办程序

参照国家体育总局和中国皮划艇协会的相关规定和要求进行。需要说明的是,在申办的时间节点上,要按照国际桨板管理组织的规定准备好相应的申报材料,留有充足的申报提前量,由国家级协会审核后报国家体育总局审批,经批准后向国际桨板运动管理组织申报。

2. 国内桨板赛事的申办和报备程序

桨板运动属于《全国性单项体育协会竞技体育重要赛事名录》(简称《赛事名录》)之外的项目,按照国家规定,此类赛事无论是商业性还是群众性,或者是公益性赛事中的部分桨板赛事,均无须行政审批。具有合法的法律主体(包括单项协会)、具备办赛条件的个人,均可依法组织和举办桨板赛事,自行确定或协商确定举办地点。

(1)承办全国性桨板赛事,应当先将桨板赛事竞赛方案材料报送省级体育部门签署意见后,方可根据具体情况向国家体育总局相关部门或者全国单项体育运动协会(中国皮划艇协会)相关部门报备,得到批复同意后,再进入办赛筹备阶段。

(2)承办省级桨板赛事,应将桨板赛事方案等相关材料报省级体育部门或体育部门的授权机构备案,视实际情况向全国单项体育运动协会(中国皮划艇协会)受理部门报备。根据规定,向属地公安机关报备。

(3)地市县承办桨板赛事,通常先由本级桨板社会团体组织或者赛事公司将申办报告呈送本级体育主管部门、公安部门备案并获支持后,再行组织。

需要特别说明的是,水上运动由于涉及水域管理、环境管理、安全管理和卫生管理等多个部门,比赛报备流程相对复杂,需要协调的事务相对较多,申办过程要准备充足的书面材料,因此必须要有足够的准备工作。随着国家体育赛事管理改革的深入,赛事申办程序将会进一步简化。

3. 参加桨板赛事招标或者接受赛事定向资助

当政府体育主管部门按照体育赛事计划,对社会发布桨板赛事活动预告,且接受社会体育组织申请办赛时,通常通过社会招标或者定向资助的形式进行。

(1)申办单位以招标形式申办赛事时,按照政府发布的招标文件中的相关要求,依照招标流程进行竞标,中标后按标书的要求和办赛程序进行赛事相关的组织准备。

(2)申办政府体育主管部门定向资助的桨板赛事。政府主管部门以定向资助的形式接受社会体育组织申请办赛时,通常以通知或者网络上发布的形式,提前发布征集赛事承办单位的通知,并逐一明确赛事名称、办赛时间、群众基础、规模、层级(全市、全省、全国、国际)等情况,同时对赛事活动保障、场地条件、交通保障、裁判、志愿者服务、参赛队伍发动等提出具体明确的要求,对项目推广计划、新闻宣传与合作的媒体、经费保障和市场化运作能力(社会赞助,物质可折现),都会有较为详细的要求。申办者只需按照要求进行申报即可。政府主管部门会以网络投票、专家评议等形式,在应征的对象中择优选定。如武汉市汉阳区游泳协会通过参加市体育局发布的社会体育项目征集通知,成功申报了2019年武汉市首届桨板公开赛。申报表格样式见表9-2。

表9-2 武汉市体育局2019年全民健身赛事活动征集信息表

	赛事名称					
	主办单位					
	承办单位					
	项目主要负责人(或法人代表)	姓名		联系电话		
	预计活动起始时间	年	月	活动结束时间	年	月
	赛事介绍					
1	活动时间					
2	活动地点					
3	预计参赛队数及人数					
4	竞赛活动组织保障					
5	新闻宣传计划					
6	经费预算组成	社会赞助金额				
		申报资助金额				

(五)静水桨板赛事申办(报备)材料的基本内容

赛事申办(报备)材料是对举办赛事的目的、重要性、必要性和承办条件的系统描述,是达成举办赛事目的的重要文书材料。一份质量上乘的申办报告,对成功办赛意义重大。

1. 申办(报备)材料的报送期

通常情况下,纳入政府年度计划的桨板赛事,每年的第四季度为申办来年赛事的报告呈送期。年度计划外的群众体育类桨板比赛,报备材料至少提前一个月向政府体育部门相关受理单位提交。

2. 申办报告或者报备材料的基本内容

(1)办赛目的和意义,办赛的有利条件(对以往办赛经验的说明)。
(2)办赛名称、级别(层级)、规模与群众基础。
(3)办赛的时间、地点、竞赛规则和裁判团队的构成。
(4)竞赛项目种类、组别划分、水域情况及场地路线航道、布标示意图说明。
(5)器材保障、经费来源、奖励办法及市场化运作能力简介。
(6)运动员食宿、交通保障、安全保障、志愿者服务、新闻宣传等保障条件。
(7)同意使用比赛场地和水域的证明等。
(8)联系人姓名、地址、电话、传真、电子邮箱等联络信息。

3. 申办赛事名称的使用

关于赛事名称的使用,应注意以下两点:

(1)根据国家体育总局相关规定,桨板赛事的名称使用,要与实际内容一致。由全国单项协会主办或作为主办单位之一的桨板赛事,其名称可以使用"中国""全国""国家""中华"字样或具有类似含义的词汇。未经相关部门确认,其他桨板赛事不得冠以"中国""全国""国家""中华"字样或具有类似含义的词汇。

(2)未经相应的国际体育组织确认,体育赛事名称不得冠以"世界""亚洲"字样或具有类似含义的词汇。

4. 按照办赛地区的规定,提交赛事安全报备材料或者安全许可材料

当办赛人数规模超过1000人时,根据国家关于大型群众性活动的安全管理规定,承办者应当在活动举办日的20日前提出安全许可申请,申请时需提交下列材料:

(1)承办者合法的身份证明以及安全责任人的身份证明。
(2)比赛方案及其说明,两个或者两个以上承办者共同承办赛事的,还应当提交联合承办的协议。
(3)大型赛事活动安全工作方案。
(4)比赛场所管理者同意提供比赛场所的证明。
(5)其他要求提供的赛事承办资质证明等相关材料。

通常情况下,全国多数地区对承办200人以上、1000人以下的赛事活动,要求承办者应当在赛事举办日3个工作日前,到属地公安机关的派出机构备案,接受公安机关安全监督。承办者无法预测或者不能证明参加人数在1000人以下的,须向公安机关申请安全许可。必要时根据要求提交由专业评估机构提供的安全风险评估报告。相关申请材料和方法详见国务院《大型群众性活动安全管理条例》和当地政府的相关规定。

(六)递交申办报告或报备材料后的几项工作

赛事管理部门在接受赛事申办报告后,将会派出相关专业管理人员或者技术代表,对申办的主体单位进行实地考察和评估。主要方式有:听取专项汇报,实地考察场地,了解具体情况,察看经费、器材、食宿和交通保障条件,面对面交换意见。

1. 准备赛事申办(报备)的汇报材料

其主要内容包括:筹备机构的人员构成及各级领导的重视情况;办赛经费的筹措方式、数额及对办赛的影响;有关赛事场地平面图、赛道布置示意图、竞赛赛场修建布置及器材准备的情况;参赛队员、嘉宾、赛事技术官员等的食宿安排、交通和安全保障工作的方案等,并回答提出的有关宣传、接待、开闭幕式、相关活动和食品卫生等方面的问题。为此,赛事申办单位应做好充分的准备。

2. 了解受理部门接收申办报告或者报备材料后的主要工作流程(图9-1)

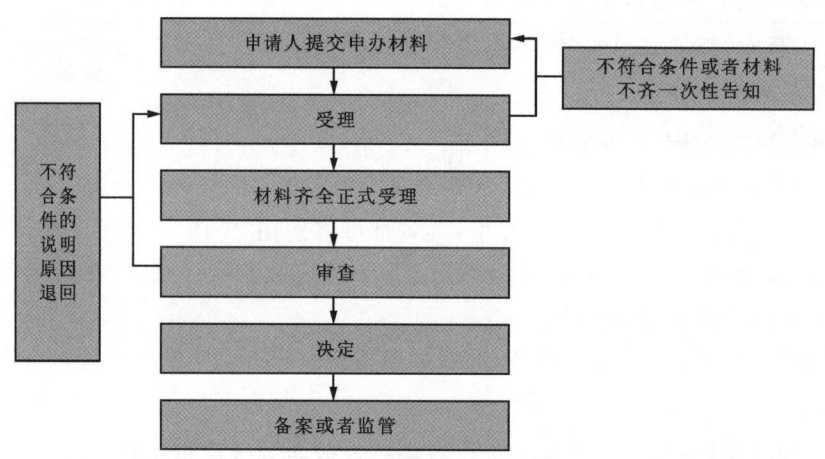

图9-1 受理部门接收申办报告或者报备材料后的工作流程

3. 及时配合政府主管部门审查报备材料

主要包含:材料审查(包括申请书、举办人或组织者的身份证或组织机构代码证、竞赛规程、比赛方案、场地使用证明、资金保障、安保措施、应急方案、器材设备等);需要现场核查的,组织人员现场核查,并书面告知申请人。

4. 主动跟踪审核或者报备后反馈的结果

申办报告或报备材料经审查后,政府主管部门依法作出准予决定并进行备案。对于不予批准的报告或不符合办赛条件的报备材料,将书面告知申请人并附说明理由。

三、静水桨板赛事组织管理的基本内容

赛事申办报告或者报备获得批复后,下一阶段转入赛事筹备及比赛管理等一系列组织管理工作。赛事筹备工作分为赛前筹备(成立筹备委员会或者小组、确定竞赛组织方案、制订竞赛规程等)、赛中的组织实施(报名报到、开幕和比赛、闭幕颁奖等)和赛后总结(印制成绩册、竞赛总结、赛事评估等)3个阶段。每个阶段都必须精心设计、环环相扣、按计划运作,才能确保赛事顺畅地进行。

(一)赛事筹备阶段的组织与管理

1. 成立竞赛筹备委员会(或筹备组)

成立竞赛筹备委员会(或筹备组)的目的是讨论制订竞赛组织方案,根据需要设置工作机构,并依据组织方案开展筹备工作。竞赛筹备委员会通常在主办单位和承办单位的领导下,由政府部门、体育管理部门等各方面的代表组成,负责组织和领导竞赛的筹备工作。根据比赛级别和赛事规模的需要,筹委会下设秘书处以及竞赛、安保、宣传、场地器材和后勤保障等职能部门。建立竞赛筹委会应尽量精简组织机构和人员,小规模的赛事以保障完成竞赛任务即可。较大规模、层级较高的国际性或全国性赛事,可根据需要增设外事、工程和招商赞助等职能部门。

2. 确定竞赛组织方案

竞赛组织方案是对竞赛工作计划、步骤及保障条件的详细说明,是整个竞赛活动的基础,主要内容有:

(1)成立赛事组委会。根据筹备委员会的建议,组成赛事组委会,设主任委员1名,副主任委员若干名,委员若干名。参加人员通常由负责此次赛事的承办单位、协办单位、技术代表和裁判长等具体负责人组成,主要进行赛事的组织计划工作。

赛事组委会通常至少有2名以上持有有效的国家一级以上桨板裁判证书,或者经过国家体育总局桨板裁判员培训班培训结业的裁判员。没有上述桨板资质的,暂时用皮划艇、赛艇或者龙舟等水上运动项目国家一级以上裁判员替代。

(2)比赛的名称、目的和任务。根据比赛的项目、性质、时间和规模等因素确定比赛名称,根据比赛的目的、项目特点、比赛意义、规模以及相关要求来确定比赛的任务。

(3)主办单位、承办单位和协办单位。主办单位是指赛事的发起单位,通常是具有一定权威性的政府主管部门或者行业协会,是赛事组织中级别最高、影响力最大的单位;承办单位是指该赛事活动的具体策划和组织实施单位,是整个赛事的主角;协办单位是协助承办单位共同组织赛事,在办赛中起协调和配合作用。

大型赛事中,主办单位有时是一个单位,有时会有几个单位共同主办,承办单位和协办单位也是如此。这些都要在组织方案中加以明确。

(4)竞赛规模与项目。根据办赛目的、宗旨、级别以及保障条件,确定赛事的规模和设置的项目,以及对参赛者范围、比赛场地、设施和器材的要求等。

(5)成立裁判委员会(或裁判组)。裁判委员会或者裁判组,由技术代表(视实际情况定)、总裁判长、副总裁判长,以及编排、检录和器材、起点、途中(航道)、终点和器材等若干裁判长(员)组成。

(6)工作计划与简要流程。包括任务项目、完成任务的时间节点和质量要求、项目责任人等,并视实际情况将工作计划以流程图或者统筹图的形式,一目了然地加以明确。工作计划是在组委会指导、督促和检查赛事工作的基本依据,应全盘考虑、周密计划。

(7)经费预算。桨板赛事经费的来源渠道是多元化的,通常来自于政府部门的专项拨款、市场化运作和社会筹资(企业和个人赞助)、实物赞助、场地和器材费减免优惠等多种渠道。

经费预算的编制要根据赛事活动的项目多少和规模大小、场地器材、宣传和氛围营造以及后勤服务保障计划,在经费需求和物资保障的框架内做出赛事整体的经费预算。预算内容包括经费项目、所需经费数额、编制经费的理由或依据、编制经费的承办人、部门负责人、财务负责人和审批领导等。

经费预算的项目一般包括场地器材费、氛围营造及宣传费、安保费、奖励费、裁判和工作人员及运动员服装(赛事包)费、活动费(会务开支、工作人员食宿、参赛者的生活补助费、裁判及教练讲课费、纪念品费等)、赛事服务费、税金等。

(8)发布参赛通知并组织报名。赛事通知通常由主办或者承办单位以文件或者官网的形式发布,主要目的是明确赛事的主办、承办单位,比赛的名称、时间和地点,比赛的项目、场地条件和保障措施,对参赛队和运动员的要求等。通知中应附录竞赛规程,以方便参赛单位依据规程和保障条件,组织运动员进行报名。竞赛的报名与统计是参赛单位取得合法参赛权的标志。组委会竞赛组必须严格按照竞赛规程的有关规定,对报名者的个人信息进行认真审核,再按照比赛项目和编排的要求进行人员分项编组。

(9)编制比赛秩序册。比赛秩序册内容包括竞赛规程及补充规定,比赛场地和赛前练习场地示意图,组委会或者赛事领导小组名单,各办事机构的设置和名单,运动员、教练员和裁判员守则,仲裁委员会、技术代表和裁判长及裁判员名单,各参赛队教练员和运动员名单,大会日程及竞赛日程,其他活动日程,竞赛秩序单,奖励办法等。

3. 布置竞赛场地和营造比赛氛围

根据赛事组委会确定的竞赛目的、任务、项目和相关要求,以及竞赛规程中明确的内容,组织布置竞赛场地、营造竞赛氛围。

(1)布置竞赛场地。按照竞赛规程,对比赛现场进行实地勘察,对照比赛场地示意图、比赛路线(航道或绕标)示意图以及水上交通规则示意图等,在比赛前2~3天布置到位。组委会在比赛前两天要组织逐项检查落实表演区域、主席台区域、比赛区域、观赛休息区域设置的合理性,以及安全保卫、医疗卫生等人员、地点和器材落实的情况。技术代表和总裁判长要分别对起点、路线(航道)、绕标的浮标、终点、码头和道路设施进行全面检查,对不符合比赛要求的地方进行整改完善。

(2)宣传及氛围营造。这项工作可简可繁。要根据赛事方案,落实大会宣传口号、确定宣传方式及宣传手段,撰写各类宣传材料,组织比赛宣传品的设计和制作,进行比赛现场主席台、观众席、音响设备、空飘气球、拱门和横幅、宣传广告、道旗(彩旗)和各类比赛标志牌摆放等的环境布置,落实好赛前文娱表演、项目(节目)表演的人员、场地和器材,营造和谐、热烈的比赛氛围。

4. 注重安全保卫工作

一次成功的赛事必须是一场安全的赛事,水上运动赛事首先要把安全工作放在重要位置。

(1)落实大型群众性体育活动安全责任制度,制订《安保风险管控工作方案》和《赛事风险管控方案》,建立竞赛期间的安全保卫组织系统,加强安全保卫工作的组织和领导。

(2)根据办赛的人数规模(200人以下、200~1000人及1000人以上),依照各地公安部门关于群众体育安保许可和报备规定及要求,配备必要的安全检查设备,对参加大型赛事活动的人员进行安全检查,加强对有关比赛场地、特别是比赛水域进行全面的水面和水下安全隐患排查,对运动员所在活动场所的比赛设施、生活设施等进行安全检查,要针对可能引起不安全因素或影响比赛秩序的重点场所和重要环节制订切实可行的安全保卫措施和应急处置方案。

(3)按照已经核准的活动场所容纳人员数量和划定的区域发放或者出售门票。

(4)落实医疗救护、消防灭火、应急疏散等应急救援措施并组织演练。

(5)配备与大型赛事活动安全工作需要相适应的专业保安人员、其他安全工作人员和公益志愿者。

5. 做好后勤保障工作

一是按照赛事经费预算确定开支的内容和标准,严格经费管理;二是做好各类会务、竞赛、裁判员器材(服装)和运动员赛事包等物资的采购和管理,按计划购置各类办公用品、奖品、纪念品和生活用品;三是做好参赛运动队和运动员的接待工作,周密地计划好嘉宾、裁判员、运动员、工作人员以及媒体记者的住宿、饮食、接站工作、交通车辆以及医疗保障车辆的管理和调配。

6. 做好其他相关工作

赛事组委会要增强赛事所有权保护意识,有条件的主动办理商标、专利、著作权等知识产权保护手续,积极通过合法手段保护赛事名称、赛事品牌,避免赛事名称混乱。对赛事期间和比赛过程中拍摄的视频、照片等涉及参赛运动员肖像权的问题,要提前在赛事规程中加以规定和说明,以免引起不必要的纠纷。

赛前筹备阶段的组织与管理工作,由筹备委员会负责。当完成筹备工作进入赛事组织与管理时,由赛事组委会负责。

(二)赛事进行中的组织与管理

以裁判员和运动员报到为标志,至比赛闭幕式结束,桨板赛事的组织管理由前期的筹备阶段,进入到比赛中的组织与管理阶段。在此阶段,各职能岗位负责人必须紧紧以竞赛工作为中心,确保竞赛过程井然有序、平顺流畅。根据赛事活动流程,赛事进行中的组织与管理活动包括以下主要内容。

1. 做好嘉宾、仲裁委员会、裁判委员会成员和参赛运动员的报到接待工作

根据大会报到日期以及掌握的与会人员报到信息，依据接待计划和方案，统筹安排好嘉宾、裁判员和运动员报到过程中的车辆接站、食宿安排、医疗保障及会议、比赛用品和相关证件的发放。

2. 组织裁判员学习、实习和辅助裁判员或者志愿者的培训

若比赛机构设有技术代表，则由技术代表与总裁判长共同商定裁判工作的基本流程和主要内容，查检场地设置和器材配置情况；组织裁判员、辅助裁判员（或者志愿者）学习桨板竞赛规程与裁判方法，熟悉桨板竞赛流程，依据现场条件和器材情况，组织编排、检录与器材、起点、途中和终点裁判员进行预演和志愿者实习，熟悉彼此工作特点，增强相互之间衔接的顺畅性，研究竞赛中可能出现的问题和解决的办法。

3. 召开裁判员、运动员（或者教练员）联席会议

组委会在正式比赛前组织召开技术代表、总裁判长和教练员（或运动员）联席会，通常于比赛前一天召开。

会议由组委会负责人或者技术代表主持。主要内容有：会议筹备及运动员报到基本情况；介绍各岗位裁判的裁判长；竞赛分组与编排情况的说明；关于比赛路线、绕标方法等需要作出特别说明的事项；运动员提前进场进行赛前适应性训练的相关规定；竞赛规程中有关场地、水域、器材的保障和使用，以及对规则标准把握的尺度；对参加开幕式、闭幕式人员入场和着装等方面的要求；关于比赛成绩公告的地点、方式；出现雷电、风雨等特殊天气时，以及比赛中出现出涉及安全问题的紧急情况时的处置预案。在此阶段，各职能岗位的主要任务是收集运动员和裁判员在训练和实习时的有关意见和建议，对前期准备工作进行查漏补缺、及时调整，以保证比赛的顺利进行。

4. 组织开幕式

开幕式是赛事活动的亮相之作和重要环节，是展示比赛组织水平和精神风貌的舞台。开幕式程序的策划、开幕仪式的安排、入场阶段的组织、表演活动的安排等，由赛事组委会依照开幕式方案组织实施。

（1）开幕式的程序：暖场主持人组织暖场活动，组织大会安排的文娱表演，大会主持人宣布开幕式开始，裁判员、运动员入场，奏国歌、升国旗，领导或嘉宾致开幕词，运动员、裁判员代表宣誓，裁判员、运动员退场，开幕式运动项目表演开始，宣布开幕式结束。

（2）组织开幕时，组委会成员按分工和议程指挥开幕式的各项活动，舞台和音响、表演人员、运动员和安保人员要协调一致地行动，确保开幕式既庄重严肃、欢快热烈，又节奏顺畅、安全有序。

（3）为保证开幕式与首组比赛衔接紧凑，组委会通常会安排裁判员和前几组比赛的运动员提前进入比赛区域，进行相应的准备。当宣布开幕式议程进入"宣布比赛开始"环节时，裁判开始发令，运动员开始比赛。

5. 组织比赛

"迅速、果断、连续、准确"是桨板比赛现场组织与管理的基本原则。比赛正式开始后，组委会现场总指挥要深入赛场各职能岗位，对赛事活动实施全面、系统的组织领导。

（1）掌控比赛进程。加强组委会各职能岗位，特别是检录、器材、起点、终点、宣告各裁判岗位之间的相互协调与配合，防止比赛中出现节奏不畅、脱节、矛盾和安全问题。

（2）加强裁判员管理。竞赛能否顺利进行，与裁判员队伍水平的高低密切相关。当裁判员水平低下，出现明显的错判、漏判、反判、执法不公，甚至有意偏袒一方时，往往会挫伤运动员的积极性，引起竞赛纠纷，甚至会导致比赛秩序混乱或竞赛管理失控等不良局面。因此，应特别加强对裁判员的管理，抓好裁判员的职业道德教育，把"公正、准确、严肃、认真"八字方针贯彻到裁判员工作的始终，杜绝不良裁判作风；要按照赛前统一的执法尺度和标准处理竞赛中出现的问题；及时认真地组织每一场比赛后的赛后裁判总结与讲评，教育和引导裁判员虚心听取运动队的意见，及时改进工作，不断提高执裁工作的质量和水平。

（3）果断、及时处置比赛中出现的矛盾和问题。及时召集现场办公会、仲裁委员会或组委会会议，特别注意研究和及时解决比赛中出现的弃权、争议、罢赛、弄虚作假、赛风等方面的问题，以确保比赛及各项活动的顺利进行。

（4）加强参赛运动员的管理。当前桨板运动项目是非奥项目，相对于竞技体育来讲，属于社会群众体育项目，参加竞赛的运动员大多来自不同的地区，技术水平和自身素养参差不齐。组委会赛前应对运动员参赛在穿戴救生衣和安全脚绳、竞赛路线、器材使用、成绩公布、水面安全等方面提出明确、统一的要求，并随时听取意见，处理问题，改进工作。通过严格、切实有效的管理，使运动员自觉做到公平竞赛、团结拼搏、文明礼貌、互相尊重，并保持良好的比赛心态。

（5）引导赛场观众安全文明观赛。加强对安保人员、志愿服务人员的培训，熟悉赛场管理规定，提高他们准确组织赛场观众的舆论引导、文明观赛、交通疏导、紧急疏散、消防安全器材使用和处置突出安全事件的能力；注重加强对赛场入场前后的安全检查，禁止观众携带和在场内销售不安全的物品；科学组织进、退场工作，防止因场外交通堵塞、出入口高密度拥挤、人流不能及时疏导等原因诱发开场和终场后的秩序混乱；现场安全保卫工作一定要落实责任制，明确重点、分片包干、网格化管理，做到热情、安全、有序。

（6）周密组织后勤管理。后勤保障是办赛能力与水平的重要体现，主要包括比赛场地、设备和器材的布置与使用管理；嘉宾、裁判员和运动员的食宿、交通安排以及安全保卫工作；做好嘉宾、裁判员和运动员的返程车、船、机票的登记预订工作；做好有关人员的车、船、机票的提前报销工作；监督赛事各项预算的执行情况，以及医疗卫生方面的伤病预防和临场应急管理等具体工作。

（7）与媒体密切配合，做好赛事的宣传工作。提前安排好电视台现场转播、视频直播、报纸和网站等媒体记者的现场采访工作，发放采访工作证，提供记者进入水面进行赛事拍摄的宣传艇（船），控制好无人机升空飞行的数量，做好赛事宣传，扩大赛事影响。

6. 组织闭幕式和颁奖仪式

在各项竞赛活动结束后，根据事先确定的闭幕式组织方案，提前准备好闭幕式上需要颁发的奖牌（奖品、纪念品）以及获奖证书，提前通知相关领奖人员和单位，组织好颁奖。闭幕式的基本程序是：裁判员、运动员入场，宣布比赛成绩和获奖名单，颁奖，致闭幕词，宣布赛事全部结束。

(三)赛事结束后的组织与管理

赛事活动结束后,组织与管理工作主要包括以下内容。

(1)组织或者协助办理嘉宾、裁判员和运动员离赛的各种手续。

(2)及时归还、转让和处理用于比赛的场地、器材、服装等物资设备。

(3)总结赛事活动。对赛事活动的各级组织指挥者和工作人员,以及参与、支持和协助赛事工作的单位和个人进行表彰,以示感谢。可设置各类"体育道德风尚奖""优秀承办奖""优秀组织奖"和"水上(桨板)运动先进单位"等奖项。

(4)清理与竞赛相关的账目,进行财务决算。

(5)做好赛事活动资料的收集、整理、归档工作。

(6)汇编、寄发比赛成绩册和其他技术资料。比赛成绩册的编制应根据竞赛规程中有关录取名次和计分方法的规定,成绩册的主要内容依次为破纪录情况、各单项比赛成绩名次情况、获得奖励的名单等。

桨板赛事各阶段组织管理的相互关系如图9-2所示。

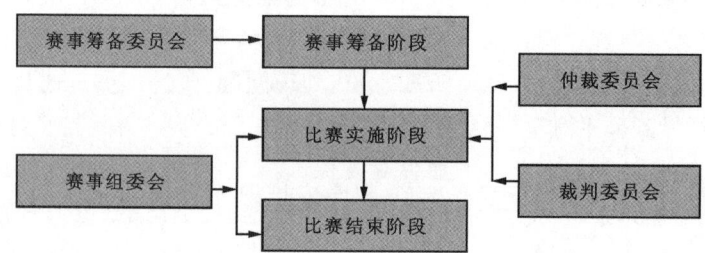

图9-2 桨板赛事各阶段组织管理相互关系示意图

第二节 静水桨板竞赛规程的制订

在体育赛事中,我们通常接触到竞赛规则和竞赛规程。竞赛规则和竞赛规程既有相同点,又有各自所包含的不同含义。

一、竞赛规则与竞赛规程

1. 竞赛规则

所谓竞赛规则,是为了避免运动竞赛中人为因素和客观因素的影响,使所有参赛运动员在条件均等的情况下进行公平竞赛,而对竞赛中所采用的技术、器材和行为等做出一定的限制和规定。所以,竞赛规则是体育竞赛中"必须遵守的技术规范和各类准则"的总称。

2. 竞赛规程

竞赛规程可以简单理解为"规则+流程",是为组织和参与运动竞赛者制订的"各种政策条文"的总称,是所有竞赛的组织者、裁判员、工作人员和运动员必须共同遵守的制度和章程,是组织运动竞赛的依据和竞赛得以顺利进行的重要保证,具有高度的权威性和指导性。

3. 竞赛规则与规程的区别

竞赛规则相当于法律,规定了比赛要求和标准。国际级赛事的竞赛规则通常由国际单项运动联合会或协会制订;国家级赛事的竞赛规则通常由国家体育总局或全国单项体育运动协会制订。

竞赛规程是一个或一届赛事的政策与规定,由赛事组委会或筹备组根据竞赛计划制订,是一场具体赛事中共同遵守的工作程序,只适合在本场比赛中使用。

在体育竞赛活动中,竞赛规则和竞赛规程共同协调和制约着运动竞赛过程。所不同的是,竞赛规则主要是对技术规范以及承认成绩的有关场地器材条件的规定,而竞赛规程则是某一场比赛过程中遵循的基本依据和实施本场比赛管理的具体法规。

二、制订静水桨板竞赛规程

(一)制订竞赛规程的目的

1. 引导办赛方向

组委会根据办赛规模的大小,通常以独立印发或者与赛事通知一并印发的方式发布竞赛规程。全国性层级高、大规模比赛一般至少提前 6 个月公布,较小的赛事至少提前两个月公布,以方便参赛单位或者运动员根据竞赛规程规定的竞赛宗旨、内容和要求,选定参赛项目,确定竞赛和训练管理的目标,进行竞赛准备,科学安排训练。

2. 规范办赛程序

明确了竞赛规程,也就掌握了竞赛形式、组织程序、竞赛办法、参加办法、奖励办法、报名报到、场地器材、裁判和仲裁机构等的组织管理和具体实施的方案,有利于赛事组织机构依据规程合理地组织人力、物力和财力,有效地实施竞赛的组织管理,精准地控制和规范竞赛过程中参加者的行为,使得全体组织者和参赛者在统一的规范体系内从事竞赛活动,确保竞赛有序进行。

3. 激励提升水平

运动员参赛的过程,也是体现"更快、更高、更强"的奥运精神和弘扬"友谊第一、比赛第二"的体育精神文明的过程。通过灵活地设置达标、预选、比赛积分和单项记录等内容,合理运用物质和精神奖励手段,可以最大程度地激发参赛运动员的拼搏精神和荣誉感,提高比赛成绩和水平,进而提升运动项目的整体竞技水平。

(二)制订竞赛规程的依据和原则

1. 以国际、国内大型桨板赛事的竞赛规则为依据

桨板运动在国内发展的时间较短,目前尚无权威、统一的竞赛规则可供执行。因此在制订竞赛规程时,通常以国际和国内体育组织举办的大型桨板赛事中的竞赛规程作为自己的办赛参照,具体内容则根据自身的比赛需要,进行适当的修改运用。

2. 以竞赛目的和任务为依据

组织桨板竞赛，通常是推动本地区桨板运动发展、实现桨板运动推广目标的具体步骤之一。因此制订竞赛规程应体现出组委会所确定的办赛方针、办赛目标和所要达成的目的，以竞赛规程引导和推动本地区桨板运动的发展。

3. 以现实环境条件为依据

充分掌握比赛方案中所能提供的水域环境、场地器材、设施设备、人员素质和经费预算等条件，并以此为依据制订竞赛规程。

4. 制订竞赛规程应遵循的基本原则

(1)可行性原则。竞赛规程所提出的比赛组织方案和内容，必须从当时的实际出发，做到切实可行。在竞赛管理工作中，应充分利用人才、物力、财力和时间，本着艰苦奋斗、勤俭节约的原则，实施对竞赛过程最优化的设计和组合，以达到机构精简、工作效率高、竞赛效果好的目的。对桨板这项群众体育竞赛项目而言，要注意在普及和提高、娱乐性和竞技性相结合方面下工夫。对一些参赛规模不大，以群众性的普及、推广和娱乐、健身为目的的桨板竞赛活动，在时间、场地等的安排上无需像大型赛事一样那么正规，应根据竞赛的规模、水平、参加对象及现有的场地等情况灵活安排，必要时可根据场地条件来设置比赛项目、确定比赛时间。

(2)公平性原则。竞赛规程是参加者共同遵守和执行的规范与准则，其内容应使全体参赛者在客观条件相同的前提下展开竞赛。无论是主办单位和承办单位以及当地所属的主队或外来的客队，均应享受同等的待遇。在限定的时间、空间和同等条件下进行竞赛，使比赛结果具有真实性。这样才能有利于充分发挥参赛者的技术、战术特长，提高竞赛的质量和综合效益。

(3)稳定性原则。竞赛规程一经公布，就应相对稳定，不能随便更改，规程的最终解释权应属主办单位。若规程中确有不合理的内容需要修正或补充时，须经制订部门尽可能在比赛前进行修改。修改的内容影响到参赛单位和承办单位的准备工作时，应征得多数参赛单位的同意方可变动。一般在比赛开始后，规程不能再改动，以保证规程的严肃性和权威性。实现中有些办赛单位，在比赛开始后，因自身准备不足、工作不细、预判不够等原因临时修改竞赛规程，常常会导致竞赛的公平性、规范性、严谨性大打折扣，这是办赛之大忌。除此之外，还应注意保持规程的连续性，综合性运动会竞赛规程总则与单项规程之间，不同单项竞赛规程内容之间，以及年度之间应连续一致，不能前后矛盾。文字表达要简明准确，内容要详尽完整，切忌表达含糊，自相矛盾。

(三)竞赛规程的主要内容

制订桨板竞赛规程，其内容应根据竞赛的性质、目的和赛项的特点来设定。竞赛规程一般由下列内容组成。

1. 赛事名称

根据竞赛的项目、性质、任务、时间和规模等确定赛事名称。名称要显示是什么性质的比赛，哪一年(或第几届)的比赛，是什么层次(规格)的比赛等。有商业赞助时，还须以商家或者品牌的名称命名"××杯"。竞赛名称一般用全称，如中国第二届青年运动会"晋龙水漆杯"冲浪(桨板)比赛、2019第三届楠溪江国际桨板公开赛、与军运同行2019武汉全民健身运动会·"金龙泉杯"首届武汉桨板公开赛、2019年陕西·汉中第二届中国桨板公开赛等。在赛事期间所有的文件、会标和宣传材料,使用的赛事名称必须统一。

2. 竞赛目的

根据举行本次竞赛活动的总要求,简要说明此次竞赛的时代背景、目的和任务。如为了进一步贯彻落实全民健身计划,推进体育强省发展战略;推进全省桨板运动蓬勃发展,扩大桨板爱好者数量;不断提升桨板运动技术水平,加强横向交流,加强了解、增进友谊等。有时竞赛规程中首先体现竞赛的主办、承办单位,而竞赛目的只在比赛方案中体现。

3. 竞赛组织机构

明确办赛主体单位,主要有竞赛的主办单位、承办单位、协办单位和支持(赞助)单位,有些还注明赛事运营机构。

4. 竞赛的时间和地点

竞赛开始和结束的具体年、月、日;举行比赛的城市和具体地点。有些还注明具体导航目的地(停车场)和地铁公交站等详细信息。

5. 竞赛项目和组别

根据比赛目的、器材的不同设置各类比赛项目,以及按照性别、年龄和技术水平划分不同的竞赛组别。如男女直道竞速赛、绕标技术赛等。

6. 参赛资格

参赛运动员的条件标准,包括运动员所属地区、工作性质、年龄、性别、健康状况、职业运动技术等级和与竞赛相关的其他运动的水平情况(如必须具备在静水中游泳200m以上能力)等。

7. 竞赛办法

竞赛办法是对比赛中具体问题的规定,主要内容有:

(1)说明制订本规程的基本依据,如国际比赛细则、国家和省级体育主管部门制订的竞赛规则等。

(2)确定比赛所采取的竞赛方法,如预赛和决赛的办法、比赛是否分阶段进行、各阶段采用的竞赛方法是否相同、各阶段比赛成绩的计算和权重、是否按照男女和年龄分组、每名运动员可参加的项目数、每项限报人数,以及参赛的其他有关规定等。

(3)明确竞赛所采取的具体编排原则和方法。

(4)告知竞赛细则,提出有特殊补充及竞赛规则以外的规定或说明,如规定比赛使用的器材、比赛路线、绕标方法、划行与冲刺要求、运动员参赛服装、个人参赛号码的粘贴方法等。凡属需要进行抽签定位和分组的竞赛项目,应在规程中规定抽签的日期、地点和办法。

(5)应对天气影响的办法,如比赛遇到恶劣天气影响比赛进程,组委会所采取的原则和基本方法。

(6)比赛所采取的安全措施,如保险购买情况,要求运动员参赛中穿戴救生衣和安全脚绳,以及申请救援时对比赛成绩的影响等。

8. 报名办法及费用

规定运动员报名的人数、时间和截止报名的日期,书面报名的格式和投寄的地点,并应注明以寄出或寄到的邮戳日期为准,以及违反报名规定的处理办法;报名费、保险费的收取方法和标准等。

9. 技术代表和裁判员

确定技术代表(根据赛事需要设岗,通常由上级指派,赛事级别较低、规模较小的比赛一般不设立技术代表)、总裁判长和各岗位裁判员的选派(聘请)办法,裁判员团队的名额分配和对裁判员的资格要求,对裁判员赛前准备工作的要求,对运动员(队)违反规定的处罚方法。

10. 后勤保障措施

有关报到、住宿、就餐和交通保障等具体事项。

11. 奖励办法

规定竞赛录取的名次、计分和奖励办法。例如,对优胜者(队)给予奖杯、锦旗、奖状、纪念奖牌(奖章)及奖金或实物奖品等具体奖励方式,设置"体育道德风尚奖"或"破纪录奖"的奖励办法等。设置技术奖时,还要规定技术奖励的内容和评选方法。

12. 有关未尽事宜的补充说明

这里要注明规程解释权归属单位。一般应归属主办单位的有关部门。

第三节 静水桨板竞赛规程案例

为方便读者直观、清晰地了解静水桨板竞赛规程具体的制订样式和内容,本节以《与军运同行 2019 武汉市全民健身运动会"金龙泉杯"武汉首届桨板公开赛组织方案》中竞赛规程的全部内容为范例,摘录如下,供大家参考。

与军运同行 2019 武汉市全民健身运动会"金龙泉杯"武汉首届桨板公开赛组织方案

第一部分 竞赛规程

一、主、承办单位

主办单位:武汉市人民政府
承办单位:武汉市体育局

二、协办、运营、支持单位

协办单位:武汉市汉阳区文化和旅游局

月湖风景区管理处
汉阳区游泳协会
运营单位:长江日报传媒集团
冠名赞助:英博金龙泉啤酒(湖北)有限公司
支持单位:黄鹤楼酒业有限公司　湖北桨板联盟
　　　　　武汉市同心商贸有限公司　维特拉桨板
　　　　　武汉山姆会员商店　武汉飞鱼缘体育　全民天天赛

三、比赛时间和地点

时间:2019年8月31日(周六),8:00—17:30
地点:武汉市月湖风景区凤凰广场月影舞台前水域(图9-3)
导航:月湖文化主题公园停车场
交通:地铁四号线汉阳火车站、六号线琴台站;公交596路(入口处附近)、575路、579路、79路、801路、707路、524路、24路等。

图9-3　桨板公开赛场地示意图

四、比赛项目

(1)1500m绕标技术赛(设男子、女子组)。
(2)200m趴板救生技术赛(设男子、女子组)。

(3)青少年 U8、U16(8 周岁、16 周岁以下)200m 直道竞速赛(男女混合编组)。
(4)200m 直道竞速赛(设男子、女子组)。
(5)300m 龙板团队绕标对抗赛。武汉市内、市外报名人数最多的前 6 支俱乐部参加,共 12 支参赛队,每队 3 男 1 女组团。

五、参赛资格

(1)以本人二代身份证为依据。
(2)参赛运动员年龄限制在 65 周岁以下(1954 年 12 月 1 日以后出生),无疾病、身体健康。
(3)参赛运动员具备静水游泳 200m 以上能力。
(4)参赛运动员必须在赛前与赛事组委会签订《运动员安全责任书》,否则不能参赛。

六、比赛办法

1. 依据本次竞赛规程组织赛事

(1)比赛赛制。200m 直道竞速赛(图 9-4),采取预赛、决赛的形式排出名次。其他各组别比赛均采取一次性计时预决赛,依据计时结果排出名次。

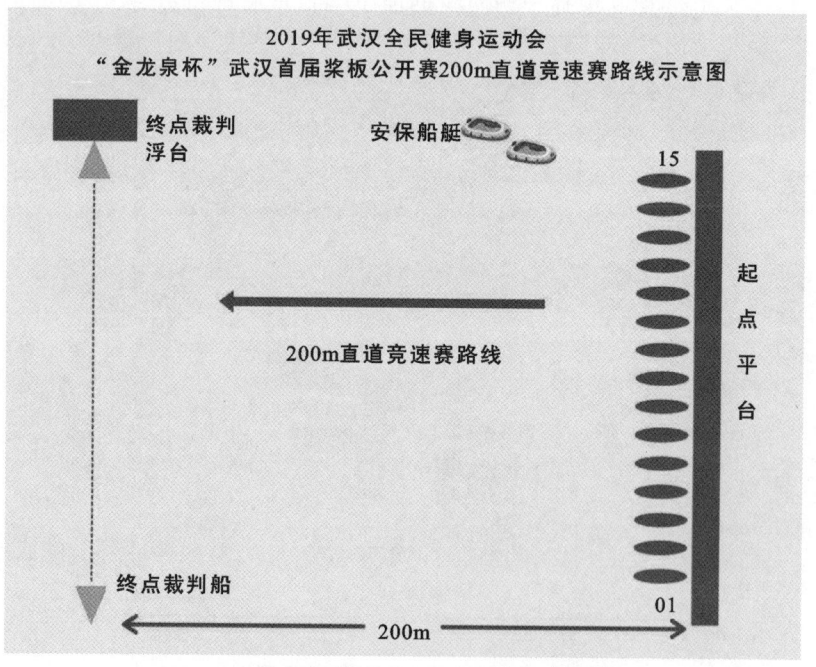

图 9-4 200m 直道竞速赛路线示意图

(2)比赛用器材。1500m 绕标技术赛,运动员使用自己个人桨板参赛(材质不限,长度不超过 4.3m);其他项目的比赛用桨板,由大会提供统一用板;各参赛队员自带桨。鼓励自带救生衣和脚绳(现场提供借用服务)。

(3)男、女1500m绕标技术赛。分男、女组别,不区分年龄组和赛道,集中一次发令、统一出发;坐姿骑板出发(双脚置于桨板两侧水中),全程站立划行;运动员落水后,重新上板,比赛可继续进行;坐、跪姿划行者,取消比赛成绩。组委会决定参赛选手出发时前后排列的顺序(在省级以上桨板比赛中取得前15名者,优先靠前站位)。为提高比赛效率,根据现场情况,男女可能混合编组、分别计时。

(4)男、女200m趴板救生技术赛。分男、女两个组别,区分赛道,不分年龄组,采取每小组15条赛道,分组(组委会确定)一次性以决赛的方式进行;比赛的赛道、桨板编号根据实际情况于赛前在检录处抽签决定。比赛发令前,运动员全身趴于板面上,双手置于板头位置;出发后只能以手为动力(单、双手不限)划行;划行中,双脚必须始终置于桨板板面上。凡是借助器材划行或者脚从板侧方、板后方接触水面者,均判罚为无效成绩。为节省比赛时间,男女可能混合编组、分别计时。

(5)青少年U8、U16(8周岁、16周岁以下)200m直道竞速赛(男、女混合编组)。根据报名情况,分别按照U8(8周岁以下)、U16(16周岁以下)两个年龄组进行编组比赛。比赛不区分男、女组别,采取坐姿骑板出发、全程站立划行姿势。每组10条赛道,分组(组委会确定)一次性以决赛的方式进行;比赛的赛道、桨板编号根据实际情况于赛前在检录处抽签决定。

(6)200m直道竞速赛(设男子、女子组,不分年龄段),先预赛、后决赛。

预赛:分男子、女子组,但不区分年龄段,每组15条赛道,分小组(组委会确定)进行比赛。

决赛:男子组、女子组各取预赛中用时少的前15名,最后进行男、女组决赛。

比赛采用坐姿骑板出发(双脚置于桨板两侧水中)、全程站立划行姿势;运动员落水后,重新上板,比赛可继续进行;坐、跪姿划行者,取消比赛成绩。

比赛的赛道、桨板编号根据实际情况于赛前在检录处抽签决定。

(7)300m龙板团队绕标对抗赛(武汉市内、市外报名人数最多的前6支俱乐部参加,共12支参赛队,每队3男1女组团)。比赛采用站立姿势划行出发,按照赛场布设的绕标方向划行(图9-5),绕标后沿路线冲刺。划行中,落水运动员可重新上板,站立不稳时可以蹲下,但蹲下者不得用手或者桨划行。持桨故意顶撞他队桨板,蹲下划板以及至终点时没有保持4人全员冲刺者,判罚全队成绩无效。比赛的赛道、桨板编号在检录处抽签决定。

(8)检录、发令、出发、计时与抢划判罚。参赛选手经过检录、核对姓名和号码后,进入起点上板。比赛设有2min、10s钟倒计时提醒。

出发姿势。根据上述各单项比赛中的具体要求进行。出发前,依照裁判口令,调整桨板出发位置,调整板头取齐。出发口令为:2min准备,10s准备,各就各位,预备—划(同时鸣笛)。同时,终点计时,起、终点裁判进行现场视频录制备份。对于违规抢划的运动员,现场不召回,直接判罚加时5s。

(二)比赛路线、划行与冲刺要求

各比赛路线如下。

1500m绕标技术赛,按赛事场地浮标设置(图9-3)中的颜色标线和箭头所指方向,依次绕过浮标(浮标设置及路线,见图9-3)。绕标方向错误,出现一次罚时10s。不按照路线划行,不计成绩。

200m 直道竞速和趴板技术赛,由起点划向终点,路线如图 9-4 所示。

300m 龙板团队绕标对抗赛,由起点划向终点,路线如图 9-5 所示。

所有比赛终点冲刺,均以桨板头部通过终点为准计时,时间少者名次列前。

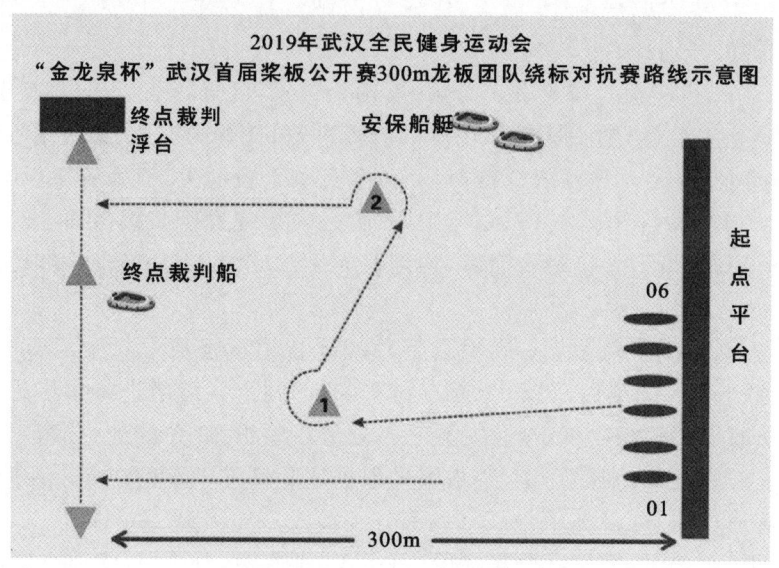

图 9-5　300m 龙板团队绕标对抗赛路线示意图

(三)应对天气影响

如遇恶劣天气影响比赛进程,组委会及时通知运动员停止比赛,运动员应无条件终止比赛,快速上岸。

(四)比赛安全措施

大会为每位运动员购买比赛当天的人身意外保险一份。市外其他运动员非比赛日(往返程)的保险自行购买。

运动员必须穿救生衣、系脚绳并佩戴参赛号码参赛,违者不得参赛。主动申请救援及紧急被动救援均视为放弃比赛。

运动员参赛号码布粘贴方法:

(1)趴板项目比赛:用别针将参赛号码布固定于后背,方便裁判观察。

(2)其他比赛项目:用别针将参赛号码布贴挂于右侧大腿根部衣服上,便于终点裁判观察的位置。

(五)裁判组织

竞赛分组由裁判委员会根据报名人数提前确定。比赛名次以裁判长签字认定的比赛成绩为依据。

赛事总裁判长,史正祥。参加 2019 全国首届桨板裁判员培训班培训,第二届全国青年运动会桨板项目比赛裁判员,国家桨板二级社会体育指导员,国家龙舟一级裁判员。多次担任桨板和龙舟大型比赛现场总指挥和总裁判长。

其他裁判员根据需要,从具有二次以上执裁经验的水上运动裁判员中选调。

(六)其他注意事项

(1)比赛中的"问询"与"申诉",由裁判委员会统一处置。
(2)凡有违背体育精神、体育道德行为者,将取消参赛资格或比赛成绩。
(3)运动员参赛前,必须签订《自愿参赛免责承诺书》,见附件。

七、报名办法及费用

(一)保险及报名费

每人交纳10元人民币保险费,用于购买比赛当天的保险。本次赛事不收报名费(免费参赛)。

(二)报名平台

参赛选手须在全民天天赛APP平台报名,同时交纳保险费、网签比赛免责协议书。

(三)报名截止时间

2019年8月25日报名截止。
特别提示:当报名人数超过520人时,报名自动截止。
联系单位:武汉市汉阳区游泳协会。
联系人:吴汉平(网名水猫)。
电话:××××××。

(四)后勤保障

(1)地、市、州(武汉市外代表队)运动员2019年8月30日抵汉后,参加晚上欢迎晚餐(免费工作餐,18:30汉阳艳阳天酒店)。
地址:武汉市汉阳区汉阳大道五里新村396号(地铁4号线汉阳火车站附近)。
(2)为2019年8月31日上、下午均有比赛项目的运动员提供2019年8月31日免费午餐(依据报名项目清单)。其他观赛运动员午餐自理。
(3)裁判员、报名登记的工作人员和志愿者午餐免费。
(4)运动员其他食宿费用自理。

八、奖励办法

物质和现金奖励,总价值不少于5万元人民币。
(1)各项目比赛分别奖励前六名,并颁发获奖证书,具体奖励方案另行发布。

(2) 为每位参赛运动员颁发精美"与军同行 2019 武汉全民健身运动会'金龙泉杯'武汉首届桨板公开赛"纪念奖牌。首届更显珍贵。

(3) 为青少年组运动员颁发"2019 武汉市全民健身运动会青少年暑期体育社会实践证书",以及纪念奖牌。比赛前 10 名赠送维特拉桨板 T 恤和太阳帽套装。

(4) 设置 6 个优秀组织奖,为武汉市内、市外参赛人数最多的各 3 支俱乐部颁发奖杯。

(5) 为热心赞助此次比赛的企业颁发优秀合作伙伴纪念奖牌。

九、比赛日程安排

时间	日程安排
7:30 之前	所有自备桨板充气准备完毕,放入下水点排列
8:00 之前	男子组 1500m 绕标技术赛运动员检录完毕
8:00—08:30	1. 男子组 1500m 绕标技术赛运动员不参加开幕式,下水划板至起点准备 2. 热身暖场 3. 开幕式:主持人介绍领导及来宾;领导简短致辞;裁判员、运动员代表宣誓;领导鸣笛宣布比赛开始
08:40—12:00	1. 男、女 1500m 绕标技术赛 2. 男、女 200m 趴板救生技术赛 3. 男、女青少年 200m 直道赛
12:30—14:00	上、下午均有赛项的运动员、裁判员和工作人员发放午餐;统计成绩,市民体验,进行下午比赛准备
14:00—16:50	男、女 200m 直道竞速赛预赛、决赛;休整 30min,调整布设绕标浮标;300m 龙板团队绕标对抗赛
17:00	比赛结束,颁奖

十、未尽事宜另行通知

与军运同行 2019 武汉全民健身运动会
"金龙泉杯"武汉首届桨板公开赛组委会
2019 年 8 月 10 日

附件

自愿参赛免责承诺书

1. 我完全了解自己的身体状况,确认自己的健康状况良好;没有任何的身体不适或疾病(包括心脏病、风湿心脏病、高血压、脑血管疾病、心肌炎、其他心脏病、冠状动脉病、严重心律不齐、血糖过高或过低的糖尿病以及不适宜进行 SUP 桨板运动的疾病),因此我郑重声明,可以正常参加 SUP 桨板比赛活动。

2. 我郑重声明我具备完成静水 200m 游泳的能力。

3. 我充分了解本次比赛活动期间有潜在的危险,以及可能由此而导致的受伤或事故,我会竭尽所能,以对自己的安全负责任的态度参赛。

4. 我本人愿意遵守本次比赛活动的所有规则规定,如果本人在参赛过程中发现或注意到任何风险或潜在风险,本人将立刻终止参赛并告知赛会裁判员。

5. 我本人及我的合法继承人、代理人、个人代表或亲属,放弃追究参赛期间因各种原因所造成或导致的自身伤残、人身损失或死亡责任以及赔偿的权利。

6. 我同意接受主办方在比赛期间提供的现场急救性质的医务治疗,但因医院救治等发生的相关费用由本人负担。

本人已认真阅读、全面理解以上内容,且对上述所有内容予以确认并承担相应的法律责任,本人签署此责任书纯属自愿。

参赛者签名:

日期:2019 年 8 月 20 日

第十章　静水桨板竞赛裁判工作指南

　　裁判员是体育赛事中的执法者、管理者和服务者，必须具有较强的专业技术水平，熟悉和掌握赛事规则和竞赛规程，更重要的是要具备优秀的职业操守及优良的品格和作风，才能为赛事活动创造公平、公正的比赛环境，促进参赛运动员严格遵循比赛规则，确保比赛公平、有序、顺利地进行。因此，作为静水桨板竞赛裁判员，明确静水桨板竞赛裁判工作的特点和任务，熟悉和掌握静水桨板竞赛裁判规则和工作流程，具备良好的裁判职业道德，是竞赛裁判工作的基本要求和做好执裁工作的基本保证。

第一节　静水桨板竞赛裁判工作概述

一、静水桨板竞赛裁判工作的意义和特点

1. 静水桨板竞赛裁判工作的意义

　　在我国的 34 个省级行政区域中，只有 1/3 的省份有海岸线，2/3 以上的省份属于内陆地区，因此，静水桨板竞赛裁判工作是广大内陆地区桨板裁判员面临的主要工作形式。深入研究静水桨板竞赛裁判工作的程序和方法，对于增强裁判工作的系统性和规范性，统一竞赛中裁判员的执法标准，提升静水桨板竞赛裁判人员的技术水平和执法准确性，推动桨板赛事活动乃至全民健身运动的发展具有重要意义。

2. 静水桨板竞赛裁判工作的主要特点

　　静水桨板竞赛裁判工作与静水皮划艇、赛艇和龙舟等水上运动项目竞赛裁判工作有部分相似性，但也有自身的特殊性，其主要特点如下。

　　（1）运动员比赛时处于站立划行状态，保持划行中身体的平衡非常重要，要求裁判船艇避免产生水波干扰。

　　（2）无论是直道竞速赛还是中长距离的比赛，起点往往采取多人一次性出发，而且多数技术赛的途中设置有多个绕标浮标，这些复杂情况给起点、途中和终点裁判工作带来新的挑战。

　　（3）岸上检录和水面竞赛活动的范围从几百米到几十千米，并且有些赛事要求自带参赛桨板器材，裁判员的器材检查和水面安全责任重大。

　　（4）采取集中出发方式时，赛道上人多、面广，裁判员需要应对各种复杂的技术问题。

　　（5）进行场地布置和器材配置时，各岗位裁判员往往亲力亲为，赛事执裁与自身器材保障一体。

　　（6）竞赛项目通常较多，执法时间较长，比赛时观察要细致，身心高度统一。

(7)运动员和观众能随时观察比赛进展情况,工作环境透明,对裁判执裁的准确性和及时性要求更高。

上述这些静水桨板竞赛裁判工作的特点,对裁判员的专业性及思想、身体、心理等方面都提出了较高的要求。

3. 静水桨板竞赛裁判工作是整个赛事活动重要的组成部分

静水桨板裁判工作是静水桨板竞赛顺利进行的必要保证。一次成功的桨板比赛,裁判工作起着非常重要的作用。在比赛过程中,裁判提倡什么、限制什么、支持什么、反对什么,都是通过裁判工作的执法活动得以体现。因此,静水裁判工作不仅仅关系到桨板运动员技战术水平的发挥和比赛的胜负,更重要的是关系到水上运动竞赛的公正性和公平性,反映出静水桨板赛事的精神风貌和裁判队伍的整体水平。

二、静水桨板竞赛裁判工作的主要任务

1. 确保竞赛全程公正顺畅

赛事组委会全面负责赛事工作,裁判委员会(或者裁判组)在赛事组委会的领导下,配合后勤保障组做好场地器材等有关赛前相关准备工作。在竞赛过程中严肃、认真、公正、准确地执法,确保竞赛过程顺畅。

2. 遵照比赛规则和规程完成各项任务

(1)比赛开始前,要检查比赛所必需的器材和设备是否准备妥当。

(2)比赛进行中,严格按竞赛规则执裁,在各自的岗位上做到职责分明、各尽其职、规范执裁。各个裁判组之间要团结协作、互相配合,有问题应及时沟通、相互补台,确保比赛在安全、公平的环境中圆满完成。

(3)比赛结束后,对赛事进行整体复盘,总结经验,为赛事总结提供相关资料。

3. 制订应急预案应对突发事件

在赛前应制订针对可能出现的问题的应急预案;在比赛过程中发现任何问题,应及时报告给总裁判长,并进行果断准确地处置;当出现应急预案中没有涉及的其他突发事件时,要积极采取补救措施;执裁中遇有差错要及时修正;处置突发事件要按照规则和程序执法,行事要有依据。

三、静水桨板竞赛裁判员应具备的素质和能力

1. 高尚的职业道德

职业道德是指裁判员在执行赛事任务时所遵循的职业规范和准则,是裁判员应具备的首要素质。只有具备高尚的职业道德,才能在比赛中恪守工作认真、作风正派、思想端正、坚持原则、严于律己的职业道德,才能坚持"廉洁、公正、严肃、认真、严格、准确"的工作方针,才能做到以事实为根据、以规则为准绳,从而正确地划清合法与违法、是与非、轻与重的界线,才能勇于实践、不断进取,在复杂困难条件下敢于当机立断,勇于承担责任,才能经受各种挫折、困

难、荣誉和利诱的考验。

2. 良好的执裁能力

能正确地运用规则、灵活地执行规则，具有较强的应变能力和控制比赛气氛的能力，能正确地引导运动员及比赛顺利进行；能充分掌握规则和条款，及时快速地发出明确的信号和做出决定，确保判罚的准确性和各阶段执法的一致性，能妥善处理比赛中出现的突发事件。

3. 较强的协调能力

能够根据竞赛规则赋予的权力和职责，及时、主动地协调近邻岗位裁判之间的工作，根据比赛中的情况，提前发现和预见运动员可能发生的违规苗头，并将其消除在萌芽状态，准确地控制比赛节奏，提高比赛的流畅性。

4. 开阔的眼界和视野

了解当今世界桨板竞技技术和战术的发展现状及趋势，对世界知名桨板赛事的竞赛规则和裁判方法有一定的了解，对国内桨板运动的发展、重大赛事活动以及竞技水平有较为全面的认识，有较丰富的静水桨板教学、训练和竞赛管理经验。

总之，只有做到"四严""四公"和"四良"，即严于律己、严格执法、严肃认真、严守规则；公正准确、公平合理、公而忘私、公开透明；良好的文化修养、良好的身体素质、良好的职业道德和良好的工作作风，才能成为一名合格的静水桨板竞赛裁判员。

第二节　静水桨板竞赛裁判体系与工作方法

静水桨板竞赛裁判体系与工作方法，是静水桨板赛事中裁判组织机制与具体工作流程，是一套完整的赛事执裁体系（图10-1），既具有水上运动赛事执裁的共性特征，又具有静水桨板竞赛的个性特点，是静水桨板裁判员履行职责、公正执裁的依据和工作准则。因此，静水桨板裁判员应认真执行《体育裁判员管理办法》中明确的裁判权利与义务，熟悉静水桨板裁判法则，确保赛事按照竞赛规则顺利进行。

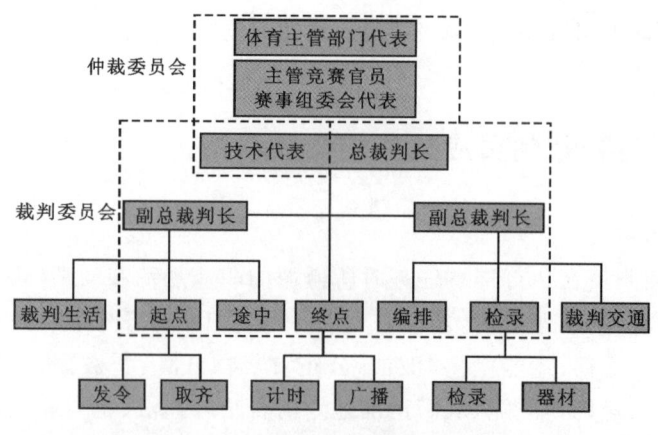

图10-1　静水桨板赛事执裁体系

一、仲裁委员会

仲裁委员会是桨板赛事组委会中的竞赛仲裁机构,在比赛仲裁中具有最高权威,其任务是对裁判员执行规则情况进行监督,受理参赛运动队对裁判判罚的申诉,复审比赛期间执行竞赛规则、规程中发生的纠纷,保证竞赛规则、规程的公正执行。

1. 仲裁委员会的组成

仲裁委员会通常由体育主管部门(或者协会)、赛事组委会、主管竞赛的官员和技术代表组成,通常为3~5人(人数为奇数)。

2. 仲裁委员会的职责和权限

(1)对裁判员执行规则的情况进行监督和指导。

(2)受理复审参赛运动队或者运动员对裁判判罚的申诉,但不受理竞赛规则、规程规定中属裁判长和裁判员等职权范围内处理的有关事宜,与竞赛无直接关系的违纪现象、寻衅闹事、打架斗殴等行为,由组委会等有关部门进行处理。

(3)对运动队或者运动员经仲裁委员会复审判定后仍无理纠缠的,以及裁判员在执裁过程中犯有错误的,仲裁委员会视情况作出教育、警告或者处分。

(4)仲裁委员会是赛事临时性机构,在比赛期间履行仲裁职能,比赛结束后即自行解散。

3. 抗议、申诉与仲裁

运动队或运动员如果认为某些赛项没有执行竞赛规则,或者对裁判员判罚、运动员的参赛资格等有异议,均可提出抗议或申诉,其程序和方法如下。

(1)若对裁判员人选的组成有疑义,各参赛队必须在领队、教练员、裁判长联席会议上或赛前12h,由领队向仲裁委员会提交书面抗议书。

(2)若对参赛运动员(包括参赛中使用的器材)的参赛资格有疑义,应在本赛项首场比赛开始的1h前向仲裁委员会提出。晚于该时限不予受理。

(3)若对比赛中裁判员的判决不服,各参赛队必须在成绩公告后30min内或运动员得到处罚通知书后的30min内,由领队以书面形式向仲裁委员会提出申诉。超过申诉规定时限,仲裁委员会不予受理。

(4)各参赛队在提交书面抗议、申诉的同时须交纳人民币1000元的抗议、申诉金。若胜诉,抗议、申诉金全额退还。

(5)仲裁委员会在受理抗议、申诉和费用后,将在30min内进行调查取证,召开仲裁会议,按照仲裁委员会的相关规定及时作出裁决。参赛队在仲裁委员会作出裁决后,不得影响比赛或颁奖。

(6)仲裁委员会对调查取证后作出的决定即为最终裁决,并立即生效,同时将裁决书面材料报赛事组委会备案。

二、裁判委员会(或裁判组)

1. 裁判委员会组成

裁判委员会(或裁判组)在赛事组委会领导下工作,具体负责桨板竞赛裁判工作。其人员通常由技术代表、总裁判长和副总裁判长,以及编排、检录、器材、起点、航道和终点等的裁判长组成。层级较高或者比较重要的赛事中,通常根据实际需要设置技术代表岗位。裁判委员会人员结构如图10-1所示。

2. 裁判委员会职责

按照竞赛的规则和规程组织比赛,处罚违反竞赛规则的行为,处置竞赛中的突发事件,维护比赛的公平和公正,确保比赛顺利进行。

三、技术代表

赛事规格、层级或者影响力重大的桨板赛事,如国际级桨板赛事和国内一类、二类(金牌、银牌)桨板赛事,通常由国家体育总局、国家或省级协会派出1名技术代表,其作用是监督赛事按竞赛规则和规程的要求进行,共同保证所有技术性安排均符合赛事要求。根据需要和实际情况,技术代表可由总裁判长兼任。

技术代表的工作内容主要有以下几点。

1. 赛前工作

(1)参与考察场地、制订竞赛方案等工作,指导、监督竞赛按方案要求进行技术准备。

(2)监督验收比赛场地、路线(赛道)设置、竞赛器材、裁判器材、竞赛功能用房和设施等,检查监督裁判员和辅助裁判员(志愿者)的培训质量。

(3)与总裁判长共同审核竞赛日程安排、竞赛办法、发令和计时的方式方法等,主持召开技术会议或者裁判联席会议,向裁判组、参赛运动员详细介绍赛事准备工作情况。

2. 赛中工作

根据比赛过程中的实际情况,配合裁判长工作,指导解决赛事中所有的技术问题。技术代表的工作位置通常与竞赛指挥组设置在一起,也可以设置在便于观察、瞭望的观赛台或计时塔内。

3. 赛后工作

从比赛技术性角度,协助赛事组委会进行赛事总结,提出今后需要改进的意见和建议。

四、总裁判长

总裁判长对比赛全过程裁判工作负总责。桨板竞赛通常设总裁判长1人,视实际情况设副总裁判长1~2人。总裁判长在赛事组委会的直接领导和技术代表的指导下开展工作。其工作职责:一是组织全体裁判员认真学习竞赛规程,确保严肃、认真、公正、准确地执裁;二是检查裁判工作场地、赛道布设和裁判器材的准备情况;三是与技术代表一起共同组织裁判、教练员联席会议;四是审核运动员比赛成绩;五是根据竞赛规则处理比赛中出现的各种问题。

总裁判长的工作位置,通常在终点裁判计时岗位附近。

1. 赛前工作

(1)收到邀请函或者聘任通知后,根据赛事准备工作进程,适时向赛事组委会提供选调裁判人员的计划和要求。

（2）根据报名情况审核竞赛日程，指导编排裁判竞赛日程，协助审核竞赛秩序册。

（3）赛前报到后，召开裁判长会议，介绍与比赛有关的情况和裁判分工，组织各裁判组学习竞赛规程和裁判法，拟制裁判工作预案。

（4）根据赛事规模和赛场实际条件，选定裁判工作位置，明确裁判分工，准备裁判工作所需器材。

（5）组织裁判员现场实习，协调运动员熟悉场地和进行赛前训练，根据开幕式要求安排裁判员代表宣誓。

（6）对竞赛规程中没有涉及，但又需要改进的相关技术性事宜，需向技术代表提出书面请示报告，再作出妥善处理。

2. 赛中工作

（1）比赛开始前，提前1h到达裁判位置，组织全体裁判员进行简短的赛前例会，宣讲组委会的要求和比赛执裁注意事项，分发和检查裁判器材，明确对讲机频道，严格按照竞赛规则和日程组织实施比赛，精准地控制比赛节奏，避免因故延长比赛时间。

（2）审查每一组比赛成绩并签名公布，处理比赛中的有关判罚及抗议等事宜。

（3）如遇运动员、裁判员或者天气因素等出现突发情况，应及时向技术代表或者有关领导报告并拿出处理意见。如因天气原因导致赛道不公平时，提请赛事组委会决定调整航道。

（4）主持当天赛后裁判和教练会，对比赛中出现的问题及时沟通，保证比赛的顺利进行。

（5）参加颁奖仪式，宣布比赛成绩；对仲裁委员会的质疑及时进行回复。

3. 赛后工作

（1）督促各裁判组交还器材。

（2）组织裁判进行工作总结。

（3）协调会务组协助安排裁判员返程（设有副总裁判长时，由其负责此项工作）。

（4）协助组委会完成赛事评估。

4. 副总裁判长

需要设置副总裁判长时，通常为1~2人，其工作内容主要有以下几点。

（1）赛前工作。一是协助总裁判长做好赛前各项准备工作；二是与相关单位联系协调裁判食宿和车辆的安排；三是在领队会议开始前，收集各参赛队伍领队提出的有关参赛信息的变动情况，并根据比赛进行整理；四是领队会议上，记录好总裁判长宣布的所有有关竞赛日程的变化；五是完成总裁判长交给的工作任务。

（2）赛中工作。一是按照总裁判长的分工，分管1~2个裁判组，或直接参与一个裁判组的工作；二是协助总裁判长处理有关问题，必要时可代替总裁判长工作；三是根据比赛需要，安排裁判往返赛场的车辆等。

（3）赛后工作。一是协助总裁判长做好赛后总结，督促裁判员归还器材；二是协调落实裁判员返程事宜。

五、编排裁判

根据赛事具体情况的不同,编排裁判工作通常设裁判长1人,裁判2～5人。其主要职责:一是熟悉竞赛规程,按照比赛日程开展编排工作;二是与总裁判长保持联络,若比赛时间有变动,应及时通知有关人员;三是负责竞赛的日程安排,包括每一场的秩序单、预赛的抽签工作,以及比赛的成绩处理和原始文件的保管;五是向新闻媒体、广播员提供比赛顺序等有关信息;六是协助总裁判长处理好各种意外事件。

(一)赛前工作

1. 编排裁判在赛事报到前应做好的工作

(1)收到各单位的报名表后,编制好参赛人员及公开组携带的桨板器材统计表。

(2)根据竞赛方案和组委会决定,确定运动员编排分组的方法。

确定参加决赛的运动员的编排分组方法,主要有以下3种。

一次性决赛法:无预赛,只进行一次性决赛(Finals),然后依据个人成绩录取名次,此种方法通常用于中、长距离的比赛。短程冲刺赛因为比赛的激烈性和观赏性要求,一般不采用这种方法。

两轮预决赛法:先分组预赛(Heat),然后按照预赛成绩排名,录取前几名(与设置的获奖名次人数相等),再进行决赛(Finals)。此种方法通常用于中短距离的比赛中。

预赛(Heat)、半决赛(Semifinals)、决赛(Finals)法:根据参赛人数和组委会决定,按照预赛(Heat)、半决赛(Semifinals)和决赛(Finals)的方式进行多轮比赛,最终决出名次。这种方法多数采取抽签的方式进行。

原则上,短距离直道竞速赛每组一次出发运动员(板)的数量9～15人(板)为宜,不超过15人(板)。

以同一项目50人参赛、采取9航道分组法、每组同时8～9人(板)出发为例,A、B、C组具体编排和晋级方式见附录。

(3)根据报名人数情况、编排方式、桨板器材数量以及水域等情况,确定竞赛场次,编制竞赛日程。编排时,要结合男女组别、不同年龄组别和参赛运动员专业及业余的平均技术水平等因素综合考虑,通常每组预赛时由于运动员水平参差不齐,因此用时稍长,而半决赛和决赛则用时较短。编排直道竞速(冲刺)赛时,各组每项所需要的参考时间如表10-1所示。

表10-1 静水桨板竞速(技术)赛编排参考时间

序号	直道竞速赛距离	每组编排时间	备用桨板组数	备注
1	200m	5～6min	2～3组	直道竞速赛
2	400m	8～10min	2～3组	直道竞速赛
3	600m	13～15min	2～3组	绕标技术赛
4	1000m	15～20min	2～3组	绕标技术赛
5	>3000m	按照6000m/h计划时间		中长距离赛

(4)在赛事组委会和总裁判长的领导下,协助办赛单位编制竞赛秩序册。

(5)根据报名表录入运动员的基本信息,主要内容有:姓名、单位、性别、出生年月、参赛项目等;编制运动员参赛项目确认表;根据竞赛秩序册,编制竞赛秩序单和竞赛成绩公告单。竞赛秩序单、竞赛成绩公告单具体样式如图10-2、图10-3所示。

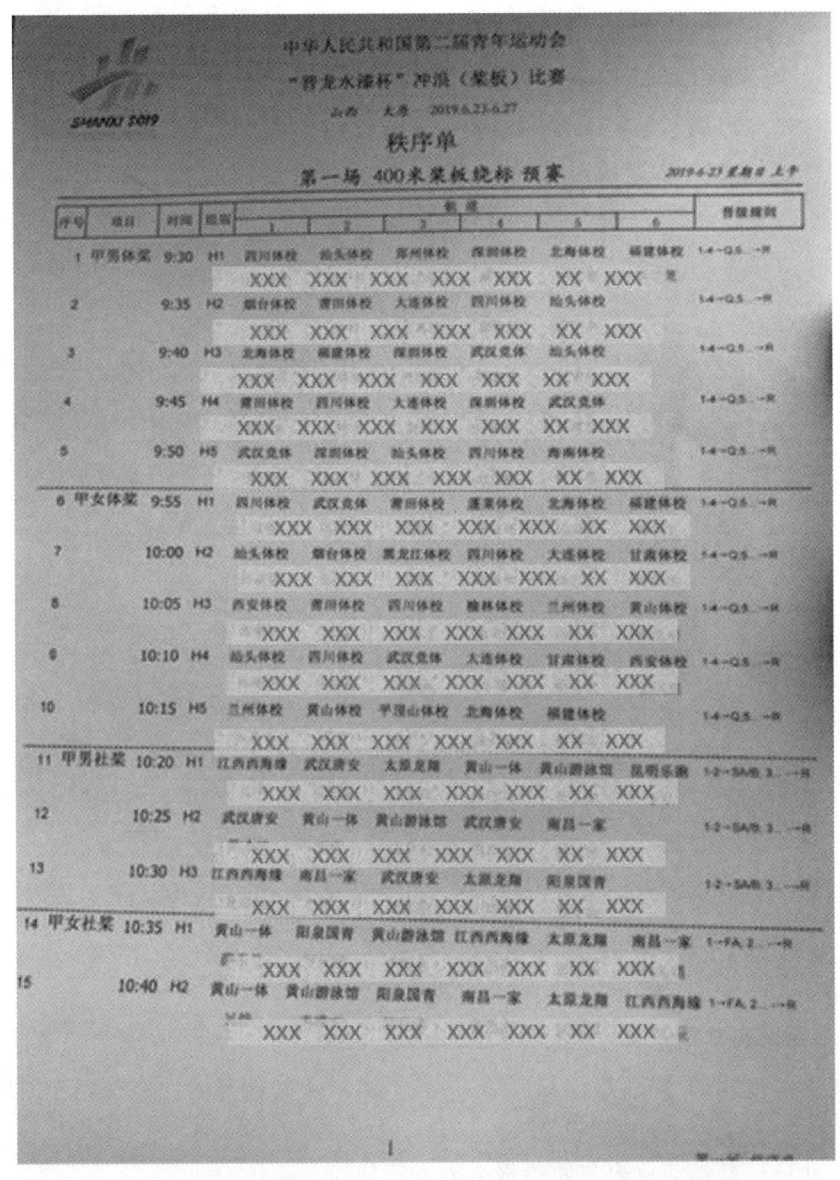

图10-2 中华人民共和国第二届青年运动会冲浪(桨板)比赛秩序单

(6)如发现问题应及时向组委会及技术代表或者总裁判长汇报,比如,在参赛人员项目统计中,如有某个赛项不足3人参加,则不能进行该项目的比赛,应该及时向有关领导汇报,以便及时与有关队伍沟通。

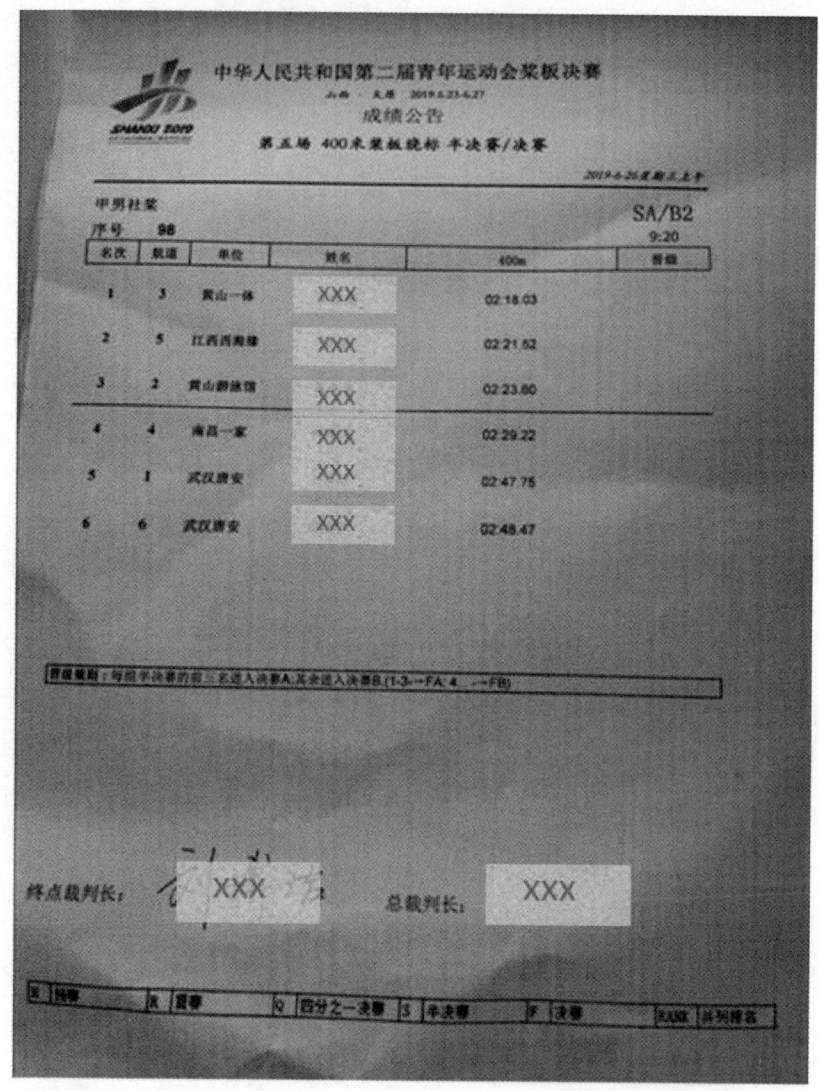

图 10-3　中华人民共和国第二届青年运动会桨板决赛成绩公告单

2. 报到后至开赛前的工作

(1) 做好本组裁判的分工,组织裁判学习竞赛规则,明确比赛的性质及每个时间段各自的任务和职责。

(2) 将运动员的基本信息表与原始报名表进行核对。

(3) 负责预赛的分组及航道的抽签(包括直接进入决赛项目的航道抽签)。

(4) 做好电脑抽签前的准备工作。一是把运动员的名单及参赛项目,按项目顺序录入电脑;二是准备好运动员替换表;三是落实投影仪和接线板;四是对抽签程序进行测试;五是为保证抽签的顺利进行,按程序组织现场抽签预演。

由于替换运动员的问题,可能会有些忙,在抽签会议前,编排裁判组人员要分工明确,忙而不乱,按程序操作。

(5)抽签会议的工作程序。一是与会者签到,内容包括单位、姓名、联系方法和颁奖嘉宾名单;二是分发各单位的运动员确认表,要求教练在确认名单上签字后,即交还编排裁判组人员;三是收取运动员人身保险复印件、游泳技能保证书、健康证明等资料(根据比赛规程和规则而定);四是由编排裁判长讲解抽签要求,然后进行所有项目的确认,同时进行申请弃权或增报运动员等信息的更改,一切就绪后即进行电脑抽签。

(6)抽签会议后的工作。一是制作实习赛秩序单供裁判测试用,参加竞赛的运动员、裁判员,包括通信联络、场地和器材在赛前都需要磨合,所以,赛前实习赛的编排工作很重要;二是实习赛秩序单的编排原则是:凡是报名的项目和参赛队尽量都能照顾到,如果比赛中直道竞速赛有不同的距离,通常先安排短距离,后安排长距离,如果有的比赛(特别是短程直道竞速赛)在同一赛道中安排有不同的比赛距离,在编排时,编排人员对起点裁判和保障人员移动起点码头所需要的时间,应该做到心中有数,确保首组开赛出发的时间与大会规定的赛时一致,确保时间控制精准;三是把所有的裁判使用表格分发到各裁判组;四是负责预赛的竞赛秩序单的编排、校对和打印,并至少在开赛前一天的中午之前完成并分发至各参赛队和有关方面。

(7)抽签分组时注意把握的几个问题。在直道竞速赛中,若设种子选手,应先均匀地抽入各组;同地区或者同俱乐部(队)的选手,分别抽入不同的组;缺席的选手,可由本人或者裁判长指定人员代抽签。

中、长距离的技术赛,通常采取男女分组、一次性出发,或者很少的几个组别按照相等的间隔时间出发等编排方式,因此一般不需要设置抽签环节。

(二)赛中工作

(1)编排岗位通常设置在终点或者起点附近相对安静的位置,便于在尽可能短的时间内做好成绩记录和编排下一赛次的秩序。每场比赛前,由一名裁判联络员将该场竞赛秩序单连同检录卡一并交给检录组。

(2)比赛时在终点处设置一名记录员,协助编排裁判长登记成绩,做好比赛成绩处理和半决赛、决赛的秩序单的编排、打印和分发工作。

(3)准确、迅速地统计出竞赛成绩和名次,打印出竞赛成绩公告单,一式三份(播音宣告、张贴、存档)交总裁判长审核签字后,进行公告和张贴。成绩处理既是运动员比赛的结果,又是半决赛、决赛编排的依据,此项工作时间紧、任务重,必须高度重视。

(4)按竞赛规则和晋级方案,编排出下一轮比赛的竞赛秩序单。如果没有晋级方案的软件,可以用手工晋级表格进行编制。

(5)协助终点计算长距离比赛的成绩和名次。

(6)迅速向总裁判长提交各项目比赛名次、成绩和获奖运动员名单。

(7)当出现以下几种特殊情况时,应按照以下办法处理:

编排工作中出差错以后的处理措施要及时、到位,并找出错误的源头。出错后要立即修正,出一份书面的更正通知,更正版几个字体要醒目。按需要通知有关单位的教练或领队,或立即张贴在信息公告栏内和用广播通知。

比赛中若有弃权、取消比赛或更改运动员姓名,必须从源头进行更改,竞赛成绩公告单和竞赛秩序单上要同时进行更改。

在同一场次有两轮比赛时，每轮比赛必须有相应的竞赛秩序单，并及时通知到各有关方面按照预案进行操作。同时，要在上一轮比赛的竞赛秩序单上，注明下一轮比赛的开赛时间。

（三）赛后工作

将比赛成绩等资料整理装订成册，内容包括各单项前八名名次表、运动员积分表、团体总分表以及每场比赛的竞赛成绩公告单、体育道德风尚奖名单等，根据需要将成绩册的电子版上报竞赛管理部门。

六、检录和器材裁判

检录和器材裁判组通常设裁判长1人，裁判根据竞赛规模设5～8人。小规模的桨板比赛，检录和器材裁判通常编制在一个组；较大规模的比赛，考虑到器材准备任务的繁重性和复杂性，器材裁判单独设组。

其工作职责：按照竞赛日程检录裁判和器材检查员分工合作开展工作，确保参赛队员从检录、装备检查、着装检查、上板、起点到比赛过程的顺畅性。

（一）赛前工作

1. 检录组的工作

（1）选择检录位置，靠近下水码头（或者岸边起点浮台）、有较宽阔的区域，确定运动员前往码头上板的路线，依条件设置供两组以上运动员检录的座椅和男、女卫生间，用警戒设施将检录区与观众隔离开，使得检录工作少受干扰。

（2）准备好裁判工作资料和用品，特别是检录用的喊话器或扩音设备，调试好通讯手台等器材，提前与编排裁判联系，领取竞赛秩序单，熟悉编组情况和参赛运动员姓名。

（3）查验参赛运动员组别和赛道抽签号。需要临时通过抽签确定比赛组别和赛道时，应于赛前至少提前40min完成抽签工作。

2. 器材组的工作

（1）提前1～2天组织器材检查。对充气桨板进行长度尺寸和气压检查，对气压不足的及时充气；对桨板、桨、脚绳、尾鳍和救生衣等配套器材进行检查和准备工作；根据竞赛规程规定，有时需要对桨板进行编号，以方便检录和起、终点点名及识别。

（2）比赛前1h对经过检查的桨板及配套器材做好登记，为运动员分发桨板和器材。对参加公开组竞赛的自带桨板，还要检查桨板上是否有任何起帮助作用的附着物，以及规则中所提及的任何禁用设备。根据需要进行桨板品牌质量与参赛资格确认，对检查合格的桨板贴上许可标记。

（3）大会至少准备2～3块备用桨板及器材，以便需要时使用，确保比赛有节奏地紧凑进行。

（4）竞赛场地器材由专人保管，运动员借用时，做好登记，用后归还。

(二)赛中工作

1. 检录组的工作

(1)检录裁判于赛前提前30min到达赛场检录处,做好赛前准备。

(2)严格按照时间节点组织运动员点名检录,协助器材裁判组织运动员上板。

(3)注意赛场情况,掌握好运动员下水时间,有临时弃权或其他情况时,要及时通报总裁判长和起、终点裁判长,与器材裁判一起同时负责上、下水码头的秩序和安全。

2. 器材组的工作

(1)器材裁判于赛前提前30min到达赛场检录处,做好赛前准备。

(2)配合检录组,核对桨板上的航道编号牌,检查运动员服装是否符合要求。对于公开组运动员自行携带的装备器材,应检查是否符合竞赛要求,重点检查桨板上是否装有违反规则的电动推进装置,对检查不合格的桨板要由当事的运动员或教练员签字确认后,同时报告检录裁判长,检录裁判长填写好犯规表格后交总裁判长处理。

(3)组织每组比赛结束的运动员靠岸,协助运动员整理桨板器材,督促其做好自带桨板上岸起水和租借桨板的归还,同时做好下一组出发的器材准备。

(三)赛后工作

(1)将所有检录文件资料的电子版和纸质版交裁判长归档保存,协助组委会印发成绩册。

(2)召集本组裁判清理现场器材,做好充气桨板的消气整理和硬板器材的摆放工作。

(3)组织本组赛后总结。

七、起点裁判

起点裁判通常设发令长(起点裁判长)1人,助理发令员、取齐员等裁判员2～8人。依据竞赛规则、竞赛日程和编组,熟悉个人岗位职责,明确取齐方式、发令口令和信号规定,统一判罚尺度。始终与总裁判长、终点裁判和播报(宣告、解说员)保持通讯联络,确保赛事流程整体顺畅。

(一)赛前工作

(1)提前1h到达起点位置,检查起点平台(起航区)的布置情况,领取起点裁判器材,准备好比赛用通讯设备、信号设备和音响器材等,发现问题及时解决。

(2)当起点设置在离岸有一定距离的水面上时,无论有无起航发令平台,应提请裁判长协调派出裁判艇或者摆渡船,在赛前半小时将起点裁判和工作人员运送至起点位置。

(3)起点发令长负责组织取齐和发令。发令前须向运动员说明发令的程序和节奏,哪种出发方式属于违规;助理发令员负责启动备用计时(用于终点备份计时);有电子计时系统,则应提前熟悉电子计时系统的使用方法。

(4)与终点裁判、播报台保持顺畅通讯联络,进行桨板取齐、试发令、计时配合和赛场扩音传送等相关环节的协调预演,做到各环节配合默契;有自动起航器时,熟悉起航设施的使用方法并进行试用。演练当终点计时意外中断时,启用起点备用计时的方法。

(5)与起点摄像进行沟通和协调。

(二)赛中工作

起点裁判于赛前5min组织运动员进入航道,赛前3min开始点名,确认参赛运动员和航道号是否一致,赛前2min开始取齐。取齐后进入发令程序。发令长和取齐员的位置:在起点线的延长线上,靠近计时塔一侧,发令员在发令台上发令,取齐员在起航平台上指挥取齐。用自动起航器时,有2名取齐员位于起航线后3、4道和6、7道的水域的摩托板上。

1. 发令长(起点裁判长)的工作

(1)确保起航设备或者起航环境处于良好的工作状态。

(2)确保出发区域安全性和出发的公平性。

(3)严格按竞赛规程组织运动员各就各位、准时发令。

(4)督促运动员按规定的出发姿势(骑板坐姿、持桨站姿、助跑跳板、趴板等)出发,独立处置比赛出发中有关抢航等问题。

(5)在桨板运动员出发后及时与终点联系,询问是否收到信号,若没有收到,则启用备用计时法等补救措施(与终点进行补救计时联络时,要关闭与播报台的通讯联络)。

(6)对所有抢航的桨板运动员进行登记,并立即通知终点,尽快送出书面报告单。

2. 发令程序

(1)发令前要与终点联系准备发令。

(2)确认航道裁判是否到位。

(3)赛前5min音乐召集,报时间、序号、项目和赛次第几组、航道和单位等。提示剩余5min时间的英文口令为:Five minutes;宣布道次(某航道为×××人)英文口令为:Lane one ×××,Lane two ×××。

(4)每1min报一次时间,赛前3min时请各桨板运动员进起航器或航道,并进行点名;如未就位,给予警告一次。

(5)注意取齐长的信号,取齐员赛前2min开始取齐;当板头同时处于起航线上时,即为已经取齐,取齐员示白旗示意,提示剩余2min时间的英文口令为:Two minutes。

(6)发令员发出预令后,举红旗,清楚地停顿之后,向下边挥下红旗,同时发出动令(或者鸣汽笛),如使用自动起航系统,板头进入起航器即为取齐。

(7)在发令的同时要启动备用秒表,当确认终点裁判收到出发信号后,才完成该组的出发程序。当终点没有收到信号请求补救发令时,迅速启用起点备份秒表,与终点裁判员联络配合,采用整数秒(20、30、40读秒)虚拟发令方法进行。

(8)在有起航平台且条件允许时,可有一名扶板员扶住板尾,在发令或鸣笛时放手(2018首届中国桨板公开赛开州站即采用此法)。

3. 发令口令

(1)国内一般性桨板比赛,用中文发令。

(2)国内组织的赛事名称中含有"世界""国际""亚洲"字样的桨板比赛,采用英文发令。

(3)有起航平台且划分有航道时,出发口令为"各就各位,预备——划(或鸣笛)";英文出发口令为"On your starting positions,attention——Go",可简化为"Ready——Set——Go"。

(4)当无启航平台也未划分航道时,或者长距离比赛时,出发口令为"各运动员注意,预备——划(或鸣笛)";英文出发口令为"Ready——Go(或鸣笛)"。

(5)如因风浪过大桨板取齐较为困难时,与终点联络商定采取快速起航发令,并告知桨板运动员。此时不再点名,快速起航发令为"预备——划(鸣笛)";英文出发口令为"Ready——Go(或鸣笛)"。

4.发令时运动员的动作

(1)参赛组桨板取齐后,听到"预备"口令时,运动员将桨插入水中,但不得划桨或者划水,否则视为抢航犯规。

(2)听到"划"的动令或者鸣笛时,方可划桨或者划水。

(3)在无起航平台或遇风浪较大时,运动员用桨入水控制板头方向,不算犯规抢航。

5.抢航处罚

(1)召回重新起航。对于首次抢航的桨板运动员,应以强声信号召回重新比赛。

(2)取消比赛资格。对于两次抢航或犯规的桨板运动员,直接取消比赛资格。

(3)直接加时处罚。对于抢航的桨板运动员,亦可采取不召回直接加时的方式进行处罚(如裁判委员会商定,给予加时5s的处罚)。

6.取齐员的工作

(1)把桨板运动员准时带到起航线,保证比赛桨板在同一起航线上出发。

(2)认真核对运动员的服装、参赛号码以及桨板上的航道牌。如果使用了自动起航系统,取齐员将分乘两艘独立的桨板位于起点线后面。取齐员应对所有进入自动起航系统中的比赛桨板及运动员有一个良好的视野。

(3)当发令长报请取齐员取齐时,取齐员即举红旗,当所有比赛桨板完全就位进入起航器后,取齐员则换举白旗向发令员示意。如发现有桨板不在起航器内,则取齐员仍举红旗。

(4)如果没有使用自动起航系统,取齐员应位于水中的浮台上或岸边。当所有桨板排列整齐后,取齐员应举白旗示意发令员发令。

(5)在规模不大的比赛中,发令员、取齐员均可由起点裁判长兼任。

7.摄像员的工作

从该组桨板取齐开始至发令结束,摄录运动员在起点出发的全过程作为技术资料保存,或作为争议裁决时的现场原始备查资料。

(三)赛后工作

(1)当起点设置在离岸有一定距离的水面上时,及时协调派出裁判艇或者摆渡船,将起航平台上的起点裁判人员和器材运送上岸。

(2)召集本组所有裁判员和工作人员,归还器材,进行赛后总结。

八、途中裁判

途中裁判(也称航道裁判)通常设裁判长 1 人,裁判员 2~5 人,其中每艘船艇至少有 1 名持有相应资质的驾驶员和 1 名救生员。任务是保证比赛航道安全顺畅,确保运动员在安全、公正、公平的环境下按规则进行比赛,对违规运动员按照竞赛规则进行处理,按预案处置比赛中的突发事件。途中裁判在船艇上工作时,必须穿救生衣。

1. 赛前工作

(1)认真学习规则,赛前熟悉航道,加深对规则的理解和运用,统一执法细节和尺度。

(2)在赛前运动员训练的航道上,安排好赛道维护和安全救援值守工作。

(3)提前 1h 到达赛场,进行航道观察、船艇驾驶和安全瞭望等裁判分工。

(4)领取裁判用通讯设备和红、白信号旗、秒表、喇叭、铃铛、航道牌和书写用夹板、笔等器材和用品,准备好竞赛秩序单和航道犯规报告单。

(5)组织清理航道,赛前 1h 封闭航道,提前半小时清理航道内训练的桨板,以及水草和其他障碍物、漂浮物等。

(6)悬挂张贴赛事用船艇标志,检查船艇燃料加注情况,携带救生用器材。

(7)与起点裁判长(或取齐员)和安保组商定在起航区维持纪律、赛道救援等相关事宜。

(8)按总裁判长要求将其他需在水面工作的裁判和工作人员送至相应岗位。

2. 赛中工作

协助起点裁判维护起航区秩序,根据需要协助拦截召回所有第一次出发抢航的桨板运动员;根据比赛路线和距离,决定裁判船配置的位置和跟进的方法:

(1)在 200m 直道竞速赛中,一艘裁判船配置于起点线前方,另一艘裁判船配置于终点线后方,裁判员原地观察比赛是否有违规现象,不尾随比赛的桨板运动员前行。

(2)在 400m 直道竞速赛中,两艘裁判船分别在赛道的左右两侧(不进入航道),跟随比赛的运动员,观察比赛情况。

(3)在 600m 以上距离的比赛中,或者桨板技术(绕标)赛中,两艘裁判船在航道的左右两侧跟随桨板运动员,注意与最外侧比赛运动员保持 10m 以上的距离。当比赛为直道竞速赛时,可视实际情况进入航道内,分别负责观察同侧 4~5 个航道(9 条航道时)的比赛情况。裁判船尾随进入航道时,距离同侧最后一名比赛运动员的距离要大于 10m 以上,既保证全部比赛运动员在裁判的视野内,又确保不影响运动员正常比赛。

若比赛情况无异常,待运动员到达终点后,举白旗向终点示意本组比赛正常。同时指挥所有通过终点的桨板运动员迅速返回起水平台。

当发现航道有障碍物时,航道裁判应立即靠近障碍物,同时挥动红旗或用声音信号示意运动员停止划桨,停止比赛,然后组织所有桨板运动员回到起点,同时立即向总裁判长报告所发生的情况。比赛中严禁其他无关船艇进入航道。

若航道内出现犯规现象,要根据规则及时作出处理,待运动员到达终点后举红旗示意,同时出示犯规运动员的航道号牌,然后立即填写航道犯规报告单报告并传送给总裁判长。

发现运动员翻板落水时,首先驾船艇靠近桨板并根据预案实施救助,再根据规则处理。

裁判船艇在航道附近行驶时，要注意控制速度，防止产生较大的波浪而影响本组或者下一组的比赛。

裁判跟进时密切注意运动员是否遵守比赛规则，但不能对运动员作出指导。

对参赛运动员在航道中出现特殊情况的处理办法如下。

(1) 串道行为。在设置有赛道线的航道中比赛，对发生串道的参赛桨板运动员取消比赛成绩。没有设置赛道线的航道，或者仅以浮标等标志物为划行方向的航道，偏离航道不算违规。

(2) 出发姿势。除趴板专项比赛外，运动员必须全程站立划行，采用坐姿和跪姿连续划行 10s 以上者，取消比赛成绩。

(3) 落水。运动员因桨板碰撞和失衡导致落水，重新自行上板后，继续进行比赛；依靠外力作用而重新上板者，取消比赛成绩。

(4) 运动员对比赛器材负责，不因器材损坏（如断桨、断尾鳍等）而停赛或重赛。

(5) 尾随借浪、带划或者外界指导，取消比赛成绩。对于尾随借浪的认定：距前方桨板尾部或者一侧距离小于 1m，或长程比赛尾随前方船只划行，时间上连续 20s 以上的行为，均被视为尾随借浪，但技术（绕标）赛中当接近浮标时，为完成绕标动作而发生的尾随行为除外。

(6) 触碰浮标。绕标时，对有意识地用手或桨通过触碰浮标借力而获得比赛上的优势的行为，判罚违规。对正常情况下绕标时触碰浮标的行为，不能认定为违规。

(7) 没有按照规定的方向绕标，取消比赛成绩。

(8) 趴板赛只能手为动力划行，双脚始终置于桨板上。凡借助于器材划行，或者脚从板侧、板后方接触水面者，取消比赛成绩。

(9) 任何故意碰撞他人桨板、用桨戳他人桨板的行为，均取消比赛资格，造成他人桨板损坏的，必须赔偿损失。

(10) 其他任何企图通过不正当手段获胜，或者违反比赛规则的行为，均取消参赛资格。

3. 赛后工作

(1) 归还器材。

(2) 做好裁判小结。

九、终点裁判

终点裁判通常设裁判长 1 人，裁判员 3～10 人。其任务是与起点、途中裁判协调一致地工作，认真观察和准确记录参赛桨板运动员通过终点线的先后顺序和时间，作出判定名次和成绩的决定，填写终点成绩登记单。

1. 赛前工作

(1) 根据要求提前到达比赛现场，终点裁判长组织本组裁判员领取秒表、摄像机、电子记时板、瞄准板（标）、文件夹等裁判器材和竞赛秩序单、终点成绩登记单、复写纸等资料。

(2) 做好裁判分工特别是分段计时裁判的分工及联系方法，检查秒表并熟悉其使用方法，准确记录运动员到达终点的时间，正确填写终点成绩登记单。

(3) 检查终点工作环境、瞄准板（标）、终点线等的布置情况。

(4)确定终点摄像的位置(注意终点摄像的终点线必须与航道终点线是同一线)。与终点摄像和电子计时裁判协调沟通,熟悉快速准确地判定名次的程序和方法。

(5)负责协调起点和终点计时联络的方法等相关工作。

(6)了解起点的发令程序、口令及信号,与起点进行试发令——计时的协作预演,特别要练习因没收到发令信号而采取二次补救发令的程序和方法。

(7)了解桨板运动员下水情况和是否有弃权等情况,安排好终点工作。

(8)赛前30min与总裁判长和各裁判点进行通讯联络,检查通讯是否畅通。

(9)赛前5min,控制终点秩序,保持环境安静,确保能清楚地收到发令信号。

2. 赛中工作

(1)每组比赛听到起点"划(鸣笛)"的信号(或电子、视觉信号)时开始计时,并迅速检查开表情况,若未收到起点信号,要立即联络起点,采用备用计时法进行补救。

备用计时法的操作步骤方法:①终点紧急呼叫起点,说明没有收到发令信号,要求启用备用计时;②起点助理裁判收到终点呼叫后,回复"开始五秒读表",当秒表的个位数指向5s时,开始读秒"(×)5s,(×)6s,(×)7s,(×)8s,(×)9s,(×)0s",当读到整数"(×)0s"时,起点备份秒表暂停,终点开始计时,然后起点告知终点备份秒表的时间读数;③起点备份秒表读数与终点计时秒表之和,即为最终计时成绩。

(2)若起点发出抢航信号时,应及时回表,保持通讯联络,等候起点第二次发令。

(3)每一组比赛至少应有两块秒表进行计时。当秒表所记录的时间不一样时,以用时最多的时间作为成绩记录。时间记录保留0.01s。

(4)当比赛的桨板运动员接近终点时(约100m处),所有终点和计时的裁判均应集中注意力,根据各自的分工,判断运动员到达终点线时的顺序和时间,完成各自的任务,并做好记录。

(5)桨板板头通过终点时,终点裁判应依次鸣笛示意。每组比赛结束后,裁判长未下达"回表"的口令时,计时裁判不得擅自回表。

(6)对所有参加决赛的运动员必须进行终点摄像记录。对名次有异议需查看摄像记录时,先由终点裁判长处理,再由总裁判长处理。非终点裁判录制的视频不可替代终点摄像。

(7)每组运动员通过终点后,应注意航道中是否有犯规情况。如有犯规被取消或翻板等情况应填写在终点成绩登记单上。

(8)根据总裁判长的安排,负责在竞赛成绩公告单上签名,以示确认。

(9)大于1000m的绕标赛、接力赛和长距离比赛,可采取总表和分表全程跟踪计时两套计时方案来进行。

(10)保存终点摄像资料,未经总裁判长批准,除终点裁判长之外的其他人员不得查看。

3. 赛后工作

(1)归还器材。

(2)整理终点成绩登记单及相关资料。

(3)进行赛后总结。

十、宣告(解说)员

宣告(解说)员通常设1～2人。任务是：了解桨板运动的发展情况；熟悉桨板比赛规程；概略掌握参赛运动队和运动员的基本情况；负责竞赛成绩的广播宣告、插播音乐之间的衔接；根据组委会安排进行赛场解说,主持开、闭幕式和颁奖仪式。

1. 赛前准备

(1)熟悉比赛的规则和规程,走访了解有关参赛队和运动员的基本情况。
(2)熟悉竞赛日程和比赛过程,准备好有关竞赛的宣传资料。
(3)检查播音设备、与起点和终点的同期音视频播出设备的连接情况,准备好插播音乐。

2. 赛中工作

(1)介绍竞赛日程和比赛时间,发布与大会和竞赛相关的通知,协助大会维持赛场秩序。
(2)在起点裁判宣布发令"还有2min"时,停止广播,保持发令时的安静。
(3)结合比赛进程,生动介绍赛况,穿插宣传有关桨板运动发展和运动员的背景材料。
(4)宣告由裁判组提供的成绩公告,成绩公告的处理流程如图10-4所示。
(5)营造赛场氛围,鼓励运动员拼搏,为运动员加油鼓劲,宣扬体育精神文明和道德风采。
(6)配合或主持颁奖仪式。

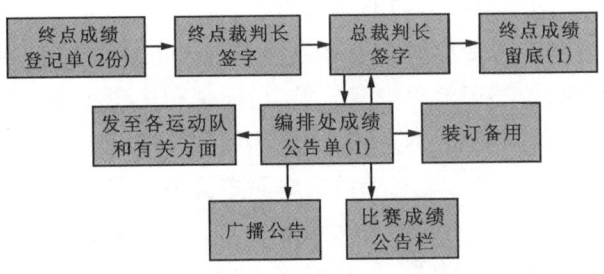

图10-4 成绩公告的处理流程

3. 赛后工作

(1)当终点设置在离岸有一定距离的水面上时,及时播音协调派出裁判艇或者摆渡船,将终点裁判人员和器材运送到岸上。
(2)整理并归还器材。
(3)根据总裁判长的要求参加裁判总结会。

全体裁判员必须注意的是,在执裁中通讯通话时语言要简洁,表述要清晰;在填写各类裁判用表格时,书写要清晰,填写要规范,且必须有执裁的裁判长的签名。

十一、反兴奋剂

严禁使用奥林匹克运动反兴奋剂法规中规定的兴奋剂。在各级反兴奋剂部门的支持下,有条件的赛事,组委会可按照中国反兴奋剂中心检查的规定,进行反兴奋剂检查。

第三节 静水桨板竞赛场地和裁判器材要求

良好的竞赛场地和裁判器材保障,是确保静水桨板赛事活动正常运行、裁判员正常执裁和运动员竞技水平正常发挥的物质保证。在布设桨板比赛场地过程中,要根据地形地貌、水域特点、气象条件和器材保障条件的实际情况,综合考虑各个比赛项目和功能要求,做到规范、合理、安全、便捷。

一、比赛场地的布局与各功能区域的划分

静水桨板赛事通常在自然湖泊、河道或者人工开挖的河道、运河中进行,比赛场地条件较好。裁判委员会要根据竞赛规程中绘制的竞赛场地示意图、比赛路线(航道)的示意图(图9-3)以及水上交通规则示意图等,熟悉表演区域、主席台区域、比赛区域、观赛休息区域和安全保卫、医疗卫生区域的划分,特别是对起点、路线(航道)、绕标的浮标、终点、码头和道路设施进行现场察看全面检查,发现问题及时汇报并加以改进。

二、静水桨板直道竞速(冲刺)赛航道布置

1. 参加综合性水上运动项目比赛时的航道布置

当参加有皮划艇、赛艇或者龙舟等项目构成的综合型水上运动比赛时,通常桨板作为其中一个相对独立的比赛项目,不需要单独布置航道,而是利用现场布置好的现成的航道设施,根据航道条件和竞赛规程、规则的要求,组织比赛和进行裁判工作。

2. 直道竞速赛中常见的阿尔巴诺航标系统水面布置

阿尔巴诺航标系统(图10-5),通常在重要水上运动训练基地或者国际、国内大型赛事中才有运用。主要由航道线(钢丝)、塑料浮球、赛道桩和标志牌(镀锌管)等水上和岸上的标志构成。其布置方式和要求是:

(1)进行1000m、500m、200m直道比赛时布置9条航道,航道宽9~12.5m,纵向用黄、白色浮球间隔布标,面向终点从左至右第一道为黄色,第二道为白色。直道每间隔12.5m一个浮球(浮球的直径15cm)。

(2)距离终点线100m区内,所有浮球的颜色必须是红色。起点线后有100m的起航区。终点有50m缓冲区。

(3)起、终点线上不能有浮球,在线的两端与1道和9道的外线交界处各设有一面小红旗(40cm×40cm)。

(4)终点线后2m处设有70cm×80cm白色浮标(白色大浮标的四周都写有黑色1~9的数字,字体为60cm的白底黑字),放置在运动员划向终点的右侧。数字代表航道编号,面向终点从左至右依次为1~9航道。

3. 直道竞速赛中常见的阿尔巴诺航标系统岸边的布置

岸上设施布置要求如下:

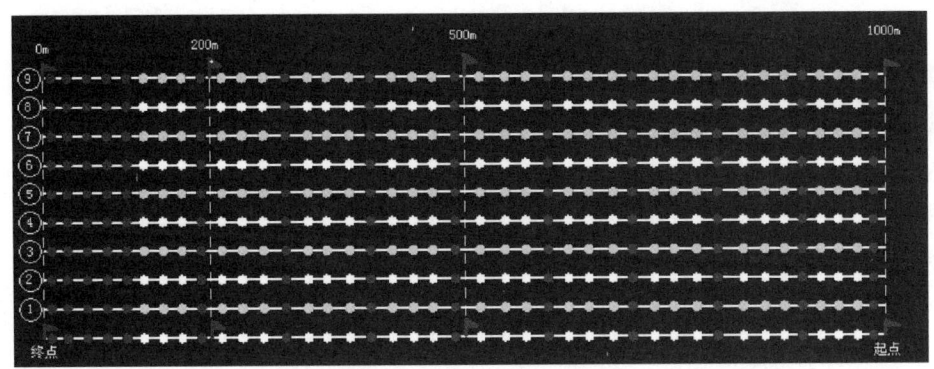

图 10-5　阿尔巴诺航标系统

(1)航道 250m、500m、750m、1000m 处的岸边要有醒目距离标志牌(高 1m、宽 2m)。

(2)起点为 1000m，终点为 0m。750m、500m、250m 处设分段计时塔。200m、500m、1000m 起点和终点计时塔对面设有瞄准用的标志牌(高 2.5m、宽 1m,纵向黄、黑色各半)。

(3)比赛航道距离必须正确，要有专业部门测量，并得到书面测量报告。

4. 龙舟直道竞赛航道布置

根据《中国龙舟竞赛规则和裁判法》规定，龙舟竞赛航道布置如图 10-6 所示。

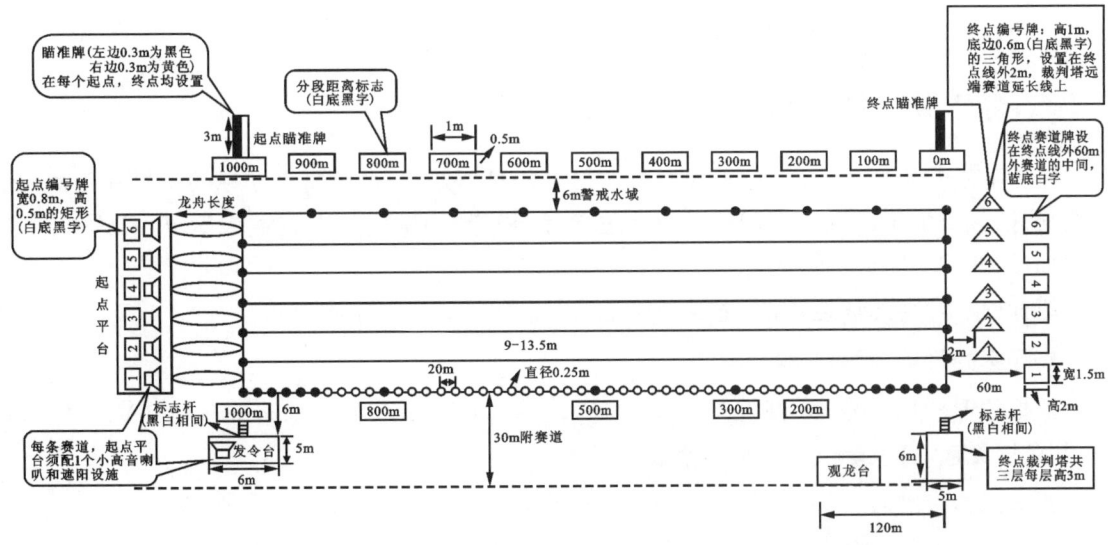

图 10-6　龙舟竞赛航道布置示意图

5. 独立举办桨板赛事时简易赛道的布置

考虑到赛事成本和实际情况，组委会通常不设立专门的比赛航道，而是根据水域情况，只搭设下水或起水码头、起点浮台和终点浮台等组成简易赛道。为防止运动员在起点出发时，因桨板拥挤而发生划桨困难、碰撞或者落水等影响比赛的状况，通常桨板与桨板之间外侧边的间距至少应留有2m的距离。相应地,以此配置数据作为计算起点平台长度的依据,具体如图9-4所示。

6. 自动起航系统的布置

根据比赛条件和投入情况,比赛可在起点布置自动起航系统,在终点布置电子计时系统,以增强计划的准确性,减少人为误差并由此带来可能的争议。如2019年中华人民共和国第二届青年运动会冲浪(桨板)比赛,开辟了中国桨板比赛中使用自动起航器的先河。

7. 对静水桨板直道竞速(冲刺)赛航道布置的其他要求

(1)航道长度距离必须经过专业人员的测量,以保证其准确性。600m以内的比赛,公布的比赛距离与实测结果误差不超过5m。

(2)航道道次编号,靠近主席台(观赛席)或发令台的一侧为1道(号),按照1~15道(号)的顺序进行道次编号。桨板直道竞速赛航道设置,最多不超过15条。

(3)航道终点线的延长线上,设置缓冲区,距离不小于30m。直道竞速(冲刺)赛,航道中间不设转弯浮标,赛道长度控制在1000m以内。

(4)禁止使用固定木桩、竹竿、钢管等杆状物用于航道标记。航道内不能有水草、暗礁和其他障碍物,航道两侧各留有3m以上的安全警戒水域。

(5)航道内的水深应大于2m。

(6)航道出发线两侧,用旗帜或浮标标识,在无赛道线的情况下,长度要保证运动员左右间距不少于1m。

(7)直道竞速(冲刺)赛,不设置运动员奔跑的赛段。

三、静水桨板技术赛(绕标赛)场地布置

组织静水桨板技术赛(绕标赛)时,通常只规定划行方向、水面所设浮标的位置和距离、划行路线等,无需人工设置线状赛道。因此技术赛(绕标赛)赛道的布置更为简单,具体场地及布置如图10-7、图10-8所示。

绕标(技术)赛的场地布设,主要是对充气浮标的设置。其基本要求是:

1. 浮标的形状、材质与颜色

浮标的形状以三角形、圆柱形、方形为主,也有门形浮标,通常由可充气的PVC材料制成,颜色以橙色、黄色等醒目色调为宜。

2. 浮标布设时间

比赛前一天,按照竞赛规程的要求,由途中裁判或者总裁判长安排布置完毕。

3. 浮标设置数量

一个项目的比赛,赛程3000m以内,转向浮标设置数量不超过6个;赛程3000m以上,根据需要设置。

4. 绕标方向的设置

既有左向(逆时针)绕标,又有右向(顺时针)绕标,两个绕标方向的设置基本保持平铺。

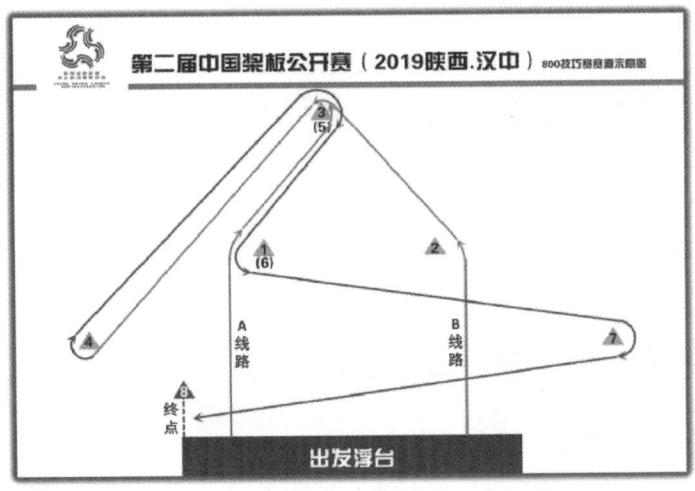

图 10-7 技术赛(绕标赛)场地赛道路线示意图

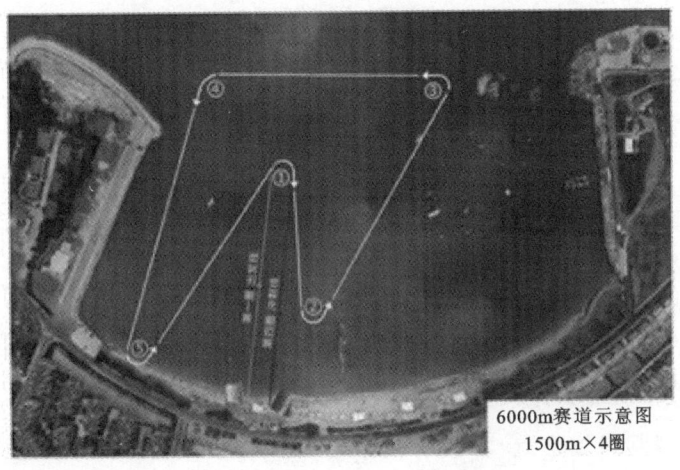

图 10-8 技术赛(绕标赛)场地赛道路线示意图

5. 第一个浮标距离的设置

当同一个组别、一次性出发人数不超过 50 人时,第一个浮标距出发线的距离不小于 100m;超过 100 人时,距离不小于 200m。

6. 最后一个浮标距离的设置

距离终点线不小于 50m。

四、码头(浮台)的安装

1. 运动员上板码头(浮台)

运动员上板码头(浮台),主要作用是供运动员下水放置桨板、起水时收回桨板方便上岸的辅助设施,通常由高密度聚乙烯材料做成的、数个单体尺寸为50cm×50cm×40cm的水上浮筒拼接而成,用打入水上的钢管或者木桩加以固定。设置的具体位置根据竞赛方案确定。浮台码头设施的安装,形状通常为长方形,大小根据比赛同组下水人员的最多数量来决定,通常规格为20m×4m(长×宽),浮台高出水面20cm左右,以方便运动员上、下桨板。条件允许时,下水、起水浮台或者运动训练专用浮台可分别搭建,浮台面积以方便使用为宜。

2. 航道裁判船码头

安装1个浮台码头或固定码头用于停靠4～6艘裁判船、新闻媒体保障船和安保救援船。浮台或者码头规格大小,取决于裁判船艇的大小。

五、各个裁判岗位的布置和裁判器材

1. 起点裁判岗位布置和裁判器材

(1)自动起航器或人工起航码头,大功率扩音设备、发令平台、道次号码和显示抢航用的小红旗或其他标志物、大钟,备用计时秒表。

(2)电子计时系统的操作系统。

(3)使用自动起航器时需2条取齐裁判板,与起点裁判长联络用的通信设备,红、白旗(40cm×40cm)各一套。

(4)起点摄像设备(可以即时回放)。

(5)桌子、椅子若干。

2. 终点裁判岗位布置和裁判器材

(1)终点设有终点裁判员用的梯形座位。

(2)设有终点瞄准线和终点裁判用摄像设备(高于水面15～18cm),并且与闭路电视相连接。

(3)设有运动员到达终点的音响提示设备;风速仪、水温表、气温表。

(4)电子计时工作房和工作人员用桌子、椅子若干。

3. 检录和器材裁判岗位布置

(1)检录处和器材检查岗位,通常设置在比赛下水码头附近。当比赛场地分别设置下水码头和上水码头时,要对其分别编号,并标好上、下水码头提示标牌。

(2)在下水码头处,布置检录用帐篷,并配备适量的桌椅、3套以上1～9号航道牌(根据实际需要)、若干个摆放桨板用的船架,以及若干个供运动员放鞋用的鞋篮。

(3)在桨板器材库或主席台附近设信息公告栏。

(4)在下水码头或主席台附近,搭建喷绘桁架,布置醒目的航道交通示意图。

(5)配备与各相关裁判点联络的通信设备。

(6)设置用于告示时间的大钟或数字时间显示屏。

(7)在桨板维修处配备合格的作业人员和专用工具。

(8)根据赛事裁判工作方案,当需要设置第二次桨板器材检查处时:①第二次桨板器材检查处设在终点附近或上水码头处;②搭设飞机棚或帐篷,放置相应的桌椅;③布置与航道牌对应的1～9号号码牌1套,放置摆放桨板用的船架1个(4层),桨板检查工具1套;④运动员用

全棉浴巾若干条。

4. 途中裁判用器材

(1)航道快艇和救生艇码头1～2个(长5m、宽3m,设在离终点塔100m左右,与终点塔在同一边)。

(2)裁判用船艇(双体裁判船)2～4条,船上备有救生器材。

(3)根据比赛要求准备航道牌若干套,红/白旗,通讯联络工具,航道犯规报告单若干、书写用夹板和笔。

5. 编排办公室的布置

(1)编排组用房(帐篷)1间。

(2)编排用电脑3台,打印机2台(包括备用墨);电源、接线板、宽带、移动硬盘1～2个;复印机2台(其中一台高速),A4复印纸若干。

(3)文件架1～2个。

(4)与各点联络的通信设备。

(5)桌子、椅子等。

六、静水桨板赛事器材设施保障清单案例

以2019武汉全民健身运动会"金龙泉杯"武汉首届桨板公开赛赛事保障为例,参加比赛的运动员520人,属于较大型的桨板赛事,裁判员及各类岗位志愿者75人,器材和物品保障比较复杂。现将裁判器材、比赛用其他器材和用品分项表列出(表10-2),供各单位实际组织赛事时参考。

表10-2 2019"金龙泉杯"武汉首届桨板公开赛赛事保障分项表

序号	名称	工作内容	数量	责任人
01	赛事器材	比赛用45块共享桨板,6块龙板的充气、编号与管理	51	
		桨、鳍、脚绳、备用桨板器材放置与管理		
02		45+5件救生衣编号及运抵现场	50	
03		起、终点平台:租用浮台48m²,水上作业搭建;浮台、运输车辆租用及赛后送还;平台搭建:18×2+5×2+3×2=48(m²),配套钢管	1	
04		现场运动员自带板的管控(东侧观礼台)	170	
05		借用月湖景区船2条,用于裁判人员转运	2	
06		途中裁判兼救援冲锋舟3艘,水面救援桨板4块	3+4	

续表 10-2

序号	名称	工作内容	数量	责任人
07	赛事器材	浮标:起、终点共 10 个,已有 2 个,买 8 个	10	
08		运动员号码布、圆肩贴(520+机动 10)	530	
09		40×60KT 板参赛队手举牌(各区、地市州代表队)	20	
10		裁判员和工作人员工作证吊牌	20	
11		⌀30 桨板编号(红蓝绿 0~15)×3 印制粘贴	45	
12		⌀60 圆形浮标编号不干胶贴 12 个(4 标×3=12)	12	
13		浮标固定绳、桨板停放穿绳 100m	100	
14	裁判专用器材	汽笛 8(开幕式及裁判)、秒表 5,信号旗 2,对讲机 6,起点发令无线音响 1,裁判喇叭 1,摄影 1,摄像 2	1 套	
15		成绩公告栏、起点扶板杆 15、抽签及编排工具	1 套	
16		各类比赛用表格的设计与制作	10	
17	保障设施	60cm×80cm 易拉宝门型展架 8:停车场入口 1,比赛下水点 1,比赛起水点 1,裁判工作区 1,桨板存放区 1,安保医疗点 1,指挥协调 1,赛事咨询处 1	8	
18		40×60 车库、室外、帐篷 KT 板标志牌 25:车库内引导牌 2,车库外引导牌 1,运动员休息区 1,器材存放区 1,各行政区 10,地市州 10	50	
		200 份免费停车券印制	200	
19		租赁四面透帐篷 27:来宾观赛点 1,湖边出发 2,裁判检录编排及运动员检录 4,各队运动员营地休息点 12,救援队 1,赞助商宣传点 6(金 2、黄 1、山 1、同 1、维 1),赛事咨询台 1	27	
20		租赁裁判用桌 6:编排、检录、医疗及安保裁判各 2;赞助企业用桌 4:金 2、黄 1、同 1	10	
		椅子 100 把:裁判及运动员休息用,月湖提供	100	
21		租赁充水底座遮阳伞 8:起点裁判 6,终点裁判 2	8	
22	氛围营造	8m 红色充气拱门	1	
23		4m×8m 背景喷绘桁架及舞台搭建	1	
24		3m×5m 签名板制作与桁架搭建	1	
24		2.5m×5m 月影舞台前宣传背景制作与桁架搭建	1	
26		月影舞台临湖北侧插红旗 20 面	20	
27		空飘 4(金 2、宣 2),刀旗 12(金 6、黄 2、维 2、同 2),横幅 4(金 2、黄 2)	20	

续表 10-2

序号	名称	工作内容	数量	责任人
28	氛围营造	军运会吉祥物、动物布偶等	4	
29		气球等装饰若干	60	
30		其他随机布置		
31	媒体宣传	传统媒体长报 1、武汉电视台新闻频道 1、湖北经视 1、湖北电视台生活频道 2、视频直播 2、摄影 1	8	
32		现代长报融媒体、新浪体育频道、武汉热赛事、好玩武汉、全民天天赛等	5	
33		知名视频平台网红直播(斗鱼直播、抖音直播)	2	
34		无人机航拍(制作短片)、摄影	2	
35		天天赛、飞鱼缘体育、各桨板群微信推文	2	
36	后勤保障	运动员免费工作午餐(上下午均有比赛项目者):149 人;裁判和工作人员免费工作午餐:14+30 人 救援队和志愿者免费工作午餐:9+30 人;记者、赞助企业、机动等:20 人 午餐人员的登记、订餐、发放与管理	252	
37		裁判 14 人、工作人员 30 人、志愿者 30 人,矿泉水人均 4 瓶	12 件	
38		运动员及记者的矿泉水,人均 2 瓶,1200 瓶	50 件	
39		环保大垃圾桶(月湖景区提供)、环境卫生管控	5	
40		山姆、同心赞助食品分发管理(按单位领取)		
41		运动员购置保险	524	
42		裁判、志愿者工作 T 恤的发放		
43	志愿者	30 名志愿者的征集、分工与管理,10 名机动人员	40	
44	招商赞助洽谈	省内知名酒类企业、体育用品企业、食品类企业	3	
45	开幕式管理	各队提前通知,时间及比赛项目准备;参加开幕式嘉宾的接待与陪同;领导统一运动服装;英博金龙泉啤酒、黄鹤楼酒业嘉宾的接待;开幕仪式 8 个发令笛的准备;啦啦队	8	
46	闭幕式颁奖奖励奖品与赞助实物发放	秩序册制作	50	
47		奖牌 550,奖杯 6+1,合作纪念盘 10,证书制作铜版纸不覆膜 90 张(项目名称+名次:42 张,青少年姓名+项目:38 张,备用空白:10 张)与发放	657	
48		4 个项目的比赛取前六名,颁发奖品和获奖证书	25	
49		奖金牌制作		

续表 10-2

序号	名称	工作内容	数量	责任人
50	闭幕式颁奖奖励奖品与赞助实物发放	金龙泉啤酒赞助奖品奖励计划的制订		
51		金龙泉啤酒实物奖励与颁奖		
52		黄鹤楼酒陈香经理赞助奖励计划的制订	10	
53		黄鹤楼酒陈香经理颁奖		
54		优秀合作企业奖盘颁发		
55		奖牌、奖品、奖盘发放登记签名		
56		金龙泉啤酒奖品发放登记签名		
57		同心赞助牛奶与矿泉水发放登记		
58		颁奖嘉宾的预告		
59		颁奖礼仪人员,颁奖托盘		
60		闭幕式主持人及音响准备		
61		颁奖仪式运动员的召集		
62	券类印制与管理	午餐券印制发放与管理		
63		啤酒奖券的印制、发放与登记		
64		停车券印制、发放与管理		
65	外地参赛选手接待	发布外地选手预定住房信息		
66		外地运动员接待,欢迎晚宴保障		
67	赛事结束	比赛收尾工作安排,宣传结果收集		
68	赛后回访	答谢赞助企业支持,交流合作经验,展示宣传成果		

附录

以同一项目 50 人参赛、每组同时 8～9 人(板)出发为例(9 航道的分组法),A、B、C 组具体编排和晋级方式,如表 1、表 2 所示。

表 1 A、B、C 组决赛竞赛分组方法

参赛人数	预赛(H)	半决赛(S)	决赛(F)
50 人	8～9 人(板)×6 组,每组前 1～6 名(共 36 人)进入半决赛,其余淘汰	每组的第 1～2 名加 1 个最好成绩进决赛 A	A:1×9
		第 3～4 名加 2 个成绩最好的第 5 名进行决赛 B	B:1×9
		第 5～6 名加 3 个最好成绩进入决赛 C	C:1×9
		共 27 人(板)进入决赛,其余淘汰	

表 2　A、B、C 组决赛竞赛分组方法

预赛(H)	半决赛(S)		决赛(F)	
单项参赛人数50人	半决赛(S1)	航道	A组(FA)	航道
编排共6组	预1之1(预赛第1组第1名)	5	半决赛1之1	5
第1组:9人	预1之5	8	半决赛1之2	8
第2组:9人	预2之4	7	半决赛2之1	4
第3组:8人	预3之4	2	半决赛2之2	7
第4组:8人	预3之6	9	半决赛3之1	6
第5组:8人	预4之2	6	半决赛3之2	2
第6组:8人	预5之1	4	半决赛4之1	3
	预6之3	3	半决赛4之2	9
	预6之6	1	半决赛最好的第3名	1
	半决赛(S2)		B组(FB)	
	预1之2	4	半决第3名之2	5
	预2之1	5	半决第3名之3	6
	预2之5	9	半决第3名之4	4
	预3之3	7	半决赛1之4	3
	预4之3	3	半决赛2之4	2
	预5之2	6	半决赛3之4	7
	预1之6	1	半决赛4之4	8
	预6之4	8	半决第5名之1	1
	预6之5	2	半决第5名之2	9
	半决赛(S3)		C组(FC)	
	预1之3	3	半决第5名之3	5
第1～6名(共36人)	预2之2	6	半决第5名之4	6
进入半决赛,	预2之6	9	半决赛6之1	4
其余淘汰	预3之1	5	半决赛6之2	3
	预4之4	7	半决赛6之3	2
	预4之6	1	半决赛6之4	7
	预5之4	2	余下最好成绩之1	8
	预5之5	8	余下最好成绩之2	1
	预6之1	4	余下最好成绩之3	9
	半决赛(S4)			
	预1之4	2		
	预1之6	9		
	预2之3	7		
	预3之2	4		
	预3之5	8		
	预4之1	5		
	预4之5	1		
	预5之3	3		
	预6之2	6		

主要参考文献

安徽省质量技术监督局,2015.旅行社研学旅行服务规范(DB34/T 2328-2015)[S].
白正海,2015.大型水上活动风险分析和安全保障研究[D].大连:大连海事大学.
陈晓琳,范蕊,邹佐强,等,2019.急性闭合性软组织运动损伤的临床治疗研究进展[J].医学信息,32(3):34-36+41.
陈赢,陈海涛,2019.网球运动教程[M].上海:华东师范大学出版社.
杜达罗,2009.龙舟[M].广州:广东科技出版社.
高天昊,白玉龙,2016.肩袖损伤康复治疗进展[J].中国康复医学杂志,31(11):1264-1268.
高田稆,2019.运动性肩袖损伤的研究综述[J].当代体育科技,9(27):17-19.
国家旅游局,2017.研学旅行服务规范(LB/T 054-2016)[S].
国家体育总局,1998.皮划艇[M].北京:人民体育出版社.
国家体育总局群众体育司,国家体育总局社会体育指导中心,2018.社会体育指导员技术等级培训教材(国家级)[M].北京:人民体育出版社.
国家体育总局群众体育司,国家体育总局社会体育指导中心,2019.社会体育指导员技术等级培训教材[M].北京:人民体育出版社.
国家体育总局职业技能鉴定指导中心,2018.社会体育指导员职业培训教材(初级)[M].北京:高等教育出版社.
国家体育总局职业技能鉴定指导中心,2019.游泳[M].北京:高等教育出版社.
李钊,李庆,曹春梅,2017.耐力项目桨板运动爱好者运动后冷水浴的作用机制与实践应用[J].山东体育学院学报,33(3):79-86.
刘承吉,徐慧,曹磊,等,2017.运动性骨骼肌损伤机制的研究进展[J].辽宁体育科技,39(1):39-43.
刘华山,郑家润,2002.龙舟技术与训练[M].北京:北京体育大学出版社.
刘建勇,李欣,许高航,等,2015.中国皮划艇静水竞赛规则[G].中国皮划艇协会.
刘琳,黄强民,刘庆广,等,2016.肌筋膜触发点理论及其在运动康复临床实践中应用的研究进展[J].中国康复理论与实践,22(10):1167-1170.
梅宇,蒋艳芳,敖英芳,2018.高水平桨板运动爱好者重大运动伤病特征分析[J].中国运动医学杂志,37(6):510-514.
史姗姗,庞伟,2018.离心运动训练在康复治疗中的应用进展[J].中国康复理论与实践,24(2):173-178.
王剑,2018.图解桨板运动指南[M].北京:团结出版社.
席蕊,周敬滨,高奉,等,2018.不同牵拉技术在预防运动损伤中对不同运动能力即时效应的研究进展[J].体育科学,38(11):75-80.

谢志英,武宝爱,汪晓阳,2016.体育运动中常见运动损伤的综述[J].体育科技文献通报,24(12):161-162.

胥皞,张璐,2014.美国物理治疗专业现状、特点及其对我国运动康复的启示[J].中国运动医学杂志,33(2):179-182.

徐菊生,余汉桥,2015.龙舟运动高级教程[M].北京:中国电力出版社.

徐菊生,2007.现代皮划艇运动[M].武汉:长江出版社.

许志娟,2015.龙舟运动教学训练指南[M].武汉:中国地质大学出版社.

闫鹏宇,张新安,2018.核心训练及其预防运动损伤的作用研究进展[J].沈阳体育学院学报,37(3):83-88.

杨建荣,2016.急性踝关节扭伤康复治疗进展[J].国外医学(医学地理分册),37(4):361-363.

杨金娟,谢敏豪,黄伟平,等,2019.运动性肌腱损伤研究进展[J].中国运动医学杂志,38(9):809-815.

杨圣韬,尹晓峰,高炳宏,2019.应用主观疲劳量表量化运动负荷的研究进展[J].体育科研,40(5):85-94.

杨世勇,2012.体育院校通用教材体能训练[M].北京:人民体育出版社.

余银,胡亦海,等,2019.运动训练学[M].北京:高等教育出版社.

张红娟,2012.长针斜刺结合运动疗法治疗慢性菱形肌损伤的疗效观察[J].中国运动医学杂志,31(7):623-624.

张学林,史冀鹏,高晓娟,等,2013.针刺对离心运动性骨骼肌过度使用损伤的治疗研究[J].中国运动医学杂志,32(10):899-909.

章宗余,2019.康复性体能训练理论与实践进展述评[J].当代体育科技,9(17):15-16.

郑亮亮,周志鹏,2014.非接触性前交叉韧带损伤风险因素的循证研究进展[J].中国运动医学杂志,33(6):596-605.

中国国家体育总局,1999.赛艇[M].北京:人民体育出版社.

中国龙舟协会,2014.中国龙舟竞赛规则和裁判法[G].

中国旅行社协会,2019.研学旅行基地(营地)设施与服务规范[S].

中国赛艇协会,2010.中国赛艇竞赛规则[G].

周敬滨,马云,邹荣琪,等,2017.常见运动损伤的预防、评价与伤病桨板运动爱好者重返赛场——基于第64届美国运动医学会年会报告综述[J].北京体育大学学报,40(8):48-52.

周隆,卢漫,2016.桨板运动爱好者肩部损伤研究进展[J].实用医院临床杂志,13(6):160-163.

COLES P A,2018. An injury prevention pyramid for elite sports teams[J]. Br. J. Sports Med.,52(15):1008-1010.

STRACCIOLINI A,SUGIMOTO D,HOWELL D R,2017. Injury Prevention in Youth Sports[J]. Pediatr Ann,46(3):99-105.

WOJTYS E M,2017. Sports Injury Prevention[J]. Sports Health,9(2):106-107.

http://www.standuppaddleboardingguide.com/support-files/profiling_sup.pdf

http://www.supconnect.com/history/hasake-the-israeli-and-arabic-sup-board

https://en.wikipedia.org/wiki/Standup_paddleboarding

https://standuppaddlesa.com.au/about/history/

https://www.britannica.com/technology/gondola-boat

https://www.supworldmag.com/the-history-of-stand-up-paddling/